上海教师教育丛书

知新书系

李志聪 主编

追求卓越
——团队中的教师专业成长

上海教育出版社
SHANGHAI EDUCATIONAL
PUBLISHING HOUSE

上海教师教育丛书编委会

主　　任　李永智　尹后庆
编　　委　（以姓氏笔画为序）
　　　　　王　平　王　洋　王　涛　戈一萍
　　　　　卞松泉　尹后庆　宁彦锋　朱益民
　　　　　刘　芳　闫寒冰　孙　鸿　李永智
　　　　　李　蔚　杨　荣　杨振峰　吴　刚
　　　　　吴国平　陈小华　陈永明　陈宇卿
　　　　　陈　军　邵志勇　周增为　赵洁慧
　　　　　姜　虹　恽敏霞　袁振国　奚晓晶
策　　划　吴国平

本书编写组

主　　编　李志聪
编 写 者　(以姓氏笔画为序)
　　　　　王　平　王　骁　李环宇　周敬山
　　　　　洪燕芬　骆　蔚　薛菁菁

总 序

教育改革的步伐已经进入了关注教师发展的新阶段。不是因为课程改革已陷于制度性疲倦,不是因为评价改革终将受制于社会发展的瓶颈,也不是因为我们拥有超过千万的中小幼教师队伍,每年有数十万计的青年人正在进入这个领域。课程也好,评价也罢,根本上它们都内在于教师。拥抱"教师的年代",不在于讨论有多少以教职为生计的人,而在于如何拥有师者的内在品质,值得学生效法,使自己从一名教者成长为一名真正的师者。

关注教师是国际教育改革的普遍趋势

制度化教育确立以来,课程长期占据着学校教育的中心地位。直到20世纪60年代,国际教育界才开始把视线转向教师。这是由于课程、教学、评价、管理这些学校层面的所有改革,最终都离不开教师。尽管半个世纪以来,教师职业到底算不算专业还存有不同的看法,但关于教师的专业化问题持续受到广泛关注。

中国向来具有别于西方的教育传统。中国古代教育有重教师、轻课程的传统,唯这种传统并未演化成现代意义上的教与学的机制,更未形成制度化的学校,因此循着传道授业解惑的路径发展教师素养的希冀,愿望虽好,但缺少登梯之阶,难以形成规范。近年来,随着教育国际交流的增进,尤其是上海学生在PISA项目中的表现,引来国际社会对中国教师组织化程度经验的关注,其中教研组和集体备课被认为是两大亮点。因为在西方,教师的教学行为被认为是从属于个人的专业行为,即便是同行也不得任意干预,可以想见,其结果便影响到授业与指导经验的传播。问题是,中国学校教研组的形式究竟以怎样的方式引导教师提升专业能力,尚缺乏充分的论证和公认的成果。理论上来说,一个组织如果确实发生了影响,既有可能是正面积极的,也有可能是负面消极的。教研组对于教师的影响,既未被证实也未被证伪,能否成为经验尚待科学论证。

至于集体备课,从不久前在上海对近八千名中小学幼儿园教师所进行的问卷调研显示,面对庞杂的课程事实和众说纷纭的教师要求,一大批成长期的教师从茫然不知所措,到随波逐流;而所谓"成熟期"的教师则顾影自盼地停留在自我经验的世界中,真正知识讲授型教师则难觅踪影。教师发展的局限已成为深化课程改革的短板,这样的局面不改变,教育质量有大滑坡的风险。

教师的成熟需要积累丰富的社会实践

在汉语中,我们把师者称为"老师",一般解释其中的"老"无义,表尊敬。其实《荀子·致士》中强调了做老师有四个条件,其中一条曰"耆艾而信,可以为师"。古人把五十岁的人称为"艾",把六十岁的人称为"耆",把七十岁的人称为"老"。这或是"老师"称谓的早期由来。可见,年龄本是成为教师的一项先决的基本条件。只是在制度化教育出现以后,尤其是以分科为特征的知识传授成为学习的基本形式形成以来,这种年龄的限制才被取消。

古人为什么会对为师者设置年龄限制?是因为教师的职业属性是一名"杂家",这样的"杂家"不经过长期的、丰富的社会实践积累,是难以炼成的。在今人眼里,"杂家"似乎意味着专业程度低人一等。其实,无论是在古代中国还是在近代西方,强调的都是社会中的个体应具备多方面的才能。孔子所谓的"君子不器"不是在谈"杂家"吗?而马克思关于人的全面发展又何尝不是在谈"杂家"呢?及至当代,"把一个人在体力、智力、情绪、伦理各方面的因素综合起来,使他成为一个完善的人,这就是对教育基本目的的一个广义的界说"(《学会生存》)。这句话表明"杂家"较之于"专家"更近于"完善的人"。教师面对的是多姿多彩的学生,每个学生都有各自的阅历,他们的家庭、他们的生活、他们的所见所闻都不尽相同,每个学生都是一个完整的世界,每个学生又都是一个独特的世界。教师要想成为学生精神生活的指引者,自己必须是一个精神生活丰富的人。而精神生活丰富的基础就是有渊博的知识,不仅是专业知识,而且是与之相关的各方面的知识。

岗位成长已成为教师专业发展的共识

我们拥有成熟的师范教育体系,拥有完备的教师任职制度,是否就意味着我们拥有了优秀教师的培养机制？想要回答这一问题，须明了教师是师范院校培养的吗？教师资格认证制度是从教的当然资质吗？

教师知识与技能的习得途径主要有三种：一是书本阅读，二是课堂知识传授，三是实践体悟。前两种可以通过岗前培养与训练获得，后一种则需要在岗锻炼习得。这就意味着，一名真正合格的教师无法在职前培养中完成，亦无法依靠教师资格认证制度自然解决。这也可以解释为什么近年来相当数量的示范性高中多从综合性大学招收新任教师，是示范性高中教学要求低，还是这些学校无视教育的专业属性？答案显然不是。教师的专业性主要不在于"知"，而在于"行"，即一名教师在从教岗位上的实践、探索、体验、反省和觉悟。可以认为，教师是在岗位实践中自我型塑的，师范院校也好，综合性大学也罢，都不过是为一名教师从教所做的预判性准备。

所谓教学，不是教师从书本上把知识搬家一样送到学生面前，它必须融入教师自己的透彻理解，没有教师的透彻理解很难有学生的透彻理解，以其昏昏使人昭昭的事在教育上是难以发生的。在教师透彻理解的基础上，还必须考虑知识传授的方法。采取什么样的方法，除了教师的个人喜好外，还涉及知识的难易程度、学生的接受程度以及教学资源的承受能力等因素，取舍之间，包蕴着非常丰富的个性化知识。一名真正的优秀教师拥有丰富的个性化知识，犹如中医问诊中的察颜把脉。这种知识无法仅仅通过书本研读和知识传授获得，需要通过实践不断揣摩，从而得到一种内化了的知识。显然，它是一种非常个人化的特殊知识，需要教师在对每个学生"辨症"施教中不断积累，其习得主要依赖于教师的个人努力。由此，可以得到一条简单而又明确的结论：帮助一名从教者，使之成为一名真正的师者。可以说，帮助数以千万计的从教者，使其早日成长为师者，这是今日中国教师教育领域的一项重大课题。

助推教师成为教育的思想者、研究者、实践者和创新者

国家兴旺，教育为本；教育优先，教师为基。持续了半个世纪的教育改革浪潮把教师发展推到了历史的前台。在当代教育的历史进程中，教师不是单纯的任务执行者，而是教育的思想者、研究者、实践者和创新者。在专业发展的路径

上，教师的主体地位、精神和意识得到了时代的推崇，教师专业化发展和对教师的重新发现将对教育产生重大影响。可以说，教师问题的重要性已无须讨论，而应考虑如何实践。

新一轮课程改革呼唤着教师创造性地施行教与学的行为。吊诡的是，一大批被应试熏陶出来的青年走上讲坛，他们却被要求培养有创新能力的学生。面对变化了的教学材料和教学要求，是施教者的一脸迷茫和不知所措。英国教育家沛西·能曾说过，教师是学生学习的最大动力。问题是，迷茫中的施教者如何才能让自己成为学生学习的动力呢？

基于上述认识，由上海市师资培训中心主持，联合上海师范大学、华东师范大学以及上海教育出版社等单位，倾力研发并打造了这套"上海教师教育丛书"。本丛书由"知会书系""知新书系"和"知困书系"三部分构成，分别聚焦新教师的教学规范、校本的教师研修经验以及优秀教师的成长启示，旨在从岗位上助推有资历和创造性的教师成长，这是我们的理想和愿望。

鉴于本书系不仅是上海也是国内自改革开放以来第一次全面系统开发的教师在岗培训教材，限于能力和水平，在编写过程中尚有诸多局限和不足，乞教于方家，不吝批评指正！

上海教师教育丛书编委会
2017 年 4 月

目 录

代序　打造卓越教师团队　引领"卓越教育"发展 ····················· 1

第一章　教师专业发展的命意 ······································· 1
 第一节　教师职业成熟 ··· 1
 第二节　教师专业发展的方式 ··································· 4
 第三节　教师专业发展的进程 ·································· 11

第二章　从群落到团队 ··· 18
 第一节　教师群落现象 ······································· 18
 第二节　教师团队的形成 ····································· 22
 第三节　教师团队的发展 ····································· 33

第三章　教师团队的形态与功能 ··································· 42
 第一节　教师团队的形态 ····································· 42
 第二节　教师团队的功能 ····································· 52
 第三节　教师团队的意义 ····································· 56

第四章　卓越教师与卓越教育 ····································· 65
 第一节　卓越教师的内涵与能力要素 ····························· 65
 第二节　卓越教育的理念与体系 ································· 73
 第三节　师资队伍形成的校本传统 ······························· 87

第五章　卓越教师团队的特征 ·· 97
第一节　教师团队的一般特征 ·· 97
第二节　卓越教师团队的特征 ··· 102
第三节　培育卓越教师团队特色 ··· 113

第六章　卓越教师团队的构成 ··· 125
第一节　教师团队的基本构成 ··· 125
第二节　卓越教师团队的形成 ··· 135
第三节　卓越教师团队的构成与行动 ·································· 148

第七章　卓越教师团队的建设 ··· 158
第一节　教师团队的基本建设 ··· 158
第二节　卓越教师团队的建设 ··· 164
第三节　卓越教师团队建设的校本路径 ······························· 170

第八章　卓越教师团队建设的策略 ······································ 188
第一节　卓越教师个体性发展策略 ······································ 188
第二节　卓越教师群体性发展策略 ······································ 195
第三节　卓越教师团队建设的校本策略 ······························· 201

主要参考文献 ·· 223

后记 ·· 226

代 序

打造卓越教师团队　引领"卓越教育"发展

华东师范大学第二附属中学　李志聪

今年,华东师范大学第二附属中学迎来了建校60周年。

60年来,尤其是东迁浦东以来,华东师大二附中继承"追求卓越"的学校文化,牢记"为培养德才兼备的创新拔尖人才奠基"这一神圣使命,在浦东这片改革开放的热土上,教书育人不断结出硕果,实现了学校发展的新跨越,创造了学校各项事业的新辉煌。

一、"卓越教育"需要卓越教师

华东师大二附中在60年的办学实践中形成了"追求卓越"的学校文化,并把"卓越教育"作为自己特色发展的方向。卓越教育需要卓越教师实施,卓越教师引领卓越教育发展。华东师大二附中60年"追求卓越"的发展历程充分证明了这一点。

1958年,华东师大二附中创建之时,学校周遭还多是乡野阡陌。为了宣传这所无名新校,老师们甚至无奈地把招生广告贴到了电线杆上。即便如此,高中报名也只有区区49个人,参加考试46人,最终录取45人,后来还是靠区教育局从其他学校调剂,才勉强凑够两个班级。建校之初学校也还没有自己的校舍,临时在华东师大借用几间教室和办公室。

60年前的二附中,没有"大牛"好生源,也没有"大楼",但是有"大师"!

华东师大集全校之力办好二附中,创校教师队伍主要来自三个部分:华东师大各系抽调的教学法教师、华东师大一附中选调的有经验的教职工和选留的优秀应届大学毕业生。高起点、高标准的人员配置，使得学校教师队伍一开始就整体呈现了教研能力强、实践经验丰富和充满蓬勃活力的特点。华东师大二附中凭借着这支追求卓越、奋勇争先的教师队伍，成立五年后就把学校带到了上海基础教育的前列，成为当时八所上海市重点中学之一。1978年，二附中也同样是因为拥有优秀的师资队伍，脱颖而出成为上海唯一的一所教育部直属重点高中。

教师的精神追求决定了教师的成长和发展，而学校文化是提升教师精神追求的关键。华东师大二附中多年积淀和孕育的"追求卓越"的学校文化，60年里不断引领着教师的职业精神提升、推动教师专业发展，使得学校成长起一个整体水平很高的教师群体，形成了支撑学校走在全国基础教育改革与发展前列的德才兼备、结构合理的优秀教师队伍。他们引领着二附中卓越教育的发展，二附中也因为造就和拥有了这样的教师群体而享誉社会。

二、用竞争激励机制打造卓越教师队伍

华东师大二附中拥有一个优秀的教师团队，但是如何推动这样一支高水平的教师队伍持续地专业发展，如何引领优秀教师形成更高层次的专业追求，不断自我超越、自我发展，仍需一个机制护航。华东师大二附中努力通过制度创新、体制创新、机制创新，促进教师队伍从优秀走向卓越。

世纪之交，二附中在全国率先提出并实施"首席教师"制度。首席教师不是一种固定不变的职务或职称，也不同于岗位不甚明确的"学科带头人"，而是责、权、利相统一的有一定聘期的流动岗位。学校对首席教师的政治思想与师德、学科理论水平与教学效果、教育教学科研和学科领导能力等方面都有明确的要求。首席教师应该是师德楷模，是全校师德的表率和育人模范；首席教师应该是教育专家，在本学科教育教学领域里具有在市内外有影响的显著成绩和特色；首席教师还应该是科研能手，在教育教学改革中勇于开拓、大胆创新，有显著的教科研成果。与此同时，"首席教师制"赋予了他们在本学科改革和发展中相应的组织指导责任及其权力，如同一支乐队的首席演奏一样，在课程教学改革的总体框架中发挥"定音"作用，同时明确他们应得的利益。

"首席教师制"的实施，给全体教师的专业发展注入了新的动力，在华东师大二附中优秀教师中间形成了一种在学术水平和教学质量上相互攀比、相互激励,锐意进取,努力突破自我的良好氛围。

三、用卓越教师团队带动教师队伍整体提升

首席教师再优秀、再卓越,也仅仅占教师队伍的一小部分。我们把全校教师中的10%聘任为首席教师,打造成卓越教师,其目的是要引领教师队伍中另外的90%。因此,华东师大二附中在首席教师的岗位职责中明确要求首席教师还要作为所在团队的"指导教师",担负起培养和指导青年教师的责任。学校在首轮首席教师聘任中就规定,首席教师的教育教学全程、全方位向全校公开,也就是说他们的每一节课都是公开课。这一规定大大促进了青年教师的成长,使他们有了学习和赶超的方向,给他们的专业发展指明了前途和希望;对于首席教师本人更是形成一种挑战和责任,促使他们面对压力不能满足于已有的成绩和荣誉,而必须不断努力、创新,在教育教学和科研方面最大限度地发挥自身的潜力,争取攀登新的高峰。

与此同时,我们在"首席教师制"之外还建立了"骨干教师制"和"优秀青年教师培养制"等一系列教师培养制度,为处于不同发展阶段的教师建立个人发展阶梯,引领每一位教师追求专业上不断提升与发展。

目前,学校教师队伍呈现出一个由占教师总数的10%的首席教师、特级教师为各学科名师带头人,占教师总数的40%的各学科骨干教师为中坚,广大优秀青年教师为基础的金字塔梯队结构,基本满足了全面实施素质教育和学校可持续发展的需要。

此外,我们还通过价值导向、榜样示范,形成发展有空间、创业有机会的良好氛围,最大限度地激发和调动全体教师专业发展的主动性,让学校成为他们实现自身价值、享受职业幸福的广阔舞台。

实践证明,我们对教师队伍建设的探索是富有成效的。这些制度创新最突出的成果就是在教师队伍建设中形成了良性的竞争机制,不断激发广大教师追求卓越,超越自我。教师的发展也有力地促进了学校的发展。

华东师大二附中在学校《教育改革发展中长期规划》中明确提出了师资队伍建设的新目标,就是要围绕建设世界一流高中的奋斗目标,建设一支与之相适应的一流的创新型、专家型教师队伍,同时奋力打造在全国基础教育界能发挥引领作用和产生影响力的二附中名师群体。我们要在教师队伍建设中坚持制度、体制、机制的不断创新,努力壮大卓越教师团队,引领学校"卓越教育"持续发展。

(此文选自作者在《首席教师风采录(二)》所作的"后记",已经本人修改)

第一章 教师专业发展的命意

> 本章阐述对教师一般发展的认识,为后文阐述建立一个前提:这对一般发展理论是适用的,但存在的问题是卓越教师群体难以经由此而形成,这正是现今着眼于教师专业发展的教师培训经过多年努力仍面临的瓶颈。教师专业发展有三种途径:自身发展、机构培训、群体成长。教师只有通过团队建设方能突破瓶颈,进一步提升教师专业发展水平,满足现代教育的发展需要。

教师是人类文明的主要传递者。在中华民族5000多年文明发展史上,英雄辈出、大师荟萃,都与一代又一代教师的辛勤耕耘分不开。为了实现中华民族伟大复兴,我国确立了优先发展教育的战略,加快培养一支高素质的教师队伍成为当前迫切的任务。随着社会的发展和科技的进步,教育内涵愈加丰富、教育领域愈加宽泛、教育对象愈加复杂,因此对教师的专业要求也愈来愈高。教师的发展是一个循序渐进的过程,在这个不断变化的过程中,教师需要不断地提升师德水平、丰富科学知识、更新教学理念、提高自身素养,才能肩负教书育人的重大使命。

第一节 教师职业成熟

一、职业成熟

"职业"一词是由"职"与"业"两字构成的。有的学者用"职是责任、业是业务"来诠释"职业"一词的内涵。"职业"反映着个人与社会两个方面的内涵，属于个人与社会互动的范畴。它是对人们生活方式、经济状况、文化水平、行为模式、思想情操的综合表现，也是一个人的权利、义务、职责、地位的一般性表征。通常职业还成为一个人社会属性的最主要特征。人们常说某某人是"什么"人，其中最重要的特征之一就是职业，这是因为职业通常能反映一个人的社会身份、社会地位与自身的文化、能力、素质水平等方面。

职业成熟在职业心理学和职业行为研究中解释为：对个人职业发展的一种水平估价，包括对职业的兴趣，从事职业活动所必需的能力、个性品质等方面的评价。职业成熟就是衡量和评价职业人能否正确认识职业并主动付之行为实践的能力，包含理念、心态、信心、敬业、精业、协作、能力、创新、管理等内容。

职业成熟受到个体心理发展因素的影响，也受到环境因素的影响。随着个体身心发展到不同状态，以及成长过程中与职业有关的各种环境的变化，形成了个体职业成熟的不同阶段。有学者将个体职业发展划分为：成长阶段、探索阶段、成熟阶段、维持阶段、衰退阶段。每个阶段都有不同的发展目标，对个体能力有不同的要求，因此，对发展目标实现状况（即职业成熟度）做出评估需要参照不同的评价标准。

二、教师职业成熟

教师的职业成熟是指教师在专业能力与职业道德等方面所达到的对教师工作的良好适应状态。教师的职业生涯由起步时的职业幼稚逐步发展到职业成熟阶段，是各种主客观、内外部因素综合作用的结果。

（一）教师职业成熟的前提是教师角色的转换

教师职业角色意识的培养大致需要经过角色认知、角色认同和角色信念的形成三个阶段。教师职业角色的确立，取决于教师自身和社会公众对教师职业的期待与要求，同时又受到社会政治、经济、文化等多因素的影响和制约。在众多的角色期待中，要使自己达到职业的成熟，唯一有效的途径就是实现教师角色的转换。教师角色转换，意味着教师的真正功能将更加凸显，教师原有的不适应教学需求的角色将不断地被消除、更换，从而整合为新的角色。在课程改革的背景下，教师角色由知识学习指导者、文化知识传授者、课程教材执行者、教育教学管理者逐渐转变为未来生活设计者、知识体系建构者、课程教学研究者、人际关系艺术家。一个成熟的教师一定有着明确的角色意识,而那些成熟度较低的教师,则经常出现因角色模糊、角色冲突甚至角色过度负荷等问题而导致的职业压力增大和职业倦怠等情况。

(二) 教师职业成熟的实质是教师社会化过程

个人职业成熟的实质就是社会化的过程。教师社会化是指从事教师职业的个体为了胜任这一职业角色而在价值观念、行为模式、知识技能等方面做出改变和更新的过程。教师职业社会化包括任教前的预期职业社会化和任教后的继续职业社会化,是个人成为教师职业的成员且在教学中变得越来越成熟的转变过程。教师职业社会化过程贯穿于整个教师职业生涯中,是教师在教育实践中体悟并不断实现其职业内在价值的过程,其社会化程度的高低反映着教师个体职业成熟的程度。教师发展和成熟的过程是一个不断自我否定、自我超越的过程,所以说,教师的社会化是终身的,教师的发展和成熟是永无止境的。

(三) 教师职业成熟的标志是进入专业发展阶段

教师的职业成熟标志着教师进入持续的专业发展阶段。成熟的教师首先是一名身心健康、具有优秀品质和文化的完整的人,能顺利完成社会化,能友善地建立人际关系,具有正确的合作与竞争意识等。其次,教师作为"职业人"具有很强的专业要求,需要具备较高水平的专业能力、能顺利或创新完成教育教学任务;需要树立终身学习理念,具有高尚的师德;能够适应教师的学校生活,并且能够协调好家庭生活与学校工作的关系;需要有教育热情和教学激情,能够投入到教育教学改革中,从实践中熟练地选择教育课题进行科研创新;需要合理规划专业生涯,能自主学习,更新观念,不断反思、不断创新、不断发展。最后,教师作为"人类灵魂的工程师"应具有传承文化、促进学生全面发展的能力,具有坚定的专业信念,树立与时俱进的价值观、学生观和教学观,具有良好的职业性格,热爱教育教学事业。

三、教师职业成熟的意义

未来的国际竞争是人才的竞争,而人才的培养靠教育,教育的关键在于教师。

教师职业成熟与否直接关系到并表征着教师素质和能力的高低,影响着教育质量,从而影响未来一代人的素质。

从社会学角度来看,学校是社会系统中的一个子系统,教师是学校组织细胞之一。教师是学生的领路人,担负着对学生身心施加特定影响的职责;教师既要帮助家长在学校中管理、教育好孩子,又要帮助家长提高管理、教育孩子的水平;教师是社会的模范公民,社会期望教师成为理性的典范、道德准则的模范、文化学识的权威和特定社会价值标准的维护者;教师是社区活动的组织者,在社区活动中起到枢纽和协调作用;教师是社会物质财富的间接创造者,同时又是社会精神财富的直接创造者。职业成熟的教师才能在复杂的社会系统中充分发挥自己的角色职能。

从人才学角度来分析,教师的成长与成熟是一个学校发展的关键因素之一。在评价学校办学水平过程中,许多教育专家和教育行政领导都十分关注这所学校的师资队伍,师资队伍的水平决定了学校的发展水平。教师个人的发展和成熟是学校充满发展生机和活力的源泉,是学校发展立于不败之地的基本保障。

因此,无论从长远的战略意义,还是从现实的功利意义来看,教师职业成熟意味着教师能胜任教师工作并且步入教师专业发展的道路。

第二节 教师专业发展的方式

一、教师专业发展的类型

教师既是一项职业,又是一种专业。教师的专业发展指的是在专业思想、专业知识、专业能力等方面不断发展和完善的过程,这个过程存在于教师生涯的全周期,也是由新手教师向专家型教师发展的过程。

教师专业发展旨在促进教师的成长,使教师获得并增强他们的教学、科研和社会服务等专业活动的能力。教师专业发展主要包括自我主动式发展、同行协作式发展、规划引领式发展和政策指导式发展。

(一)自我主动式发展

教师专业发展的前提是教师的个体主动发展。从主观方面来看,在一定背景下,教师的个人特征(如态度、认知和能力)决定着教师的专业发展是否能真正发生;从客观方面来看,只有每个教师成为专家,教师作为整体才能称为专业发展。自我主动式发展是教师作为个体明晓自我专业发展的目标和方向,并采取相应行动的过程。

自我主动式发展包括绝对自我主动式发展和相对自我主动式发展两层含义。绝对自我主动式发展表现为教师能独立判断专业发展需要,制定专业发展目标,明确有助于专业发展的各种资源,选择恰当的专业发展策略,并对专业发展成果进行自我评价。相对自我主动式发展是教师在外界环境影响下的自我发展过程,教师通过外界环境的影响,明晓自身专业发展的缺陷,进而制定相应的发展目标和策略,有的放矢地提升自我的专业发展水平。

自我主动式发展具有差异性、递进性、阶段性的特点。差异性是指教师的知识和能力影响了他们专业发展的侧重点。递进性是指自我主动式发展在模仿、实践、反思和探究的层层递进过程中进行。阶段性是指自我主动式发展经历了依赖他人、独立于他人、影响他人和领导他人的四个阶段。在依赖他人阶段,教师往往通过模仿促进自我的专业发展;在独立于他人阶段,教师知道自我的专业发展内容和方式;在影响他人阶段,教师以身示范,指导和管理他人的专业发展;在领导他人阶段,教师作为专业组织的代表,通过制订和明确组织的学习任务,系统性地促进群体的专业发展。自我主动式发展使教师认识到自己为什么要学、学什么、如何学,这表明他有明确的专业发展规划,有高度的自信和成熟的心理,使教师敢于承担风险、应对挑战。

(二) 同行协作式发展

在同行协作中,教师不仅更加深刻地了解学科领域的专业知识,而且还可以更加清楚地了解自我,拓展教师的人际交往、管理和组织技能。参与同行协作式发展的教师将可能获得更大的成功。

同行协作式发展具有互补性:在同行协作中,教师之间没有等级之分,彼此相互尊重,拥有自由地表达观点的权利。同行协作式发展具有包容性:同行之间的协作既可以发生在正式的会议和研讨会中,也可以发生在虚拟时空中;既可以是对话与交流,也可以是出版物和电子文献;既可以分享彼此的经验,也可以学习外部的先进经验。同行协作式发展具有开放性:教师可以肯定和批评他人,同时也接受他人的肯定和批评;既可以学习他人的先进经验,同时也能看到自己的不足。

(三) 规划引领式发展

教师专业发展往往是在学校发展规划引领下发生的。学校的发展规划中,直接把教师专业发展的要求纳入到学校的工作计划中,成为教师成长的目标与蓝图。规划引领式发展具有组织性:学校确定教师专业发展的内容,如培养目标、培养对象、培养方式、培养效果,同时学校还要解决教师专业发展遇到的各种问题,如场所的安排、必要的资助以及技术帮助。规划引领式发展具有目的性:总体上都是为了增强教师在人才培养、科学研究和社会服务等方面的知识和技能。规划引领式发展具有综合性:学校除了要考虑教师的参与,还要注重适合教师的发展理念、恰当的宣传、充分的资助、奖励的政策、管理部门的支持等。相比而言,自发的、无组织的、孤立的教师专业发展活动不可能带来学校内部真正的变革。

(四) 政策指导式发展

宏观政策是教育行政部门指引学校促进教师专业发展的政策,它通过营造舆论、拟定制度甚至颁布行政命令来干预或调节教师专业发展。政策指导式发展具有持续性:政策通常不会在短期内更改,它具有一定的约束效力,例如2014年教育部颁布的《关于实施卓越教师培养计划的意见》就是一项长期的政策。政策指导式发展具有全局性:制定的政策包罗了教师专业发展的各方面,包括职前培训政策、奖惩政策、职称评定政策、绩效工资政策、人事进出政策、学习进修政策、骨干教师政策、学科带头人政策、教师退休政策等。政策指导式发展具有激励性:比如,近年来国家人事部门决定在中小幼教师专业技术职称系列中增设正高级职称,使得优秀的中小幼教师能获得相当于大学教授的职称,极大地鼓励了教师专业发展的积极性。有些地方的教育部门规定了学科带头人、骨干教师、优秀青年教师等评选的标准,建立了名师培养机制,皆为教师专业发展创设条件并起到激励作用。

二、教师专业发展的策略

(一) 教师专业发展的目标

把专业理想转变为人生理想,在职业成就中收获幸福,是教师专业发展的出发点和归宿。教师要充分认识自己的职业意义,理解教师职业的使命感与责任感,让自己进入理性与道德的境界。承担教师的职业使命,才能真正获得职业工作的幸福感。拥有崇高教育理想的教师,会为了理想克服重重阻碍,不断追求,即使一时缺乏娴熟的教育教学技能,也会不断学习、不断进取,克服弱点,去获得更高层次的教师专业发展。不断陶冶和提升师德境界的教师,会在职业成就中收获幸福。

(二) 教师专业发展的要求

教师专业发展贯穿教师成长的全过程,教师专业发展的要求具有阶段性、针对性和持续性的特点。把握这三个特点,就能为不同的教师提出不同的要求。

1. 阶段性

一名新教师自进入学校任职开始,有可能在教师岗位上工作30到40年,并终身成为一名人民教师。在他们工作的全周期内,不断学习、不断实践、不断研究,将会从一名"新手教师"逐渐成长为一名"优秀教师"。但是,不同的阶段应该有不同的专业发展的要求,这样才能使教师一步一个台阶地获得发展。例如,在"理想信念"方面,应该让青年教师了解教师职业具有崇高与神圣的特征,让他们了解优先发展教育是中华民族伟大复兴的基础工程,并将为教育而奉献终身的老教师作为他们的榜样,从而明确"理想信念"的内涵,激励前行。对于中年教师而言,在树立"理想信念"的过程中,要求他们更多地联系到自己工作的实践体验,在教育教学工作的艰辛过程中,处理好各种矛盾,始终践行国家教育方针,忠诚于教育事业,把"理想信念"切切实实地转化为自己的行为。

2. 针对性

学校教师群体中存在着不同年龄、不同学科的教师个体,他们专业发展的具体任务也是不相同的。教师专业发展的要求,既要相对统一,也要有个体差异。例如,在"扎实学识"方面,不同学科的教师需要牢固掌握本学科的知识,把握本学科的核心素养以及本学科的育人价值。随着科学技术和社会文化的发展,各门学科的课程标准和教材的更新与变化也是很大的。所以,教师专业发展的要求必须在通识教育的基础上,因学科而异,因教师而异。特别是年轻教师与成熟教师在"学识"方面存在较大差异,因此,对他们必须提出不同的要求。此外,年轻教师的教育信息技术基础较好,学习的热情很高,而中老年教师在学习掌握教育信息技术方面是"弱项",所以教师专业培训必须具有针对性。

3. 持续性

既然教师专业发展是一个长期的过程,那么必须要有持续性。对教师个人来说,只有坚持研修学习,才能保持自己的学识水平和教学能力不断地提高。这一要求,不仅针对青年教师,同样也要求有经验的教师持续关注。全国教书育人楷模、上海市语文特级教师于漪老师曾经说过:"我一辈子做教师,一辈子学做教师。"一位在中学语文讲坛上耕耘几十年的专家型的老教师,把"学做教师"作为终身的任务,理应成为每一位教师的榜样。有部分教师在积累丰富经验、取得高级教师职称之后,停止了自身的专业发展进程,这将与不断深化的教育改革、不断发展的科学与社会文化,逐渐产生落差。所以,在教师专业发展的进程中,不仅教师要针对自身制定阶段性的发展目标,学校在对教师专业发展提出要求时,也要关注以上三个特点。

(三) 教师专业发展的规划

科学规划职业生涯是教师专业发展的驱动器,有利于加深对教师专业价值的认识,注入专业持续发展的动力。教师在制订规划中能预期到自身的发展前景和成果,从而获得较高的满足感和成就感。

教师专业发展的规划可以从短期规划、中期规划、长期规划和人生规划四个维度进行。

短期规划,即2年以内的规划,主要是确定近期目标,规划近期应完成的任务。

中期规划,即2—5年内的任职目标和任务,是最常用的一种专业发展规划。

长期规划,即5—10年的规划,主要是设定较长远的目标,以及为实现此目标应采取的具体措施。

人生规划,即整个职业生涯的规划,时间长达30—40年,设定整个人生的发展目标和阶梯。

由于个体自身和周围的环境随时都可能发生变化,时间跨度太长的规划难以把握,而时间跨度太短的规划意义不大。在实际操作过程中,人们一般倾向于将个人专业发展规划的重点放在2—5年的中期规划,这样既便于根据实际情况制定可行的目标,又便于根据现实的反馈和变化情况进行相应的修正和调整。所以在制订个人职业生涯规划时,既要有挑战性,又要避免好高骛远,注意适时调整。

制订个人专业发展规划的重要原则:第一,长远性原则。规划一定要从长远考虑,着眼于大方向。人生的各个阶段是持续连贯发展的,规划也应考虑人生发展的整个过程。第二,目标性原则。应该考虑目标和措施是否清晰、明确,实现目标的步骤是否直截了当,安排是否具体。第三,挑战性原则。为避免陷于平庸,应该注意考虑制定目标或措施是否具有挑战性,太容易实现的目标对自我的内在激励作用不大,所以,要根据自身的情况,制定高于现状但又切实可行的目标。第四,可行性原则。要从自身的实际情况和所处的环境状况出发,制订适合自己并与周围环境相适应的职业生涯规划。第五,适应性原则。在制订规划时,一定要将职业生涯看作是一个动态的发展过程,所以,目标或措施应具有一定的弹性或缓冲性,这样在实际操作中,才能更好地根据环境或自身的变化适时地做出修正和调整。第六,可评量原则。即规划的设计应该有明确的标准和时间限制,以便自己能根据进度来评量和坚持计划执行的情况,并适时做出修正和调整,以保证计划的顺利进行和目标的实现。

三、教师专业发展水平的评价

通过教师专业发展水平的评价,教师可以了解自身取得的成绩和存在的问题,把握自身的专业水平和达成程度。这种评价有客观评价和主观评价两类,其中客观评价中有组织评价、同行评价、学生评价、家长评价等形式,主观评价主要是自我评价。

(一) 组织评价

组织评价是依据学校制定的评价制度和相关政策规定,用动态的、发展的眼光,对教师工作的各个环节进行系统的、全程的、较长时间的、循环往复的评价。它分别考察教师的教学能力、管理能力、专业能力和发展潜力等(每个领域还应该有各自的评价标准,使教师能够遵循既定的标准,自觉完善自己的职业行为,如职称晋升、先进评选、表扬与批评),进而促进教师工作绩效的提升,专业成就感的形成,改进或完善教师的教学,明确个人的发展需求和相应的培训,提高教师的能力以促进其完成任务或达到将来的目标,最终从根本上为学校可持续发展提供动力。

（二）同行评价

同行评价是对同伴协作的肯定与对不足的改进期望。这种评价方式的优点是:评价者熟悉教师所教课程,具有专业经验;评价者与被评价者彼此熟识,交往较多、认识较深;评价者可就近观察,较易了解被评价者日常工作的表现。借助同行评价,可培养教师之间共同协作、相互学习的教师文化。相比于组织评价,同行评价较为"柔性",但是针对性强,而且能比较具体地指出被评价对象的进步和存在的问题,所以对教师的专业成长影响很大。

（三）自我评价

自我评价是教师根据行政主管部门或学校制定的自我检核表或评价表,填写相关资料,对自己的表现进行评价。这种评价方式具有自我了解、自我反思、自我改进的功能,给教师提供一个充足的自我表达与展示的机会,对照学校提出的教师发展目标,采取积极的行动,有了一定的感受和体验后进行自我反思、自我改进。自我评价的作用在于养成反思的习惯,善于不断回顾总结一段时间以来的工作状况,是教师专业发展的强烈内在需求的良好表现。能不断进行自我评价是成长为专家型教师的重要措施。

（四）学生评价

学生与教师的接触较为密切,具有直接的感受。教师的言行举止都为学生展示了教师的师德情操和专业水平。所以,学生对教师的评价不仅可以建立平等民主的师生关系,而且也能使教师从学生的反馈中不断改进自己的教学行为。评价可以通过结构性或非结构性的问卷调查、集体座谈等方式来进行。但是要注意学生评价易受课程难易、功课多寡、得分高低、教师要求的严格程度以及学生本身能力大小的影响,这些都会影响到学生评教的专业性、公正性或客观性。

（五）家长评价

通过家长开放日、家长信箱等方式开展家长参与教师评价,其目的也是为了更好地发挥家庭和学校的优势,促进学生的全面发展。家长参与教师评价,增强了对教师教育教学活动的监控,有助于促进教师反思习惯的形成、反思能力的提高。

对教师专业发展水平实施多元评价,被评教师从多渠道获得反馈信息,能更好地反思和改进教育教学工作。同时被评教师要端正态度，认识到评价所提供的信息对于自己改进和发展的重要作用，以积极的态度和宽广的胸襟接受评价。

第三节 教师专业发展的进程

一、教师专业发展走向

教师发展与学生发展是一个辩证的统一体。教师发展能更好地促进学生发展，放弃教师发展而追求学生发展，最终学生的发展也只能是空中楼阁。教师专业发展的走向必须与我国基础教育改革的趋势保持一致，使得教师的专业发展成为推动教育改革的重要力量。

（一）从关注教学走向全面育人

传统观念上，教师的主要工作是教学，社会上俗称教师为"教书匠"。其实，教学活动是学习主体的一种精神活动，在培养和提高学生学科素养的同时，造就学生的思维品质，陶冶学生的心灵和精神。因此，教书育人才是教师的天职。特别是党的十八大以来，党中央、国务院以及教育部多次在文件中强调"教育的根本任务是立德树人"。"立德"就是坚持以德为先，在教育教学中要加强社会主义核心价值观的教育，加强中华优秀传统文化的教育。2016年《中国学生发展核心素养》总体框架正式发布，其中描绘了"树人"的目标与标准，即通过各门课程的教学和学校各种社会实践活动培养合格的社会公民。面对如此重任，每一位教师必须理解认同"立德树人"的目标，提升"立德树人"的能力水平。

（二）从以教为主走向以生为本

现在的课堂教学要从传统的以教师为中心，转变为以学生发展为中心，倡导自主、探究、合作的学习方式，培养学生积极主动地学习和发展。教师向学生讲授"为什么"，远不如学生向教师提出"为什么"。教师是教育目的的实现者、教学活动的指导者和教学方法的探索者。所以，教师在课堂教学和课外实践中，不要急于表达具有导向性的意见，而要先倾听学生的各种看法；不要强求学生接受教师的立场，而要鼓励学生提出自己的观点;不要对学生予以"一锤定音"式的裁决,而要进行富于启发价值的评价;不要对学生鲜明的个性或完全否决或过度赞赏,而要引导学生鲜明的个性往正确的方向发展。

(三)从个人发展走向团队协作

团队协作是促进教师专业发展的有效途径,不仅使教师个体经历过的典型教育事件得以分享,而且使教师的价值在群体中得到认同,促进自身的专业认同感。教师团队协作使"超越教学个体范畴的、作为集体的学习成为可能",进而促进自身的专业发展。特别是卓越教师的培养,更必须强调团队的作用,改变教师专业发展处于"单枪匹马"的状态。

(四)从专业成长走向事业追求

从把教育当作"职业"到视为"专业",再到视为"事业",是对教师工作意义与性质认识逐步提升的三个台阶。优秀的教师是会在大多数人只把教育当作生计的时候,就能以专业的眼光与方式去探究教育;也会在人们刚意识到教育需要专业化的时候,就已经将教育作为终身奉献的事业了。朱熹说:"敬业者,专心致志以事其业也。"把职业当作事业来做的教师,不仅是因为他们能对自己、学生、学校负责,更重要的是,他们意识到了教育事业是一种使命,是一种责任和精神的体现。

二、教师专业发展阶段

国内外对教师专业发展的阶段有多种论述。国内一些学校对教师的专业成长提出了种种阶段发展的目标,例如"1—2年适应期""3—5年稳定期""6—10年发展期""11—15年成熟期",也有学校提出"一年入门""三年胜任""五年成熟""十年名师"。这些说法,往往出于学校对教师发展的良好愿望。实际上,教师专业发展的阶段很难有相对确定的年限,因为教师的专业成长取决于教师个体的多方面因素。此外,教师专业发展并非始终是保持正向的发展趋势,也有不少教师在不同时期,专业发展会遭遇挫折甚至倒退,这也是不容回避的事实。

根据美国学者费斯勒(Fessler,1985)提出的"教师职业生涯发展周期模型",有些学者[①]将教师专业发展概括为以下几个主要的时期:能力形成期、热情成长期、职业稳定期、职业挫折期和职业退出期。

(一) 能力形成期

能力形成期是新教师掌握专业知识、运用教学技能、了解教学要领的时期。能力形成期的标志是能独立完成教学设计,适当运用好教学技术,基本完成课堂教学任务。新教师的能力形成期长短不一,有的一至两年,有的可能更长。

其影响因素主要是个人和组织两个方面。个人因素包括自己对教师工作的认知程度,以及适应教学工作的认真程度。组织因素包括学校对新教师的培养制度与有关政策,学校对青年教师的考核、评比、晋级、分配等制度是形成能力的"加速器";来自家长和学生对教师的褒奖、信任、期望、支持、监督和鞭策是促进教师形成能力的"催化剂"。

形成能力的途径主要有两个:一是学习领悟知识;二是"转知成技"。学习领悟知识的做法通常是结合自己教授的学科,研读课程标准、教学用书、教学参考资料,参加校本研修或校际教师研究活动,增加自己对专业知识的正确理解。"转知成技"通常是将自己的教学设计付诸教学实施,再深入反思,提升有效的教学技能,或者将反思的认识转化为文本,修改为论文或研究报告;或者将学生成长中的问题转化为自己去研究和解决的问题,通过针对性的研究,提高自己解决实际问题的能力。

(二) 热情成长期

这个时期是教师教学能力不断提高、教学状态持续变好、教学自信心不断增强的时期,对教师工作充满了热情,并且进入了快速成长期。其影响因素中的个人因素,首先是教师本人熟悉了学校的人际环境,了解和认同了学校的文化,处在热情学习阶段而且开始出现教学工作的成效;其次还包括家庭和睦,对教师工作有所支持。组织影响因素包括学校的专业团队和学校制度有利于年轻教师的成长,并且学校能在信任的基础上,让年轻教师肩担重任,促进他们在工作中的成长。

热情成长期教师发展的途径,主要有积极参与教学改革和积极投入教学研究

---

① 王家云,辛治洋.教师职业规范与专业发展[M].芜湖:安徽师范大学出版社,2016:125-129.

两个方面。学校要引导这一时期教师成为课程开发、教学改革的积极力量,同时他们由于年轻好学,对学习教育信息技术具有较高的积极性,也会比年长的教师具有较为明显的学习效果,所以能够成为学校中朝气蓬勃的新生力量。在取得教学经验以后,应该进一步引导他们专注教学研究,提高他们对教育和教学理论问题研究的兴趣,并且指导他们掌握科研的基本方法。

(三) 职业稳定期

稳定期教师已经是适应学校工作的"熟手",在职称上已经获得一级教师或高级教师的资格。他们教学经验丰富,教学功底深厚,往往能够获得家长的信任,在学校中承担着一些重要工作,包括中层干部、年级组长、教研组长和班主任。他们也通过带教新教师赢得了尊重。

在这个时期,教师的进一步发展可能会发生分化:一部分教师可以不断地持续发展,进而成为专家型教师;另一部分教师也可能处在一个停滞不前的时期,维持现状,结果面临"不进则退"的状态。

从个人因素来讲,长期教学工作的压力和家庭生活负担,致使部分教师选择维持现状,不愿意对自己熟悉的工作方式、方法进行改革。这些教师由于具有一定的教学经验,所以容易墨守成规,对教材教法的研究、对新的教育技术的学习都失去了积极性。从组织因素来讲,稳定期的教师多数是取得中高级职称的教师,是学校教育教学工作的主力军,一直肩负学校工作的重担,学校对这些教师是使用多、培养少、依靠多、关怀少,缺少对他们专业继续发展的引领措施和政策。

促进稳定期教师专业发展的路径:一是指导他们制订专业生涯规划和发展目标,重新梳理影响自己专业发展的错综复杂的因素,理顺不同影响因素之间的关系,制订克服专业发展障碍的具体措施和时间表,争取专业成功发展。二是通过教师团队共同进行校本研修,在团队互动中,他们还负有带领青年教师成长的任务,利用团队的力量,学习理论,开展行动研究,在同伴互助中重新设计教学,采取新行动。三是寻求专家引领,拓宽视野,争取专家帮助,针对自己的瓶颈问题进行突破,力争在教学工作中有新的成就,提升自己的上进心。四是借助新媒体加强学习,利用网络资源丰富课程内容,利用名师工作坊更新教学理念。

(四) 职业挫折期

职业倦怠是这个时期教师容易出现的问题。一方面表现为对教育教学工作失去原有的热情,学科教学质量和班级管理水平逐渐下降;另一方面则是对教学中不断出现的新要求或者班级管理中出现的新问题束手无策,心态上处于焦虑状态。有的教师要求学校减少工作任务,甚至期待退休能早日到来。

造成职业挫折期的个人因素:一是缺乏对自己专业发展的动力,没有看到教学改革对教师专业的深刻影响,也没有看到时代变化对学生教育与管理会带来许多新问题;二是长期工作的压力以及家庭负担,使得这部分教师缺乏精力。从组织因素来讲,学校和社会对教学质量、升学率不断提高的要求,使得教师工作任务加重、工作时间加长、工作压力加大,学校各类考评的竞争造成教师人际关系紧张。有时学校领导评价机制单一、指标不尽合理也容易使教师产生职业的倦怠感。

职业挫折期教师发展的途径主要是"加强学习"和"适当减负"。解决职业倦怠的个体出路在于教师作为学习者不断丰富教学技能,寻找适合新环境的有效的教学方式与方法。学校各级组织帮助教师摆脱职业倦怠的有效做法是在严格要求教师的前提下,解开捆在教师身上的重重绳索;同时,创设条件开展适当的教师文体活动,给教师提供外出学习的机会,帮助教师找到新的有效的教学方法;通过与青年教师"结对子",加强与青年教师的沟通与交流,了解教学的新思想、新要求;通过吸收教师参加校级以上教学评估和督导,畅通社会期待与教师工作之间的交流渠道。

(五) 职业退出期

教师职业退出期是指教师因种种因素离开教学岗位。其中,由于年龄因素的退休,是国家规定的人事政策,是正常退出。许多教师在为教育事业奉献一辈子以后,在退休时既获得了学校领导和广大教师对他们的高度评价,也获得了众多学生和家长的爱戴,为自己一辈子从事教育事业画上了圆满的句号。

但是也有少数的教师,在任教期间提早退出了教育岗位,其原因有多种:一是严重违反了师德要求而离开教师岗位,这种情况虽然不多,但是告诫每一位教师必须把师德作为底线;二是因教学水平不能适应要求,或者不能用正确的方法教育学生,导致教育教学工作上的失误并且不能调节自己的心态,因此被动地调离学校,从事其他行业的工作。这种被动的退出,是教师职业生涯中的遗憾。教师被动退出机制表明教师的职业有底线要求,也有人事制度的刚性规定。

三、教师发展的干扰因素

教师在专业发展各个时期,都会产生困惑和迷茫的心态,都会有低落和倦怠的情绪。这些发展困境由以下因素造成:

(一) 社会因素

随着经济社会的迅速发展,社会和家长对教育的过高期望成为教师永远挥之不去的心理压力。压力过大是导致教师厌倦职业的首要原因。学校以考试成绩作为评价教师的主要标准,迫使教师把精力集中在训练学生和提高学生成绩上,无法感受教书育人以及与学生共同成长的欢乐,无暇沉淀自己的教学思想,无力关注自身的知识更新和方法创新,即使有很好的潜质也很难摆脱"教书匠"的樊篱,难以实现向专家型教师的转化。

(二) 职业因素

教师教育教学的对象是学生,而教师的职业成就是以学生的成就来具体体现的。教师所培养的学生不可能在教师工作投入以后短时间内就表现出明显的效果,而在此过程中教师却需要投入大量的心血和精力。所以,教师工作成效的延迟性与教师工作投入之间的不对等性,造成了教师很难及时得到工作成就感的体验,弱化了教师的职业成就感。由于长期的工作而看不到明显效果,不能及时得到正面的积极激励,就很容易产生对职业兴趣的减退或丧失。

(三) 学校因素

首先,学校文化氛围是教师个人心理、情感的调节器。如果教师之间关系融洽、相互支持、相互理解,教师就会获得安全感、自尊感和归属感,产生自我提升的欲望;若教师之间关系紧张,个体工作缺乏有效的支持,那么教师就会感到压抑、焦虑、孤独。而良好的学校文化气氛在很大程度上取决于作风民主、幽默风趣、体贴入微的领导者。

其次,学校对教师专业发展缺乏统筹规划,缺少科学的理论引领,没有对教师生涯规划做好"顶层设计",教师培训实效性低。一些学校对教师的专业成长停留在一般性号召鼓励上,缺乏微观的关照和科学的理念与方法。而在教师教育培训中,专家只是机械地介绍自己的理论,缺乏和教师的互动与交流,缺乏对教学实际的关注,教师日后很难将理论应用到实践中,很难与自己的专业成长结合起来。教师的专业成长处于一种目标不明、动力不足、孤独无助的状态,专业发展出现迷茫。

此外,学校没有根据自身实际对教师制定有针对性的考核评定标准,没有制定内容明晰、办法具体可行的教师职业生涯规划的管理制度,欠缺对教师职业晋升路径的深刻思考、具体设计以及职业生涯规划的实际指导。这已成为部分教师职业认同感缺乏、自我提升动力不足、职业倦怠现象较为普遍的直接原因,在一定程度上扼杀了教师职业价值的追求和个人价值的实现。

(四) 个人因素

教师专业理想没有明确的目标与愿景,仅仅将教师职业作为一种谋生手段,忽视了教师职业对社会发展应有的独特贡献和社会价值,从而难以获得教师职业崇高的价值使命所带来的幸福感。教师如果缺乏坚定的理想信念,就不可能产生献身教育、追求卓越的自觉意识,也不会以积极的态度去规划自己的走向,寻求自我成长,更不能正确对待价值观念的冲突,遇到挫折就知难而退,取得成绩就满足现状。同时,理论基础的薄弱造成教师素质的结构性缺失,使得他们无法对自己的实践进行理性的反思,不能正确认识自己的教育实践与科学理论、时代发展之间的差距。发现不了问题的所在,也就难以找到解决问题的办法去实现自我的超越,自然就容易进入"职业停滞"。此外,教师自身人格因素的缺陷是教师产生"停滞现象"的内在原因。有的教师频繁出现"高原现象",这与教师的人格特征有关,当他们面临压力、困难时,往往不能采取适当的方式去应对,缺乏前进的勇气和决心,这也会导致他们取得一定成绩后不能继续提高,徘徊不前。

第二章 从群落到团队

> 17世纪捷克教育家夸美纽斯在他的名著《大教学论》中阐述了班级授课制和学校课程体系,标志了现代学校制度的诞生。现代学校具有由众多教师合作对学生进行教学的特征,由此,教师因共同任务而形成的合作关系越来越紧密,教师群体性特征也愈发凸显。本章试图通过教师群落和教师团队的形成过程来认识教师团队的基本特征。

第一节 教师群落现象

群落(community)原本是生态学的概念,亦称生物群落(biological community),是指具有直接或间接关系的多种生物种群的有规律的组合,具有复杂的种间关系,也是自然生成的一种生物形态。在此,我们借助群落的概念,指代教师们因各种因素聚合而形成的群体,具体是指教师群体中具有直接或间接关系的不同教师自发形成的有关联的组合。

一、教师群落的形成

吕思勉在《中国通史》中指出:"人应付环境,不是靠生来的本能,而是靠相传的文化,所以必须将前人之所知所能,传给后人。"将"前人之所知所能,传给后人"便是教育的最初目标。随着社会的发展,教育逐渐从口口相传的简单模式发展为由专门的机构负责,学校应运而生,成为专门培养人的教育场所,以教育教学为职业的教师也随之出现。但在相当长的一段历史时期里,教师是兼职的,如中国的"官师一体",西方则由神父或牧师担当教师,而且这些教师都不属于专业人员,教师这个职业也不是专门的职业。

17世纪,以捷克教育家夸美纽斯为代表,提出了班级授课制的概念,随即在欧洲出现了大量的近代学校。近代工业革命的发展,对高素质产业工人的需求,促进了教育的大发展。随着近代学校课程体系的渐趋完善,教师职业的专业特征日益凸显,作为专业人员的教师逐渐从其他行业中分化出来,形成了自己独立的职业特征。20世纪中叶以后,教师职业的专业性得到进一步的确认,各国高等教育中的师范专业得到进一步加强,承担专门培养教师的重任。

中国古代民间教育以私塾和书院为典型。私塾,是一个教师面对若干个学生,采用"一对多"甚至"一对一"的形式进行教学。因为那时的教师是"单打独斗"的个体,所以不可能出现教师群落。书院,是独具中国特色的传播文化的教育场所,起于唐代,发展于宋代,由朱熹最早正式创立了书院教育制度,由一些乡绅或学者自行筹款,于山林僻静之处建学舍,抑或置学田收租以充经费。我国著名的书院有河南商丘的应天书院、湖南长沙的岳麓书院、江西庐山的白鹿洞书院、河南登封的嵩阳书院,合称"四大书院"。随着书院的出现,多个教师对学生群体共同施教的机制逐渐形成,由此相对稳定的教师群落也随之出现。但此时的教师群落由于教育科目相对集中(如分为经、史、子、集等),教师群落的构成也比较简单。

清末受到西方教育制度和教会学校的影响,我国沿海城市借鉴西方的办学经验,逐渐出现一批新式学堂。现代教育制度普遍采取学校集中教育,教授的科目也扩大到十余门,除了知识的传承之外,还兼及美育、体育、德育、宗教等诸多科目。学校教育大多采用的是班级授课制,在同一个校园对同一群学生进行相同要求的教育。这样,相对稳定的工作环境和相对一致的教育任务,促使了教师群落的形成。

其实,群落的形成是人的自然属性的表现,人类的早期发展就是以族群发展为典型特征。早在原始社会,人类必须通过相互依靠组成群落,才能发挥大自然中生存的优势,进而在社会中寻求谋生与发展。因此,群落是人的生存方式,也是人发展保障的基本途径。教师作为一个社会群落,其群落结构、群落活动习惯与方式等,对教师的专业发展和履行职责都有很深的影响。

二、教师群落的类型

物以类聚、人以群分,教师也因各种原因逐渐形成了不同类型的群落。有因共同的兴趣爱好,有因相同的目标任务,有因共同关心的主题,有因某些情感的联系,等等。据此出现了如下几种常见的教师群落类型:

兴趣聚合型的群落,是指一些教师有共同的兴趣爱好而聚合在一起形成的群落。在教师中,因为文化程度较高、具有一定的文化品位,所以在很多学校,喜欢琴棋书画的教师会经常相聚交流心得或品鉴艺术;也有些教师喜爱运动,常在一起打球踢球,每当盛大球赛举行之时,会津津有味地成为"球迷";也有一些因读书而成为好友,或者因其他不同的业余爱好而相聚。

特殊关系型的群落,是指因"同学、同乡、同龄"等特殊关系而形成的教师群体。同学之间因同窗多年彼此了解,生活经历相仿而自发形成一个群体,其持久性很强,常常成为终身的朋友。同乡之间因有相同的习性、语言、生活方式,自然容易产生亲近感而聚合在一起。而同龄(或者同届)的教师通常是同一年进入学校,所以彼此之间有更多的共同语言、遭遇共同的问题,特别是他们在专业成长的道路上,需要互相比照、互相勉励、互相关怀。

家庭生活型的群落,常常是因为有些教师居住在一个社区或者共同乘车上班,拉近了教师们的心灵距离,各种家务琐事、购物出行、饮食起居都成为大家的话题。特别是女教师因为较多地担负着家务和育儿的任务,自然就形成"妈妈群落"。

除了以上这些自然形成的教师群落以外,还会因为学校的任务形成一些任务目标型的群落。这类自发合作的教师群落,因"任务"而生、有"目标"指向,是教师群落中重要的类型。例如,共同教学一个班级的各学科教师逐渐形成了班级任课教师群落,常常交流和研究这个班级学生教育教学上的问题,就是因为有共同任务而聚合在一起形成了互相合作但略显松散的群落。在一定条件下,这些任务型群落会逐渐发展为教师团队,其检验标志就是基于工作的合作。一般来说,教师的合作形式有如下几种:

一是自发的合作。这是比较常见的合作形式,教师们围绕着教育过程中出现的问题,同年级组或同学科的教师共同自发地反思、讨论、启发,最后达成共识,或者尽管没有达成一致意见但也会给予大家很大的启发。它可以发生在学校的任何地点、任何时间,对参加的人员也没有具体要求。他们提出问题是自发的,结论是不可预测的,甚至会持续地再研讨、再行动。例如,随着现代教育信息技术的应用,平板电脑如何进入课堂成为很多教师关心的话题,许多教师利用课余时间自发地探讨,互帮互学,成为一种有效的合作。

二是基于特定任务的合作。围绕着学校的教育改革任务,教师们自发地合作,例如校本课程开发对于中学教师来说就是全新的任务。自2000年以来,华东师大二附中的教师们纷纷投入到校本课程开发的热潮之中。然而,对于课程的建构问题,很多教师需要与同行商议讨论,于是教师三五成群,互相启发、互相帮助,形成了良好的合作氛围,推动了课程的研发。合作的结果不仅是开发的新课程,还在相互启发中获得教师的自我发展。如二附中的数学教研组,在准备青年教师大奖赛时,由参赛青年教师和几位资深教师,组成了一个针对比赛课的磨课教师群体。

三是谋求发展的合作。教师走出校园以及外出学习交流,是了解教育改革动态、学习他人、提高自身教育教学水平的重要方式之一。有些学校的教师,参与集团化和区域化的学校联合体的教研活动,与外校教师合作探讨研究,形成了一种新颖的跨校的教师研究群落。同样,也有的中学教师参与大学或教研室的课题研究,如果课题本身是来自教学和课程的真实问题,教师也会在合作中获得持续的发展。华东师大二附中不少名师担任了上海市"双名工程"(名校长、名教师)培养基地的导师,或者担任上海市中小学骨干教师学科德育实训基地的导师。这些导师几乎都主动依托华东师范大学、上海师范大学和上海市(或各区)的教研室,组成了跨越学校界线的专家队伍,使得参与基地学习的教师在没有行政管理监督的情况下获得长足发展。

三、教师群落的取向

取向是指对某个事物或事件的价值选择。对于个体而言,大到世界观和人生观,小到待人处世都会有一定的价值取向,而这种取向的集合就确定了人生发展的方向。对于任何一个群落、团体、集体而言,这种取向的选择,也决定了它的存在价值和发展走向。

教师群落的多元化体现了教师生态系统的复杂性、多样性、互补性。教师群落的构成方式不同,决定了不同教师群落的取向也有所不同。学校领导要关注、支持和引导这些群落的健康发展,引导他们选择正面的价值取向。

兴趣聚合型群落的形成往往是群落中的教师对兴趣爱好的共同选择,而群落促使兴趣得以维系并有所发展,获得身心愉悦,这种群落取向是积极的。学校领导要为这样的教师群落提供发展的条件。例如,发挥群落的影响力,在教师中提倡加强体育锻炼或开展文艺活动。但是也要注意,有些情趣不高的低俗活动不宜成为教师群落的"黏合剂"。

特殊关系型群落的形成往往由感情因素决定。例如,同乡群落往往关注的是曾经有过的家乡生活,会加深同乡之间的互相关心、互相帮助,充满了人情味和温馨感,可以舒缓生活和工作中的压力。但是当群体中教师适应了新的生活与工作以后,这类群落的凝聚力会逐渐降低,要注意这类群落也存在着封闭性和排他性的特点。所以,学校里要形成"海纳百川,有容乃大"的氛围,关怀来自各地的教师,形成包容性很强的学校教师团队。

家庭生活型群落是以教师的家庭生活为共同关注的主题。任何教师都承担着家庭责任,如操持家务、抚养孩子、照顾老人,需要在工作之外兼顾好家庭生活。这样的群落方便教师们交流生活经验、疏解生活压力,帮助解决生活困难,这是很有必要的。但是,也要注意把握尺度,协调好工作与家庭的关系。

教师群落的价值取向需要引导,并使之成为学校内正能量的一部分。群落中核心人物的价值取向,最容易取得群体中其他人的认可,从而形成以核心人物为代表的群落取向。教师群落的价值取向如能围绕着教育这个大目标,群落就会大概率地发展成为一个团队。

第二节 教师团队的形成

一、教师群落与教师团队

(一) 群落与团队

群落自发形成的同时,又隐于学校之中,是教师之间的情感纽带、学校氛围的调节器,也是团队形成的基础,但并不是所有的群落都能发展为团队。

所谓教师团队,是指在学校教育行政过程中由不同身份、专业素养的教师,基于某些特定目标和任务所构成的相对稳定的研究工作团体,一般由一位或数位专业素养较高的教师为核心,以及若干参与教师所构成。教师团队常常是以一定的教学或科研任务为导向,以共同的目标、有效的交流与合作为前提,以分工协作、责任共担为保障。一支优秀的教师团队应该拥有先进的学校文化、和谐的人际关系、合理的人员结构、科学的评价手段和有效的激励措施。

与自发的教师群落不同,团队是学校发起或推动的教师团体。群落在学校隐性存在,组织人员具有不稳定和可变的特点;团队在学校中显性存在,组织人员相对稳定。从价值取向而言,前者是多元的,群落中人们共同关注的话题与活动会择机而变化;后者则有明确的价值导向,有共同指向的任务与目标,有分工与合作的运作方式,而且是学校组织架构中的重要组成部分,承担了学校教育、教学、科研和管理等方面的工作。显然,教师团队对教师个体发展的作用是不可忽视的,可以说从青年教师的培养到中年教师的成名,再到高端教师的养成,都离不开教师团队的重要影响。

美国学者乔恩·卡曾巴赫在其著作《团队的智慧》中对"团队"进行如下定义:教师团队是由少数具有互补性技能的人组成,他们具有共同的目标,有明确的角色与任务分派,不仅共享信息,并且互相支援和帮助,团队的效能大于个体的总和。由此可见,教师团队不是一个简单的组织形态,而是"教师们开展学习的组织载体"。在教师团队中,教师彼此之间相互影响、相互合作,在教学行为上具有共同目标、共同规范。因此,它是介于学校和教师个人之间的人群结合体。

(二) 团队的类型

早期关于团队类型的研究并不多,近年来学者才开始关注团队的类型问题。例如,有学者根据企业特点把团队分为建议参谋团队、生产服务团队、项目发展团队、行动谈判团队等;也有学者总结了大量文献,将团队划分为工作团队(work team)、并行团队(parallel team)、项目团队(project team)和管理团队(management team)四种类型。据此,我们把教师团队划分为:

1. 工作团队(专业团队)

就企业而言,工作团队就是为完成产品和提供服务,由稳定的成员组成的长期的组织单元,一般由上级领导规定其成员组成和确定工作任务。在学校,工作团队就是为完成教育教学任务而组建的,如年级组团队,就是为完成一个年级的整体性的教育教学任务而建的。年级组团队成员相对稳定,而且任务明确。同样,学校中的班主任团队,也是学校经过慎重挑选组建的工作团队。又如备课组团队,是由学科教研组根据教师的性格特征、年龄结构、业务能力等要素而组建的团队,并由教研组和年级组领导,承担该年级的学科教学任务。随着学校教育的发展需要,新的任务需要组建新的教师团队。比如,为适应上海国际大都市的教育发展需求,华东师大二附中经上海市教委批准建立国际部,招收外籍学生。因此,国际部的教师团队成为一支专门承担外籍学生教学的教师团队。由于学校的教育教学工作具有专业性特征,所以工作团队也称之为"专业团队"。

2. 并行团队(特色团队)

在企业管理中,有时要从不同部门和岗位抽调工作人员完成正常组织之外的任务,这种团队与正常的组织结构并存,被称为并行团队。并行团队是为了解决问题,或者为了促成有针对性的专门活动而组建的。在学校中同样存在这样的情况,华东师大二附中组建的社团指导教师团队,就是由不同教研组、不同部门中抽调出有特长的教师所组成的团队。例如,晨晖党章学习社团的指导教师,是由学校一批党性强、人生经历丰富、理论修养较深的党员教师所构成的;而奥赛指导教师团队和科技创新指导团队,其成员来自学校各个年级组和教研组。这些团队长期存在于二附中的教育教学活动中,不隶属于任何一个年级组或教研组。并行团队之间相互独立,承担着有特色的任务,所以也称之为"特色团队"。

3. 专项团队(项目团队)

专项就是专门的项目,属于企业管理中的项目概念,往往是在一定时限内制造出一次性的"产品",这个任务一般是非重复性的,并且需要不同部门的专业人士合作才能完成,当项目完成后团队成员又返回各自的岗位。在学校的发展过程中,特别是在学校教育创新的探索中,越来越多地出现很多的项目。例如,华东师大二附中曾经组建过课程建设团队,在校本课程建设的初期,这个团队经常性地开展各种形式的研讨,对校本课程的体例结构进行分析,最终完成了第一批近百门的课程建设。当校本课程的开发完成后,这个团队也随之解散。又如在校庆活动之前抽调人员组成专门的校庆筹备团队,中考招生时会抽调人员组成招生团队,在初三、高三毕业时组成的毕业工作小组团队,这些都是专项团队,当完成既定任务时,团队也随之解散。

4. 领导团队(管理团队)

不管是企业还是学校,管理团队都是必要的。管理团队对本单位和本部门的工作总体绩效负责,它的权威来自成员的行政等级差别。但学校的管理团队明显呈现出扁平化的特征,使得管理团队的行政层级不明显。学校的校级领导班子(包括校长、书记、副校长、副书记以及工会主席)一般由上级主管部门在征集广大教师意见的基础上任命,他们的行政权力和责任是由有关条例规定的。在校级领导班子团队中,各位领导都有分工,但在实际工作中需要合作。学校中还有中层领导班子的团队,其机构设置可以由学校自行规定。一般而言,学校中有教务处、学生处、总务处和校务办公室,各处室的主任和副主任按照规定的程序产生。随着学校教育的不断发展,学校的中层机构设置发生了较大变化,例如不少学校设置了"课程教学部""学生指导部""人力资源部""后勤保障部""国际交流部",等等,这反映了学校职能的变化。

学校管理团队的权威更多的是来自对教育的前瞻性指导与对学生未来负责的强烈使命感。如华东师大二附中的历届领导团队,在近60年的办学历程中引领二附中走入全国一流名校行列,并且正向国际一流名校迈进。学校的发展与领导班子团队强烈的使命感、前瞻性的战略目标、高超的管理能力以及和广大教师的沟通协调水平等,有着直接的关系。学校的管理团队是确保一个学校有效运行的必要保障,其组织架构是稳定的,人员也是相对固定的。

(三) 教师团队形成标志

虽然学校会因为工作的需要而组建各类型的教师团队,但是,是否真正具备了团队的特征呢?教师中的群落,能否发展为一个团队呢?这都需要我们对团队形成的基本特征有所了解。一个真正意义上的教师团队具有如下基本特征:

1. 团队的核心

一个教师团队必须要有领导核心。作为领导核心的教师要具备团队领导人的素质,如教育教学能力突出,有一定的教育研究能力,有较高的领导协调能力,有人格魅力和奉献精神,在教师团队中有凝聚力和一定的威信,并能够引领团队发展方向、确立团队成员分工、协调团队成员之间的关系、完成团队承担的任务。团队领导核心也是逐渐成长起来的,而学校则要关注有领导潜能的优秀教师,创设条件让这些教师获得机会,展示和提高其领导才能。华东师大二附中首创首席教师负责制,首席教师实际上就是某一学科的教师团队的领导核心。首席教师制就是充分授权他们引领本教研组的整体发展和青年教师的培养成长。华东师大二附中的奥赛指导教师团队和科技指导教师团队指导学生在国际和国内竞赛中屡获奖牌、硕果累累,还有多个教研组被评为市级或区级的优秀教研组,这些团队的成果都与其中一位或者几位团队核心教师发挥的重要作用分不开。

2. 明确的任务

群落与团队最大的不同在于,群落没有任务指向,而团队有明确的共同的任务。共同的任务可以是行政指定的,也可以是团队自主提出的。对教师团队而言,长期的任务就是要完成"教书育人"这一根本任务;短期的任务则多由上级部门制定,或根据自身情况制定符合本团队发展需求的任务体系。如华东师大二附中的奥赛指导团队,虽然他们各自负责不同的学科和年级,但是为了培养理科特长的学生,不同学科的指导教师又常常跨学科地共同合作做好学生的思想工作,也需要跨年级地指导学生。正是这种对共同任务的理解使得他们之间合作紧密,在奥赛领域屡创佳绩,使理科特长的学生能够脱颖而出。

3. 合理的分工

之所以需要团队的存在,是因为学校的工作任务往往不能由一个人承担,而必须组建一个团队来完成。然而团队合作完成任务的效率如何,取决于团队成员是否具有合理的分工。合理的分工可以让每个团队成员既能发挥所长,又能弥补所短。团队成员必须明白各自工作的重点,并具有顺畅的沟通。英国教授贝尔宾(Belbin)在其《团队管理:成败启示录》一书中,提出了团队角色理论。他认为一支结构合理的团队应该拥有九个团队角色,即鞭策者、执行者、完成者、外交家、协调者、凝聚者、智多星、审议者和专家,这九个团队角色在团队中既互为补充又同等重要。

没有完美的个人,但有完美的团队。每个管理者的首要职责,就是实现团队成果的最大化。在华东师大二附中,每个年级组都会有几位这样的教师:他们熟知二附中的历史,对二附中的教育教学有自己的认知,视二附中的发展为自己的事业,而且敢于发表自己的见解;他们是年级组团队的鞭策者,同时又是年级组诸多事宜的审议者、协调者;他们的建议通常可以使年级组的工作顺利进行。在年级组也会有一些朝气蓬勃的年轻教师,他们以对教育的热忱完成年级组布置的各项任务,而各年级组中的首席教师和特级教师扮演了专家和智多星的角色,年级组长和班主任则是这个团队的凝聚者和执行者。如此分工,又经过磨合,一个优秀的教师团队便在二附中形成了。

4. 稳定的组织架构

与群落相比,团队有组织架构,根据任务不同,可以将其大致划分为金字塔型和扁平型。教师团队的结构形态大多是扁平型,可以说是通过营造弥漫于整个团队的合作气氛,充分发挥每个人的创造性思维能力而建立起来的一种有机的、高度柔性的、符合人性的、可持续发展的组织架构。二附中的学生党建工作团队,虽然不是一个行政管理性的团队,但依然具有稳定的组织架构,即以党委书记作为团队领导,以老教师胡立敏等一批老党员教师为核心,团聚了各个年级组的党员教师分工合作,坚持数十年为高中新生开设党课,建立晨晖社团,组织考察活动,开展社会调查,发展了一批政治思想好、品学兼优的学生党员,成为一支有战斗力的党建团队。

5. 相互关心的成员

团队成员之间是通过分工合作、共同完成任务,从而获得共同发展的,是利益共同体,成员之间必然需要互相关心。没有团结精神的团队是无法前行的。一支团队若要成功,其团队成员必须清楚,他们需要互相关怀。当团队成员只顾自己不顾他人时,团队整体就要为此付出代价,而相互关心的团队,也容易培养默契。二附中教务处团队,虽然有各自的分工,但在具体事务处理中总是循着商议、合作、互补的原则,互相支持使得教务处工作能够有条不紊地推进。

当一个群体出现了上述特征时,我们可判断教师团队开始形成了。我们需要关注上述五个要素发展是否均衡,要根据具体情况适时调整,使得团队凝聚力尽快形成,从而发挥出团队的力量。

二、教师团队取向

教师团队形成的根本因素是团队应该具有共同任务。在完成任务的过程中,每个成员都会面临个体与团队价值取向的冲突,如果个体取向逐渐趋同,团队的价值取向也就逐渐形成。团队价值取向的不同决定了团队日后的发展方向和团队的命运。也就是说,团队成员对团队任务的意义有认同,能为团队任务奉献自己的力量,完成分工的任务,这样的团队处在不断发展的状态。但是,不可否认的是,团队成员与整体之间也会存在着不一致性,甚至存在不认同团队任务的现象。这说明该团队的价值取向尚未达到最佳状态,最终既会影响团队的发展,也制约了教师个人的专业成长。团队的价值取向可分为三种类型:

(一) 进取型取向

团队能发挥高级管理功能。注重团队精神的培养和民主决策的形成,团队核心人物有威望,成员认同团队任务和价值取向,彼此合作默契,分工合理,具有创新意识,能以高标准的专业发展要求实现团队的高效运作。进取型取向的教师团队不仅可以引领本校,还可以影响区、市甚至全国的教育改革。二十世纪八九十年代,上海青浦教师进修学校在顾泠沅老师带领下先后完成了"大面积提高数学教育质量的实验研究""教改实验的方法学与教学原理研究""基于中国当代水平的数学教育改革报告""上海中小学数学教育的跨世纪行动研究"等大型科研项目,引领了上海乃至全国的教育研究方向。而华东师大二附中的科技创新团队从20世纪90年代试行部分学生开展小课题研究,之后又参与全国青少年科技创新大赛、英特尔中学生国际科学与工程大赛,再到组建科创实验班,实现了100%的学生在高中期间都完成一个研究课题。这也对上海市青少年科技创新活动的发展起到一定的影响,并且令学校获得了首批"全国科技创新教育十佳学校"的称号。

(二) 适应型取向

团队能发挥中级管理功能。团队在工作中能够在一定程度上发挥民主管理,成员之间形成一定的协作关系,能够完成基本任务,但创新价值不多,示范作用一般。目前大多数教师团队在发展过程中,都会有这样一个阶段:其价值取向处于适应状态。造成此种状态的原因之一,是团队的组成受行政性指令的影响较大,如多数学校的年级组团队都是由学校指定的成员构成,团队的领导是由行政指定。这样的团队因共同的任务而聚合在一起,成员之间有相互适应的过程,而整体的取向也是为完成任务的适应型。这样的团队往往有两种走向:一是逐渐形成自己的团队价值取向,磨砺团队的能力,成为进取型的团队;二是有可能长期处在被动应付学校任务的状态,作用有限。

(三) 应付型取向

团队仅能发挥低级管理功能。团队只是被动执行上级指令,完成事务性工作,民主管理不能充分发挥。有时虽然能够有一定的工作效率,但团队成员之间的合作并不能成为常态。在某些学校或教育单位可见到这些应付型的教师团队,这类团队对教师专业成长的作用甚微,因为团队里缺乏一种互相激励的机制。

【案例一】 坚持改革 二附中优良传统[①]

> 华东师大二附中从诞生之日起就担负着教育教学改革的使命。1978年教育部在办好重点中学的文件中提出了两项任务:一是出人才,二是出经验。因此,二附中始终坚持把教育教学改革贯穿于整个办学历程之中。特别是从20世纪80年代以后,二附中在教育教学改革中,不仅收获了教育质量的大面积的丰收,而且也打造了一支卓越的教师团队、涌现出一批卓越教师。这些优良的办学传统,作为学校的文化和精神财富,始终激励着二附中不断走向卓越。这个案例也告诉我们,卓越教师和卓越教师团队必须在课程和教学改革中与时俱进。只有坚持站在教育改革的舞台上,教师的才华才得以施展。

20世纪80年代,改革开放的春风吹遍了全国,给二附中也带来了明媚的春天。二附中被命名为教育部直属重点中学以后,全体教师在欣喜之余深感责任重大。学校领导和全体教师焕发精神、充满活力,大家意识到所谓"出人才"就是要为高一级学校输送更多的优秀的新生;所谓"出经验"就是要进行教育教学改革,探索如何办好优质的重点中学。

当时的上海市教育局提出了"加强基础、培养能力、发展智力"的教学原则,同时提出"向教育科研要质量"的意见。虽然二附中学生在高考中取得了很好的成

---

① 本文根据《探索集——华东师大二附中教育科研论苑》中的有关论文编写。

绩，但是大家意识到衡量一所学校办得好不好不能光看高考成绩，更重要的要看是否全面地贯彻了教育方针，还要看考进大学的学生能否适应大学的学习生活、将来成为对国家有用的人才。作为一所教育部的重点中学，重要的不是追求高考升学率，而是要办成一所能为国家源源不断地培养优秀人才的好学校。

在1980年的高考中，二附中应届毕业生中有95%的学生考进了大学，全市理工科前十名中占了六名。当时的上海市教育局派出教学处处长带领调查组来二附中调研，通过听汇报、座谈、听课等调查活动，认为二附中学生负担不重，学生获得全面发展，没有片面追求升学率的现象。在1984年的高考中，二附中197名应届毕业生全部被高校录取，而且三大类的第一名和文科前六名都是二附中的应届毕业生。到底是什么"秘密"造就了这样优异的高考成绩呢？大家一致认为，这与二附中这些年来坚持教育教学改革是分不开的。时任二附中校长王鸿仁在接受媒体采访时说："二附中没有'秘密'武器，只是坚持教育改革，按教育规律办校。"这句普通的言语，显得铿锵有力，一语道出真谛！

（一）语文和外语的课程改革

二附中自觉发起、自主开展的教学改革起源于1978年的暑假。当时社会上普遍存在重理轻文的倾向，"学好数理化，走遍天下都不怕"是那个时代流行的"金句"。但二附中的文科教师们却认为：中学的课程都是基础知识，中学生必须把文理两科都学好——特别是作为母语的语文，是基础的基础，而外语是学习国外先进科学的工具——不能重理轻文。于是二附中决定首先进行语文和外语的教学改革。

二附中的教学改革一开始就不是"小打小闹"，而是涉及课程改革的深层领域。语文教研组决定自编语文教材，英语教研组决定引进英国《新概念英语》组合使用，以课程的变革带动教材改革，同时也必须进行教法和学法的改革。在华东师大中文系和外语系老师的帮助下，开始先在初一年级各选一个班进行教改试验。经过一学期的教改实践，这两个班级学生的语文和外语水平，有较明显的提高。在学生和家长的要求下，其他三个班级从初一年级第二学期开始也进行了语文和外语的教改，就这样一直坚持六年。

当时的语文自编教材，是与中文系老师一起编写的，采取按文体编单元，建成以读写为重点的综合训练体系。其特点可以概括为四个字：多、精、深、趣。多——

每册课文在40篇以上;精——选材短小精悍,多是文质兼美的范文;深——教材内容较深,训练难度较大;趣——选材不仅注意思想性和知识性,还重视艺术性和趣味性,适应学生年龄特征和接受能力,力求做到教师爱教、学生爱学。教材改革后,教法也进行改革。当时语文教研组坚持做到以下四点:顺序训练,突出重点;读写结合,打好基础;记诵积累,新旧联系;发展思维,提高能力。就这样逐步提升了学生的人文素养。当时的语文教材教法改革的思路一直沿用至今,如在自编教材方面,二附中语文教研组在2005年起也筛选更适宜的篇目,自编《华东师大二附中语文深度阅读》一书作为二附中的校本语文教材。

当时的初中外语教学改革的目的是探索初中如何打下扎实的基础,培养听、说、读、写能力,达到初通英语的要求。二附中外语教研组综合运用多种类型的教材,初中采用了 New Concept English(以下简称"新概念英语")和教育部统编初中教材。同时积极改进教法:(1)初一至初二第一学期采用视听说领先、读写及时跟上的方法,着重培养学生的听说能力;(2)从初中二年级第二学期开始转为读、听、说、写,教学重点转向以培养学生自学能力和培养听说读写能力的阶段,即先阅读,后听、说、写;(3)精读与泛读相结合;(4)语法教学根据"实践—理论—实践"的教学原则进行,语法知识的教学具体化为积累—套用—点破—练习—归纳—活用六个教学环节;(5)充分运用幻灯和录音机等常用电化教具。这些改革激发了学生对外语学习的热情。特别是经过初中和高中教改的二附中学生,外语能力达到相当高的水平,不仅在市区外语比赛中屡获殊荣,高考外语取得优异的成绩,更是为这些学子在未来的国际交往环境下打下了坚实的语言基础。

(二) 数学、物理、化学的课程改革

从1980年暑假开始,二附中又自觉自主进行了数学、物理和化学的教改。当时,学生中重理轻文的思想倾向已基本得到纠正。在这种情况下,二附中认为学校的教学改革,文科和理科都应当进行试验,因此决定采用教育部编写的《中学数学实验教材》进行了数学改革试验。这套教材是根据美籍华人学者、美国加州大学伯克利分校数学系项武义教授的教学大纲编写的,着重培养学生的自学能力和逻辑思维能力。承担此套教材试点教学的滕永康老师后来成为数学特级教师和首批首席教师。数学教改班级的学生所学的数学知识基础扎实,思想活跃,并有一定的自学能力,从中涌现出一批数学尖子。

物理的教改是在市教育局教学处的领导下进行的,由特级教师、原物理教研组组长陈延沛老师执教试验。为此特别把他从高中调到初二,从起点开始摸索在物理教学中培养学生能力的途径和方法。陈老师根据多年的教学经验,以统编教材为基础,对中学物理知识结构作了必要的补充和变动。

化学初三教改在当时教研组长程桐荪老师的领导下也积极进行,一改以往"一言堂"的教学方式,采用了演示实验、课堂讨论、学生实验及学生自己设计实验等一系列教学手段,使得学生在获得知识的同时发展了智能。由于初中教改加强了观察和实验,学生的分析能力和动手能力都比较强。

当时除了抓这五门学科的教改之外,在各年级各学科教学中特别强调打好基础。这是二附中的教学传统——重视基本概念、基础知识和基本技能的教学,对基本概念反复强调,对基础知识反复落实,对基本技能反复练习——因而二附中历届的毕业生基础扎实。其实,任何教学改革都不能忽视基础。基础知识不巩固,谈不上培养能力、发展智力。当时二附中王鸿仁校长在抓课堂教学方面归结为三句话:(1)在"精"字上下功夫,也就是教师在教学中要精心备课,精讲精练,精选例题,精留作业;(2)在"点"字上做文章,也就是教师在教学中要"抓住难点,突出重点,落实知识点";(3)在能力上找出路,也就是教师在教学中要培养学生的自学能力、动手能力和逻辑思维能力。教师要上好每一节课,学生要学好每一节课,只有这样,才能提高"45分钟的质量"。

(三) 学校领导为教育改革保驾护航

这些故事的背后,还蕴藏着学校领导前瞻性的目光和对教育改革敢于担当的责任。老师们常说,有领导的支持,他们对教改就充满了信心。二附中的首任校长毛仲磐是教学的行家里手,他的专业是生物学,曾编写的《中学生物课实录》由人民教育出版社出版,当时能撰写专著的中学校长确实是凤毛麟角。但是他也是一位优秀的语文老师,1976届校友陈超美回忆说,毛校长上语文课生动丰富,古文解释深入浅出。当时学生还给毛校长起了个雅号——"万能老师",原来,数学和英语等科目也都是毛校长的强项。数学老师出差,毛校长自然会走进教室代课;外语老师请假,又是毛校长带学生朗读课文。毛校长对体育也很在行,陈超美那时是校排球队的队长,每次排球比赛,毛校长都会观战助阵。老师们说,有这样的校长引领,促使他们不断努力,把自己的专业基础打得更扎实。

20世纪80年代王鸿仁校长更是大力支持各组室的教育改革。二附中老教师回忆说,王校长总是放学后最后一个离开学校。他喜欢去各教研组与教师畅谈,共同激发智慧的火花。当时推动教育改革的多是教研组里有威望的老教师,他们有着很好的专业素养,不少是华东师大各系教学法研究室的助教或讲师,为了支援新建的二附中办学,调任二附中工作。王校长信任这些优秀教师,支持他们大胆构想教育改革的方案,最后由学校领导班子拍板决定。虽然改革初期也受到不少人的怀疑,有些家长也持反对的态度,但是,改革一如既往地进行着,学校领导承担着全部的责任,最后用教改的成果说明了只有改革才会有进步的道理。

在二附中坚持教育改革的传统的影响下,历任领导班子都是教育改革的促进派。这也与历任领导班子中绝大多数的校级领导本身就是优秀的中学教师,甚至是来自大学的教授有关。他们谙熟教育规律、了解教学原则,又能高瞻远瞩地把握教育改革的动向,才能为学校的发展掌舵把航,才能与第一线的教师形成共同的语言,也更懂得学校的发展要依靠那些专家型、研究型的资深教师,更知道作为学校领导的责任是为教育改革和卓越教师的成长保驾护航。

第三节 教师团队的发展

学校教育教学质量的提升和学生的全面发展不是靠几个教师能够完成的,而是需要一支优秀的教师团队的共同努力。在每一所学校中,优秀教师团队效力的发挥,需要正确处理好团队整体与团队成员之间的关系,在最大限度挖掘团队成员个体能量的基础上,实现学校发展与教师个人成长的双赢。

一、教师团队发展的意义

人类社会进入信息时代以后,知识呈几何级数增长,这大大促进了教育的发展。而教育的发展壮大和学校的有效运作,都取决于高素质的教师队伍,因此有必要加快促进教师团队的建设和发展。

（一）学校发展的必然选择

伴随着学校的发展，一些教师也成长起来了，继而成为省市、区县的名师。然而，教师之间的发展是不平衡的，这势必影响学校的发展。教育质量的提升，关键在于教师的素质提高。如何促进教师的发展是学校面临的一项重大课题。发展教师团队，促使教师团队发展是每一所学校发展的必然选择。

（二）教育发展的迫切需要

《国家中长期教育改革和发展规划纲要（2010—2020年）》提出："要加强教师队伍建设，把教师队伍建设作为促进教育发展的重要保障措施之一。"因为"教育大计，教师为本"，因此教育发展的关键在于教师，需要一支师德高尚、业务精湛、结构合理、充满活力的高素质、专业化的教师队伍；需要提高教师的业务水平，完善培养培训体系，做好培养培训规划，优化队伍结构，提高教师的专业水平和教学能力。通过有效途径培养教育教学骨干，造就一批教学名师和学科领军人才，这是教育发展的迫切需要。

（三）社会发展的强烈呼唤

现代社会分工越来越细，没有合作就难有成功和突破，合作意识和合作能力已经成为人类生存发展的重要品质。联合国教科文组织在《学会生存》和《教育——财富蕴藏其中》等报告中，对终身教育的理念做了重点阐释。尤其是《教育——财富蕴藏其中》对"每个人一生中的知识支柱"做了具体说明，提出"教育应围绕四种基本学习加以安排"，即"学会求知""学会做事""学会共同生活""学会生存发展"。教育面临着加强学生合作与创新精神培养的任务，而教师的合作精神会影响学生的合作意识。学校直面教师团队合作中存在的问题，找到原因，采取措施，进行实践，在实践中不断反思，在反思后采取新的举措再实践，力争改变影响目前学校进一步发展的制约因素，实现学校团队建设的有序、有效，从而促进全体教师均衡发展，通过教师教育教学水平的提高，实现学生的成长和学校的发展。

二、教师团队的梯度发展

与所有团队发展一样，教师团队的发展也要经历组建、磨合、形成的阶段。由于团队组建的初衷与团队的价值取向的不同,将会发展为不同梯度水平的团队。而对一个团队自身来说,其成员也必然存在合理有序的发展梯队。一般而言,教师团队的发展梯队可以形成一般与优秀两种类型。

(一) 一般的教师团队

学校教师团队通常都有教研组团队、年级组团队、管理团队等基本形式。但这些团队大多是依据行政规定组成的,团队的活动按照规定展开,往往是重于形式,活动的效果不尽理想,也难以有效地促进教师素养的提升。这样的团队,教师之间的合作意识不是很强,也缺乏团队核心人员的指导,其功能仅仅是完成上级规定的基本要求,而且往往需要学校对教师团队的监管才能保证活动的正常进行,缺乏自身发展的内驱力。

(二) 优秀的教师团队

优秀的教师团队具有以下重要的特征:

团队核心教师的个人品质和能力都很突出,其余团队成员又具有各自不同的特点和优势。面对各种任务,总能找到合适的人选。

团队具有集体意识,即能加强合作互补,互相配合,在每一项任务完成的过程中,团队中每一位成员都会参与,都会努力,并且都会为任务出色完成而感到欣慰。

优秀的教师团队能根据自身发展的需求主动寻求团队发展方向,善于思考,既不盲从跟风,又不自大,会发现自己团队面临的一些挑战性的问题,共同研究、合理解决。优秀的教师团队具有民主氛围,每个成员都可以充分发表自己的意见,集思广益促使团队良性发展。

(三) 团队内部教师的梯度发展

团队内部的教师虽然面对相同的教育和教学对象,但是由于个人年龄和经验等条件不一,存在着梯度发展的差异。一般而言,团队中核心教师的发展层级处在最高状态,他们对团队的发展方向以及每个教师的特点具有较为清晰的认识。因而对不同教师安排不同任务的时候,既要考虑他的现有水平,也要考虑他的潜能。年轻教师在团队任务中会分派到具有挑战性的任务,例如要求年轻教师开设公开课或观摩课,使年轻教师获得锻炼机会。一些年长的核心教师,还会物色与培养团队潜在的领导者,把他们推到教学与研究的第一线,甚至安排他们对团队任务做整体的思考。这样,可以促使团队的可持续发展,使得团队内部成员成长有序。教育是永远的事业,而教师是有时限的职业,教师团队尤其需要构建合理有序的发展梯队,这样才能确保教师团队的生命力。衡量一个团队的核心领导者是否优秀,关键在于看他是否培养了年轻教师,是否对潜在的领导者给予足够的发展空间和机遇。

从一般团队到优秀团队,最后走向卓越团队;从一般教师成为优秀教师,最终成为卓越教师,这是学校发展的最重要的基础。团队梯度发展与教师个体成长之间互相影响、互相促进。

三、教师团队发展的动力

正如人的身体发展需要各种物质营养,心智发展需要各种知识与精神关怀,教师团队的发展也需要各种物质条件和非物质条件。物质条件比较容易满足,而促进团队发展的非物质条件却较难得到满足。我们将这些非物质条件称之为教师团队发展的动力。教师团队发展的动力源于以下几个方面:

(一) 目标与追求

教师肩负着培养人的重要使命,而人的全面发展需要具备不同才能和特长的教师共同努力。教师因共同的教育理想组成一个团队,对共同教育理想的认同与坚持是团队持续发展的不竭动力。很多优质学校的教师团队对学校的办学理念和目标定位都有强烈的认同,同时对自己的专业成长也都有明确的定位,这是团队发展内在的强大动力。

(二) 信任与合作

信任是团队发展的力量源泉,是把团队成员紧密结合在一起的黏合剂,是决定团队取得成功的关键因素,是有效达成团队目标的必要条件。在一个团队里,每个成员都需要发挥自己的特长和才能,也需要学习他人长处和分享他人的成功;需要理解他人,也需要被他人理解;需要帮助别人,也需要被别人帮助。因此,团队要重视强化彼此的信任意识。在信任的氛围中,才会有高效的合作,才能促进大家把焦点集中在工作上,互相合作,提高工作效率。在团队信任合作的氛围下,大家真诚沟通、坦诚交流、共享经验,分享彼此的思想,产生对团队的认同感和归属感,从而使团队产生一种较强的向心力和凝聚力,发挥出更大的整体效应。

(三) 归属与凝聚

思想是行动的先导,认识决定态度。教师团队建设是学校发展的基石,团队建设中所产生的向心力和凝聚力更是学校发展的原动力,而教师在团队建设中个体也得到了更好的发展,这就达到了学校与教师个体"双赢共好"的效果。因此,教师团队建设应提升教师对团队建设的凝聚力,形成对团队的归属感。

(四) 专业精神与民主氛围

教师专业发展是促进团队发展的动力之一,教师在团队中发展自己的专业,既要借助团队的力量,又要通过自己的专业发展推动团队的发展。威尔逊(Wilson, 1999年)认为教师的"专业发展必须包含一种批判性同事关系(critical colleagueship),在这样一种氛围中,成员之间既彼此信任,同时又进行不回避批评的专业对话,教师共同体要有容纳冲突和分歧的能力"。对于专业性的问题,一个优秀的教师团队要有"畅所欲言"甚至"争论不休"的民主氛围。这种民主讨论,无论对于资深教师还是青年教师都是平等的,只有在这样民主的氛围中,教师们的批判性思维才能促使教师个体专业水平的提高。所以,专业问题上的冲突和争辩是促使团队发展的动力之一。

(五) 优秀的核心领导

任何一个团体都需要一个核心或领导人物,教师团队的发展需要团队中有优秀教师作为核心领导。一个优秀的核心领导者,首先,能够引领团队发展的方向并站在教育研究的前沿;其次,能够了解每一位教师的特点并关心团队内部的人才建设,形成分布合理、梯度适当的人才梯队;再次,应该具有足够耐心倾听别人的建议,同时也能总结和概括大家的意见;最后,还应该对同事充满信任感,具有广博的胸怀,不会心怀嫉妒或猜疑,具有强烈的责任感和良好的沟通力与控制力,等等。一个优秀的教师团队的核心领导者,无论是对学校工作的推进,还是对团队教师的成长,都起着十分重要的作用。

【案例二】 教师第一 铸就共同的理念[①]

> "教师第一"是华东师范大学第二附属中学的领导和教师们一致认同的教师观,其含义是:在办学的各种资源中,教师是第一资源。
>
> 学校领导赞同"教师第一"的观点,就会不断思考如何激发教师的潜能,如何为教师的成长搭建成长的平台;而教师理解"教师第一"的观点,就会明晰自己在学校中的地位和作用,就会自觉地履行教师的神圣职责,努力成为一名卓越的教师。

教育部中学校长培训中心主任、华东师范大学教授陈玉琨曾这样评价华东师大二附中:"它是一座金矿,只要你有心,就有挖不完的金子。"

作为华东师范大学的教育实验基地,二附中有着强烈的"改革精神。"

十年前,学校倡导"追求卓越",如今已是上海市的城市精神之一。

六年前,学校首倡"首席教师制",如今已渐成气候。

三年前,学校提出"学科德育",争创"德育金牌"。

然而,在现实中,很多学校同样不乏改革的激情,却往往流于形式,没有成果。

因此,在陆续的采访中,我们一直努力寻找让二附中成功的原因:不是因为一流的设施,而是因为制度和人心。制度支撑起一切向上的渠道,人心勃勃发出所有奋进的力量。当两者融合在一起时,学校便一往直前。

(一)首席教师制

2005年10月9日,上海浦东新区张江高科园区,华东师大二附中校园内,桂花盛开,若有似无的香,轻灵地漫开来。

与何晓文校长一见面,一个个老师的名字快速地从她的嘴中迸出来,快得几乎让人跟不上。"一个好老师是从崇尚自己的学科开始的。"何校长说,教师的敬业,首先源自乐业。学校应该为教师们创造"乐业、敬业"的土壤,让他们在这片土壤上,提升自己生命的价值。

[①] 该文是《人民教育》记者李帆在2005年采访华东师范大学第二附属中学后写的报道,刊发于《人民教育》2006年第1期。略有删节。

早在2000年,二附中就推出了"首席教师制",这在上海还是第一次。

"首席教师就像是乐队的首席演奏,能在整个团队中起一个定音的作用。"二附中党总支书记李志聪打了个形象的比喻。

在二附中,一旦成为首席教师,也就成了本学科的"将才",不仅要承担整个学科团队的组织建设任务,而且要担负起培养和指导青年教师的责任。

这个制度规定,每一个学科评一名首席教师,他们必须是在上海市本学科具有一定影响的教学专家,应该是"师德的表率"和"育人的模范"。学校还要求,首席教师的每堂课都是公开课,每位教师都可以跨学科、跨年级向首席教师们"取经"。而且,首席教师的称号不是终身的,三年一聘,人人都可以申报,这一次没有入选,下一次仍然有希望。

"成为首席教师,不仅是一种待遇和荣誉,而且是自我价值的实现,更是一种挑战和责任。"当选的教师们的感悟不无道理。不过,首席教师名额有限,对大多数教师来说,还需要一种循序渐进的成长方式。于是,在"首席教师制"的基础上,二附中又推出了"骨干教师制"和"优秀青年教师培养制"。

通过这三个制度,二附中规划造就一批占全校教师总数10%—15%的首席教师,评选35%—40%的骨干教师;针对30岁以下的年轻教师评选优秀青年教师,没有名额限制,当选后,学校会为他们优先提供锻炼的机会,并为他们指派专门导师给予指导。

这样,学校就形成了首席教师、特级教师、骨干教师、优秀青年教师、一般教师"金字塔型"教师队伍。

"骨干教师和优秀青年教师的评定,也不是终身的,每一任期三年。"李志聪书记介绍,在参评时,教师必须提交自己未来两年的发展规划,阐明师德方面有什么目标,教育教学方面达到什么层次,科研方面做什么课题,三年后交出什么样的成果。

如此一来,每一层次的教师都有了各自向上攀登的明确目标,而且,每位教师的目标都是动态的、不设限的,从而在全校创造了一种积极上进、鼓励竞争的氛围。如今,在二附中,地位最高的是首席教师,他们是青年教师心中的偶像,待遇也不比校领导差。学校的倡导也影响到教师的追求。现在,二附中的教师不是争着"做官",而是比谁的学术水平高、教学质量好。近两年已有多名中层干部"炒"了学校的"鱿鱼",回到一线做教师。

(二) 成长的着力点

让每位教师都有自己的"生长点",这是对教师生命独特性的尊重,也是对教师团队成长的保证。

从2000年开始,随着课程改革的深入,校本课程的开发进入了学校的视野。由于校本课程的教育功能是综合的,对于开发和编制校本课程的教师们来说,其要求也是综合的。同时,这些课程在实践中需要发展,在实施中也会遇到困难。因此,校本课程开发的过程也成为教师发展的"着力点",给了教师创造和开拓的空间,也让教师体验到了生命的价值和职业的乐趣。到了2002年,二附中就有80多位教师开发了百余门的校本课程。这些课程分为四大门类,即STS类课程、大文化类课程、社团活动课程和大学先修课程,以后又增加了德育类的课程。这些课程涵盖了天文、地理、通信、能源、生物、电子、宇宙、环保等多个科技和人文领域,给二附中学生以选择课程的权利。

教师自主开发的校本课程获得了学生的欢迎。在每学期开学初的课程介绍中,教师们纷纷登台宣传自己的课程内容和学习方法,在学校的校园平台上也有教师校本课程的介绍。经过学生的选课,不少教师的课程受到了学生的好评。这不仅践行了"因材施教"的教育理念,满足了学生个性特长发展的需要,而且也大大提升了二附中教师的课程意识和育人理念,提高了他们的专业水平。与此同时,教师把改革触角伸向了课堂,开始摸索新的课堂教学模式,从物理教学的"溯源法",到地理学科的"思维冲突法",再到语文教学的"感悟法",大批热衷于教科研的教师在二附中创造了各自的精彩。

(三) 支持教师的创造

教师的创造,不仅体现在每一节课上,也体现在每一个活动、每一次对话里。

"一切为了教师的创造,没有教师的创造就不能建成一流的学校。"在何校长看来,学校的成功,需要好的传统。一所好学校的传统,不是体现在学校的建筑,而是存在于教师队伍之中。

在二附中,教师的创造得到学校的大力支持。为了给学生播下科学理想的种子,二附中教师集思广益,为学生设计了10个创新实验室,涉及理化生、天文地理、机器人、心理科学等领域,却与考试无关,与竞赛无关。

为了激发学生的探索兴趣,传播科学精神,二附中活跃着一支兼职的科技教师队伍。从2004年开始,学生在科技教师的指导下,与我国极地研究中心的"雪龙号"科考船和南极科考队取得了联系,开展了"追随雪龙号考察南极"的活动。他们通过 E-mail 和海事卫星与远在南极的科考队保持密切的联系,使得学生不仅了解了我国南极科考事业的重大意义,而且深切体验了作为一名科学家应该具备怎样的品质。

在科技教师团队的努力下,学生的科技创新项目不断涌现,参加每年一度的上海市青少年创新大赛的参赛项目和获奖项目一直保持上海市各校的领先地位,在全国青少年创新大赛上也屡获佳绩,并且自2000年起,每年都有二附中学生的科技项目入选国家队,参加了在美国举行的英特尔国际中学生科学与工程大赛,持续至今获得了几十个国际奖项。

教育是一种力量,它能直击我们的心智。寻求这种力量,运用这种力量,在帮助学生的同时,也在提升自己的人,就是教师。

教育有一种责任,它应让师生共同成长。知晓这种责任,完成这种使命,在实现心灵交换的同时,也让教师的生命在学生身上得以延续的,就是学校。

在华东师大二附中,我们感受到了这种力量,体验到了这种责任。因此,尽管二附中是一所经验丰富的名校,但我们仍然关注怎样从学校层面去关心教师的成长。事实上,一所学校的成功,不仅在于学生的成长,也在于教师的成长。既是"名师托起了名校",也是"名校培养了名师"。

第三章 教师团队的形态与功能

> 本章主要回答教师团队有何作用、能产生何种效应。从群体形态学的角度来分析教师团队形态;从功能学的角度来分析教师团队功能;从相关性角度分析教师团队对学校、学科和教师个体的意义,即特有的功能性。

第一节 教师团队的形态

教师团队的形态是指教师团队在学校环境中的分布状态和层级关系。从形态学的角度剖析学校的教师团队,有水平形态和梯度形态两个维度。活动形态是教师团队的外在表现,直接影响效果和作用。

一、教师团队的水平形态

教师团队的水平形态是学校各团队在水平层面上的分布状态,也就是学校中存在的各种教师团队之间在水平层面上的关系。教师团队的水平形态大致可以划分成四种类型:独立型、交叉型、包容型和开放型。

独立型教师团队是从任务角度定位的,这类团队的任务与功能和其他教师团队完全没有重复,教师团队的属性非常明确。比如语文教研组、英语教研组、数学教研组都是彼此独立的教师团队,承担着各自不同的学科教学任务,其成员一般不可能交叉。再如各个行政管理团队，像教务处、学生处、后勤处和校务办公室等机构，其工作职责和任务也都是有明确规定的，因此中层管理团队也都是独立型团队。独立型团队也可以称之为并行型团队，其任务多是并行而不交叉的。

交叉型教师团队是从参与成员的角度而言的，存在着"你中有我，我中有你"的关系。通常来说，年级组就是一个典型的交叉型团队。如某一年级组与任何一个学科教研组在人员组成上都会有交叉：不同学科的教研组成员都分散在不同的年级组内；而任何一个年级组都由不同的学科教师组成。这种交叉性，既体现在学科的交叉上，也体现在年级的交叉或任务的交叉中。学校教师团队的交叉型特点非常明显，许多教师都会从属于多个团队，这就意味着他们在学校的事务中，要扮演不同的角色，承担不同的任务。例如，某位教师是学校的教务主任，他从属于学校的中层管理团队；同时，因为他还是一位语文教师，必然属于语文教研组团队；如果他在高三年级组任教，那么他也是高三年级组团队的一员。实际上，在学校中，独立型教师团队和交叉型教师团队没有绝对的分界线。在二附中有一个奥赛指导教师团队，从任务上来看，是个任务明确、相对独立的教师团队，但是人员上又包含了数学、物理、化学、生物、信息五大学科中的具有竞赛指导经验的教师，因此，从学科和人员组成上看，又是一个交叉型教师团队。再比如二附中的科技创新指导教师团队在学校里也是相对独立的，但是其人员构成往往来自很多教研组，包括语文、数学、政治、历史、地理、生物、物理、劳技、信息、化学等多个学科的教师都一起参与，打破了学科的壁垒。

包容型教师团队如同数学中的集合，大的教师团队里包括了小的教师团队。其实，在一所学校里最大的教师团队应该包含全体教职工，而每一个教研组、每一个管理部门、每一个年级组都是这个最大教师团队里的一个较小的团队。同样，一些人数较多的教研组，根据任教年级的不同，细分为年级备课组，这是从属于教研组之下的教师团队。

开放型教师团队往往表现为本校与外校联合共生、互相促进的教师团队。为了促进教育均衡化发展，近年来包括上海在内的很多地区都在推行集团化、学区化办学，领衔学校（核心学校）的团队活动就具备了开放型的特征。一些学校形成了教师发展的共同体，领衔学校（核心学校）的团队不仅要考虑本校的任务和促进本校教师的发展，还要致力于区域内、集团内、合作体内其他学校的任务与教师发展。

2012年，华东师大二附中与香山中学、张江实验中学组成办学联合体，三所学校以特色办学与特色教师团队的培养为项目，开展了为期两年的合作研究，取得的研究成果不但由三所学校共享，同时也开启了组建开放型教师团队的尝试。近几年来，华东师大二附中扩建了紫竹校区，形成了一校两区的格局，还承办了华二初中、二附中附属初中、华二浦东实验学校、二附中紫竹双语学校、华二前滩学校、华二宝山实验学校和位于海南省的华二乐东黄流中学。同时，二附中还与华东师大一附中、上海崇明中学、上海天山中学、西藏民族学院附中、青岛实验高中、浙江平湖中学、浙江嘉善中学、江苏太仓高中等学校建立了合作关系。华东师大二附中的教师团队有很多机会与这些学校的教师进行互动和交流，形成了教师团队开放型的格局。这种开放型的教师团队，不仅使二附中教师承担了传送经验、示范展示、培养他人的责任，其实也为二附中的教师开阔眼界、接受信息、学习他人提供了良好的机遇和平台。此外，二附中很多以特级教师、首席教师命名的市级或区级的名师工作室、德育实训基地也是非常典型的开放型教师团队。参与名师工作室和德育实训基地的学员大多数是外校的教师，这些市级或区级的教师团队也给二附中带来了各所学校的宝贵经验，这是开放型教师团队的一大优势。

二、教师团队的梯度形态

教师团队的梯度形态呈现出它在垂直方向上的发展，体现出梯度的层次。一般而言，教师团队必然会经历从低级水平到中级水平，再到高级水平的发展趋势。所不同的是，有的团队容易在中、下水平上徘徊，而有的团队则能在各种任务的磨砺中迅速提升到高位的水平。研究教师团队的梯度形态的目的是为了促使教师团队获得持续的发展。根据教师团队的不同梯度形态，我们可以将教师团队划分成基础层次的教师团队、研究层次的教师团队和创意层次的教师团队。

基础层次的教师团队，是学校中基于常规工作或任务而形成的教师团队形态。基础层次的教师团队比较常见，它能基本完成学校指派的各项任务，并且能开展正常的团队活动，例如定期举行例会、组织必须开展的学生活动、举行教师的业务学习和交流等。但是，团队活动总体上处于被动状态，通常是在学校领导布置任务的情况下开展相应的工作，或者根据本团队的工作基本规范开展相应的活动（例如通常规定教研组两周必须开展一次教研活动）。从教学方面来说，基础层次的教师团队能够把握规定的教学进度,按照教学计划完成教学进度,在学习成绩方面可以达到学校的基本要求。从年级组的团队来说,基础层次的教师团队能按照学校的规定组织好学生活动,班主任工作处于基本正常状态。但是,团队的发展往往会囿于特定任务而缺乏亮点、缺少特色,缺乏教育思想方法的思考、教学理念的更新和教学手段的创新。从育人方面来说,基础层次的教师团队了解基本的育人目标与方法,但常常会不知如何与学科教学渗透结合。在科研方面,基础层次的教师团队又往往缺乏科研的主动意识,会上课的老师未必会思考和研究,对开展科研有畏惧情绪。

研究层次的教师团队,是一种以研究问题为指向的教师团队形态。从教学方面来说,研究层次的教师团队会主动关注教学改革的宏观走向和动态,例如,怎样在学科教学中体现"立德树人"的根本任务,怎样在学科教学中培育"核心素养",怎样运用好信息技术改变传统教学方式,这些问题的发现与研究能够在这些教师团队的课堂教学中"落地",在教学实践中体现出来。从育人方面来说,研究层次的教师团队会把"立德树人"与学科教学融为一体,会自觉地渗透中华优秀传统文化和社会主义核心价值观的教育。从科研方面来说,研究层次的教师团队善于做课题、搞科研,会把握课改的方向并促进科研成果的产出,他们是问题导向性的团队。研究层次的教师团队形成了一种面向教育教学中的真实问题进行研究的倾向,能够发现自己团队在完成任务中存在的瓶颈问题,或者自己团队与新的教育理念、新的教学方法、新的教学技术存在的落差,从这些问题出发,经过研究采取改进工作的措施,使得团队任务得以完成或者有所突破,同时,也促进团队教师的专业水平的提高。这样的教师团队能推动学校的教育改革,能在其他团队教师中起到示范作用。研究层次的教师团队的特点是能主动地发现问题、研究问题、解决问题,而基础层次的教师团队常常是被动地接受任务、理解任务、完成任务,两者存在着"品质"上的差异。应该说,研究层次的教师团队已经具备了"卓越"的品质。毋庸讳言,在今天的学校中能达到研究层次的教师团队还为数不多,或者还正在追求之中。毫无疑问的是,我们不能仅仅满足基础层次的教师团队,而应努力向研究层次的教师团队发展,使自身的专业水平达到一个新的高度。

创意层次的教师团队,是能够进行因材施教并形成自身教育教学风格的教师团队。从教学方面来说,创意层次的教师团队能在学科教学的理念、教学思想方法和教学手段上进行积极探索,对流行的教学流派具有批判性思维,善于分析这些教学流派在本校实行的可行性,会考虑引进的必要性,决不盲目"跟风",决不搞"形式主义",重视学校的传统经验,能针对本校学生的特点,自发地研究教学问题,逐渐形成独特的教学模式。在育人方面,创意层次的教师团队对如何在本学科的教学中渗透德育,逐渐形成一套较为完整的经验,而且具有教育的智慧,在不经意间通过各种方式达到言传身教的目的。在科研方面,创意层次的教师团队具有科研经验和深入的思考,并把思考转化为科研课题。他们的研究课题直接地来自教育教学实践,由表及里地对微观问题进行分析考察,进而上升到理论研究层面,使其成果辐射到校内外。创意层次的教师团队是学校中最高阶的教师团队,这样的团队是在达到基本要求并具备研究水平的基础上,为教师团队的建设创造出新的经验,其创意性的成果具有很强的辐射价值,他们必然是卓越教师团队。他们是基于教育教学的自觉性而发展,作为位于顶端的教师团队,他们的成果还影响着团队里的青年教师,从而促进每一位教师的专业成长。

教师团队的梯度状态,不是一成不变的和固化的。了解教师团队的梯度状态,有利于努力提升自己团队的梯度层级,使教师的专业成长达到新的高度。

三、教师团队的活动形态

活动形态是教师团队的外在表现形式。由于教师活动形态的多样性,一般很少出现单一的活动样式,多是不同形态的复杂结合,据此教师团队的活动形态可以概略地分为四类:

第一类是封闭型和开放型的结合。所谓封闭型是指教师团队活动限于本校、本年级、本学科,活动的形态不与外界发生联系,这种活动形态一般依工作性质而定,如规定教学进度、讨论年级组工作,还有事务性工作安排等。而开放型的教师团队活动会对校内其他学科、不同年级的教师开放,或者对外校教师开放,也可以邀请校外的专家参与指导。开放型的活动内容具有研究性和示范性的特征,例如以公开课的形式邀请外校教师参加,并且对公开课进行评议,又如围绕主题开设专题研讨,或者邀请专家进行指导。开放型的团队活动还包括在线上与全国各地各校的同行"网友"保持联系、共同探讨。这些开放形式,有利于吸纳校外的教育资源共享,借助"外脑"研究教育教学或者管理问题。一般来说,开放型的教师团队活动有助于教师专业水平的提高。

第二类是被动型和主动型的结合。前者如教师团队按照学校规定定期召开例会,根据学校布置的任务进行讨论落实,这也可以说是一种任务驱动型的活动形态;后者是教师团队能够主动地根据实际情况的需要,确定讨论与研究的内容,特别是根据课程与教学改革的发展需要,教师团队主动发现问题、组织学习、加强研究、制定对策、确定方案等,这也可以说是一种问题导向型的活动形态。被动的任务驱动与主动的问题导向,是教师团队交替采取的活动形态。教师团队主动增加问题导向活动的比重,有利于改善团队的工作状态和提升教师的专业水平。

第三类是任务型和研究型的结合。所谓任务型的团队活动,多以常规工作任务为目标组织团队的活动。如在教学类的团队中,常常以教学问题为主,尤其关注学生的学习成绩,在学生管理类的团队中,常常以组织多种多样的学生活动和解决学生问题为主,在其他的任务型团队中,教师都会偏重某些具体工作,这是任务型教师团队的常态。研究型的团队活动会摆脱许多事务性工作,对带有倾向性的教学现象进行深入研究,寻找内在规律,创新工作方法,引进新理念,制定新规程,在此过程中促进教师的教育理解、教学艺术、管理能力等获得发展。

第四类是组织型和自发型的结合。组织型的活动多以正式的会议形式出现,是一种常见的形式,参与者需要签到或有发言记录,以作考查之用;自发型的活动是团队成员在课余时间,甚至茶余饭后的休息时间,在各种自然的场合,三五成群地商议、讨论和交流,用这样的方式互通信息、交流情况、陈述观点、研究方法,形成了一种补充的团队活动形式。例如,年级组的教师同坐一个办公室,课余时间教师们常会自发地讨论;同样,教研组的教师也会在课余或者午休时间研究教学问题。团队的管理者常利用这样的机会见缝插针地讨论、研究、安排工作。近年来,一些有条件的学校还专门开辟了茶室、咖啡吧、休息室等场所,为教师们创设宽松、闲适的交流环境。

上述四类活动形态,与团队发展的梯度形成一种内在的呼应。在封闭型和开放型的活动形态中,越是开放度大的活动对教师的影响越大,接受的信息也越多,团队的梯度层级越高;在被动型和主动型的活动形态中,如能走向主动的问题导向型,则表明这个团队正走向自主发展的阶段;在任务型和研究型的活动形态中,如能增加研究型的活动,则标志着团队发展趋于"卓越"品质;在组织型和自发型的活动形态中,尽管组织型的活动是主要形态,但是自发型活动如能经常出现,则标志着这个团队已经形成了较强的凝聚力,团队文化开始形成,卓越教师团队所表现出来的专业自觉正在走来。

【案例三】 理念趋同　年级组的凝聚力

> 年级组团队是学校常设的教师团队,承担了一个年级常规的教育教学的管理任务。在年级组的办公室里,老师们时时处处都会谈论或交流年级的工作或者学生中出现的各种各样的事情。这个教师团队的建设直接关系到一个年级组的教育教学质量,是学校工作的重要方面。本文执笔者王平老师先后担任了八年的年级组长,历经了年级中发生的大大小小事件。在以下三个小故事中,我们可以看到刚上任的年级组长是怎样在老教师的帮助下熟悉工作的;也可以看到年级组在组织大型活动中是如何达成共识、互相配合的;还可以看到年级组团队拥有共同的教育理念是最重要的凝聚力,如何真正地做到"以生为本""一切为了学生的发展",这不是纸上谈兵,而是真实地发生在具体事件中,关系到每一个学生的健康成长。

(一)"该开一次家长会"

2007年9月我第一次担任年级组长,而且接任2008届高三年级的年级组长。对于如何管理好一个年级,我没有任何经验,同时还担任两个教学班的数学课,不免有些手忙脚乱。虽然对高三阶段年级组内的各项事务有所了解,但是各项工作的具体时机如何把握,我委实心里没底。幸好年级组里有几位老教师能经常加以指点。

一天,两位老教师来到办公室找我,开门见山地说"现在应该开一次高三家长会了",接着和我仔细分析了开家长会的时机以及注意事项。其时正是高三第一学期结束,第一次区模拟考成绩将要公布之时。学生家长急切想了解复习了一学期后学生状态如何,以便在寒假里有的放矢地采取应对措施。我校的试题比较难,家长如果仅看考试分数,难免会焦虑,导致家庭中的亲子关系紧张;而区统测试题相对容易些,成绩也能真实反映学生在全区的相对位置,对缓解家长焦虑心理有一定作用。所以,这时召开家长会确实是非常必要的。为此,我和年级组老师一起预先作了充分的准备,通过班主任和任课教师与到会家长充分沟通,年级组的老师们坦然自如、满怀信心的态度给了家长很大的宽慰,还对家长们提出寒假复习的合理要求,也借此机会介绍下学期的整体教学安排。结果,这次家长会的效果非常好,既满足了家长了解学生学习状态的需求,也为下一学期的家校合作打下了良好的基础。

至今,我依然感谢这两位老教师的适时提醒。我想一个运转良好的团队一定需要老教师的支持,时刻关注学生和家长的心态,同时,必须获得全年级组教师的协力合作,大家共同出谋划策、步调一致,才能把年级组的每一项工作做好。

(二) 南京的社会考察活动

南京社会考察活动一直是我校的传统实践活动之一,是学生接受革命传统教育和了解社会的良机。要圆满完成这样的大型活动,涉及四百多学生的集体出行和在外住宿,必须严密策划,做好各项预案,各位教师也应该明确分工。我担任年级组长后第一次组织这样的活动,未免感觉责任重大。要组织这样的大型外出活动,该如何办呢?

首先,在年级组里达成一个共识:组织南京社会考察活动是考察而不是游玩,应该将此次活动作为学校有意义的教育活动之一,只许成功,不能出现任何意外问题。

其次,要求全年级组教师共同参与、积极配合,不能把这样的活动任务仅让班主任去担当。所以,在活动前我把南京社会考察的时间与活动要求告知年级组的所有教师,要求各位教师根据学科特点在考察活动中做好针对性的辅导,如语文教师要从与南京有关的诗文入手,历史教师要对与南京密切相关的历史事件特别是南京大屠杀等历史事件作好介绍。

再次,要有合理明确的分工。由一位善于交际并且经验丰富的教师负责与旅行社联系,落实南京考察活动中师生的吃、住、行;由一位喜爱旅游并对南京各处有所了解的教师负责考察景点的选择和路线的设计;由地理教师、历史教师、语文教师通力合作拟订了一本包含考察地点的历史介绍、考察线路、住宿地点、紧急联系方式等诸多要素的活动手册。此外,再安排几位年轻教师负责联络和安全保卫工作。虽然学生分别住在三四个不同的住宿地,却能保证考察活动有序进行,没有一个学生掉队,也没有出现安全事故。还有一位爱好摄影的教师,带领学生中的摄影爱好者记录下三天活动的精彩瞬间,为毕业纪念册和毕业视频准备好素材。在活动结束后,语文教研组和历史教研组分别围绕此次考察活动开展专题讨论,让南京社会考察活动的意义在学生的思考中得以深入,让社会实践的教育价值也在思考中得以体现,使三天的南京社会考察活动在学生心中留下了深刻印象。

南京社会考察活动不仅让学生有所收获,同时也锤炼了我们的年级组团队,发挥出这个教师团队的力量,促使全员育人的氛围形成,提高了我们高三年级组教师团队的凝聚力。

(三) 一切为了学生的发展

高中学生因青春期的原因或者因为学业压力大,会出现一些心理问题,对这类学生的教育,考验一个年级组秉持的教育理念。我们年级组某学生父亲早逝,由母亲独自抚养。他考入二附中后,学习很努力,成绩在班级中上水平,但是性格内向,与同学交流不多,比较敏感。班主任老师也注意到他的性格特征,时常与他聊天谈心。他在高一、高二时虽与同学有些小摩擦,也属正常范围之内。然而,高三时他却出人意料地大吵大闹,将某某同学视为"仇人",情绪失控时甚至对劝解的老师也非常失态。他常觉得班级里几位男生在背后非议他(实际是误解)。我们经深入了解情况,发现这种猜疑心态可能是家族遗传的,后来咨询专业医生,得知可以通过药物控制情绪、调整心态。

面临这样的问题,是劝退他休息,还是冒着风险留他在学校争取顺利毕业?为此年级组召开会议认真分析,班主任认为这个孩子本性善良,只是敏感多疑,我们要尽可能引导关心好他;语文老师认为他的状况可能与一些因素有关,不要轻易劝退;心理老师提出来要减少对他的刺激,利用药物控制,争取好转。当然,也有教师则担心他的不良情绪继续发展,还可能会影响其他学生,从而引发其他家长的不满。但是,最后还是达成了一致:尽最大可能让这位学生获得一个平和的学习环境,缓和其情绪乃至恢复正常,要让他能够完成学业。

经过年级组教师的商议,我们采取了以下几项措施:

1. 转换班级环境,将他转入另一个班级,避免让他经常碰到他眼里的"仇人",减少对他的"刺激"。多亏转入班级的班主任大力配合,承担了这个重任。

2. 请班主任在新班级里安排几位班干部特别关心他,也注意他的动向,以免出现突发状况。而原先的班主任继续做好有关学生的思想工作,回避与他的交流,减少对他的刺激。

3. 请心理老师和其他几位能言善谈的老师经常找他聊天,化解他心中的误解。

4. 安排与他母亲同龄的女教师同他母亲保持密切联系,让他接受药物治疗,并按照医生的嘱咐进行心理康复治疗。

5. 请所有学科教师特别关心他的学业,减轻他在学业上的压力。

6. 与家委会沟通,通报我们的处置方案,征得家长们的理解与支持。

由于年级组教师们的通力合作,上述举措发挥作用,他的情绪在短时间内得以平息,几个月后顺利毕业,还考取了理想的大学。这位学生如今已与正常学生一样,在大学里深造。

从这三个小故事中不难发现,我们年级组的教师团队具有以下特点:

首先是教育理念趋同,勇于担当。例如在处理上述某学生的过程中,真正践行了"一切为了学生的发展"理念,只要有可能就必须给学生成长与发展的机会,哪怕是教师担当多大的风险、增加多大的麻烦,也要努力让我们的学生健康成长。在南京社会实践中年级组几乎所有教师都参与其中,都将该活动当作教育契机来看待,充分体现出二附中"全员德育、全学科德育"的教育理念。

其次是年级组内民主气氛浓,大家有什么建议都可以提,商议下来认为可行的就一起去实现,若不可行也没关系,补充修正形成更完美的方案。团队中的成员都敢于发表自己的见解,大家都是团队的鞭策者,同时又是年级组诸多事宜的审议者、协调者,民主的氛围使得年级组的工作更为顺畅。

再次就是大家既分工明确,又能合作默契。例如上述学生转班,幸好新班级的班主任和其他任课教师都没有任何怨言,原班级的教师也积极配合。在南京社会考察活动中,各位老师通力合作,在许多具体事项中主动配合,使得活动有序而高效。

这个年级组的教师都能关注教学水平的提升。团队成员之间讨论学生教育的多,说家长里短的少;研究教材教法的多,盲目训练的少;深入班级的多,人浮于事的少。每一位班主任都写出了德育论文,许多教师都在各种专业期刊上发表了教学论文。该年级的教育教学成果突出,不仅在各级各类竞赛中成绩突出,而且在2008年的自主招生和综合评价录取中名列上海市第一名。

(王 平)

第二节 教师团队的功能

从组织功能的角度出发,教师团队作为一种组织形态,具有提升教师专业成长的内驱力、提高团队的领导力和执行力的重要作用。

一、教师团队内驱力

团队的内驱力是指由外部刺激所唤起、使团队指向于实现一定目标的内在动机倾向。内驱力是教师专业发展理论中最基本的命题,它是教师内在的事业成长的动力,表现为教师对成长终极目标的追求,体现教师对学校任务认同并努力达成目标的主观期望,也反映了教师对每一堂课、每一项教育教学任务的具体态度。

教师团队的内驱力与教师团队水平形态、教师团队梯度形态以及教师团队的活动形态都有关联。强大的教师团队内驱力使得教师团队活动显得更有成效,对于团队成员个人是一种提升,对于团队整体品质更是一种提升。有效的团队活动能使教师团队从一个较为基础的梯度升至较为高阶的梯度,引领团队成员从普通教师发展为研究型教师,进而成为卓越教师。强大的教师团队的内驱力使得教师团队打破封闭型、任务型、被动型、组织型教师团队的壁垒,向开放型、研究型、主动型和自发型的教师团队发展,继而朝着更高的梯度形态奋进。强大的教师团队内驱力能使教师们不是"无可奈何"地参加"招之即来、挥之即去"的活动,而是朝着"志向相同、意愿相投"的团队而努力。

教师团队的内驱力从何而来?第一,教师团队内驱力产生于团队领导,团队领导是团队活动的发起者、组织者和参与者,是团队的榜样、领袖,以其个人的影响力带动团队里的其他成员。第二,教师团队内驱力取决于团队成员对团队任务的认同感,一项有着共同愿景的任务是值得团队成员共同为之努力的。第三,教师团队内驱力来自工作成效获得了各方肯定,包括上级行政领导的肯定、团队的自我肯定以及学生和家长的肯定,这就是常说的成就感。

教师团队内驱力也是促进教师个体专业化发展的重要动力。教师专业发展的动力,可能来自国家的教育规划和相关政策,也有可能来自教学改革的需求,还可能来自学校领导的要求,但是影响最大、最具体的还是来自团队的积极氛围,特别是团队中那些资深的优秀教师的榜样作用。教师专业发展是一个持续的过程,但是有不少教师在专业成长获得阶段性的成功以后(例如获得了高级教师职称),内驱力逐渐降低。这时,团队的推动作用将是很重要的因素,团队不断地向其成员提出发展目标,则会唤醒成员教师的内驱力,不断获得专业发展的动力。

孙中山先生曾说过,大凡人类对于一件事,研究当中的道理,最先发生思想;思想贯通以后,便起信仰;有了信仰,就生出力量。内驱力的动因就是教育的信仰,在一个教师团队里,强大的内驱力能使教师团队的成员齐心协力,最大可能地激发团队成员的学习潜能,强化他们的团队认同,形成合力共创育人的辉煌。

二、教师团队领导力

团队领导力是指团队领导者表现出来的组织、管理能力。团队领导者需要为团队制定长远目标和具体行动方案,在适当的时候代表团队处理内外各种关系。在很多老师眼中,他并非是"领导",而是一位朝夕相处的同事、朋友和师长。这样一种特殊的"领导角色"如何起到领导作用呢?

教师团队有大有小,大到二三十人以上,小至仅有三四人,但无论多大的教师团队,都要有一两位核心人物。在教研组他可以是教研组长,也可以是学科资深教师;在年级组他可以是年级组长,也可以是具有威望的资深班主任。团队领导力很大程度上体现在团队领导者身上。

团队的领导力与学校领导力不同,学校领导有较为强烈的行政色彩,有行政岗位的职责;教师团队的领导可能是行政领导兼任,但更多的还是一线教师,教师团队多为平等关系,团队领导与团队成员更多的是沟通后达成共识,而不是依靠命令行事。在教师团队里,领导者的示范性、合作性、协同性相对强一些,行政性、指令性相对弱化一些,甚至于有些行政性的规定、指令性的要求都会化解于合作之中。团队领导者依靠的是目标认同、情感沟通、示范引领、互帮互助、及时鼓励,从而产生领导力。

团队领导者应该具备哪些能力才能具备强有力的领导力呢? 第一,要有专业素养,团队领导者本身是专家型教师;第二,要有敬业精神,对工作热爱,以身示范;

第三,要有前瞻性的认知与思考,能为团队发展确立方向;第四,要有合作态度和亲和力,而非单纯依靠指令指挥他人。

在华东师大二附中有不少优秀的团队领导者,他们有的是教研组长,有的是年级组长,有的是中层干部,还有的是普通教师。他们都具有责任意识和改革精神,有教学特长和研究能力,有人格魅力和良好品质。尽管他们的学科、资历、水平、特长不尽相同,但是相同的是都具有敬业爱岗的精神,是学校文化的认同者,并获得了同行认可和推崇。

一所学校的党政领导班子是团结全校的核心,是学校整个教师团队的领导核心,是一所学校发展的最重要的因素。华东师大二附中自建校以来,在华东师范大学的关心支持下,一直有一套坚强有力的领导班子。二附中的领导班子成员,建校之初有来自其他附中的优秀领导,以后各届领导班子中有来自大学的教授,也有来自二附中一线的优秀教师,他们中有硕士与博士,也有特级教师,都是学科专家和教育专家。首任校长毛仲磐和历任校长如蔡多瑞、王鸿仁、顾朝晶、康淞万、张济正、何晓文、戴立益和李志聪等,都是德高望重、富有人格魅力和卓有远见的优秀领导。而且,二附中得到了华东师范大学许多教育专家和学科教学专家的直接指导,使得二附中领导班子的教育视野开阔、教育改革意识强烈,从建校伊始就努力追求一流、追求卓越,在60年的历程中,经过几代二附中教师团队的共同努力,取得了卓越的办学成果。因此,团队的领导力是团队发展的决定性因素,是保证教师团队的可持续发展的源泉。

三、教师团队的执行力

团队执行力是团队成员实施任务目标的能力。学校中的教师团队能够完成共同任务,不完全依靠行政命令的作用,而是团队成员基于对任务认同之后的自觉实践。

如果说团队领导力是对团队负责人的要求,那么团队执行力则是对团队成员的广泛、普遍的要求。教师团队执行力不等同于学校执行力,但学校良好的执行力文化是促进团队教师提高执行力的重要杠杆。

执行力是一套系统的流程,是目标与结果之间不可缺失的环节。执行力作为一门如何完成任务的学问,不是一个简单的管理问题,而是需要经过"提出问题—

分析问题—采取行动—解决问题—实现目标"的系统流程。一个团队素质的高低,直接决定执行力的强弱。执行力有五个关键词:沟通、协调、反馈、责任、决心。沟通是前提,协调是手段,反馈是保障,责任是关键,决心是基石。执行力作为一种管理理念,已经渗透到学校的管理之中。学校的核心竞争力就是执行力,执行力是一所学校走向成功的必要条件。

教师团队执行力是教师团队实现其教育教学目标的能力,是在团队领导者的带领下,在共同目标的引领下,充分利用和整合各种教育教学资源,协作互助,共同努力,优化教育教学新举措,达成预期目标的能力。团队中教师个人的能力再高,如果不能解决整体的搭配、力量的整合,不能激发团队潜在的智慧,并有效带动教师团队执行力的提高,仍然不能给教师和学校的发展带来优势。教师团队执行力的高低取决于教师团队的整体素质,团队执行力高,表明团队目标清晰,团队成员协作性强,富有责任感,沟通良好并有优秀的领导者。

影响团队执行力有以下几项因素:第一是基本理念,即团队成员对本团队的任务是否有认同感。如果有强烈的认同感,在执行力上就会比较坚决,反之则减弱了执行力。第二是基本素养,即团队成员是否具备基本的学科素养,是否能够达到和谐共生的状态。如果团队成员不具备团队合作的基本学科素养,则在执行力上也是弱化的。第三是基本结构,即团队成员的年龄结构是否合理,团队成员是否各有所长。最理想的团队年龄结构应该是老中青比例合理,年轻教师具有创新意识,对科技和教育前沿问题有比较多的了解,资深教师有丰富的教育教学经验和人生阅历,取长补短、搭配合理能促进团队执行力。理想的团队中教师应该是各有所长的,有的擅长教学,有的熟悉科研,有的善于组织,有的长于宣传,他们的性别和性格也需要互补配合。第四是成功体验。这个团队有无合作成功的体验,是形成执行力重要条件。这其实就是成就感,成就感促进团队执行力的提升。

美国学者保罗·托马斯和大卫·伯恩在《执行力》中提出:"没有执行力,就没有竞争力。"从日常教学活动到教学科研项目,从课程建设到课题研究,从活动组织到年级管理等,都需要教师团队合作完成。团队执行力是团队成功的核心。教师团队执行力对于凝聚团队,促进团队信任,强化整体搭配,激发团队智慧,实现教育教学持续改善,提高人才培养质量具有极其重要的影响作用。

在华东师大二附中,有不少教师团队就是因为有了比较强的执行力,所以能在教书育人方面做出一番成绩,赢得社会的口碑。比如二附中的大学先修课程的教师团队,他们来自不同的教研组室,都在不同的几所大学进修过相关大学课程。只要学生有更高的学习需求,这支团队就会利用暑假期间和周末晚上坚持给学生"加餐",不计辛劳与薪酬,先后开设了微积分、线性代数、概率统计、经济学、普通化学、中国通史、中国文化、通用学术英语、计算概论、电路基础、地球科学概论等一系列大学先修课程,不仅满足了学生的需求,也提升了自身的学养。

第三节 教师团队的意义

教师团队有何重要意义?它如何促进学校的发展?如何促进学科的发展?如何促进教师个人的发展呢?

一、促进学校发展

建立教师团队首先是对学校发展有着非同寻常的意义。一所学校的卓越发展,关键在于学校的领导团队;一个教研组的建设,关键在于组内的教师团队;一个班级的建设,关键在于班内的师生团队。

学校就像一个家庭,每个教师都是大家庭中的一员,需要协作共事、团结共进,实现个体和集体的和谐发展;一个家庭就不能让一个成员掉队,有事人人参与,有责人人担当。一人上课,多人备课;一人亮相,多人幕后;一人支撑,多人帮扶。教师通过各种团队的聚合,优势互补,合作共进,整体配合,才能呈现出学校整体的强大力量。

学校是有文化气息的地方,教师的品位决定了学校的品质。教师的行为影响并构成了学校的环境,教师的精神塑造着校园的氛围。如果学校处在团结奉献、互帮互助、共同发展、共同进步的氛围中,则有助于形成大局意识、责任意识、合作意识。一所学校办学成功与否,"教风"起着重要的作用。人们常说"有什么样的教师就有什么样的学生",教师职业要求教师不仅需要言传,而且离不开身教,所谓"集腋成裘、滴水成河"这一道理显而易见。教风是教师个体行为的集中表现,来自教师之间良好关系的建立,更来自教师群体氛围和群体素质。与此同时,教师群体素质的形成也促进了教师自身的发展,使之形成一个良好的循环系统,不断提升学校的凝聚力和影响力。

加强教师的团队建设,有利于促进学校办学目标的实现。办学的目的不仅仅是为了完成教学任务、提高学业成绩和升学率,更要有助于全体学生整体素质的提高,为了每一位学生的终身发展,还需要学校教育与家庭教育、社会教育良性互动。因此,一所学校的使命由很多具体目标组成。从教育部颁布的"中国学生发展核心素养"来分析,"全面发展的人"主要分为三个方面(文化基础、自主发展、社会参与)、六大核心素养(人文底蕴、科学精神、学会学习、健康生活、责任担当、实践创新)以及十八个基本要点。可见,学校教育的目标是全面的、多元的、长久的、可持续的,因此学校需要有多个强有力的教师团队,担当不同的任务,达到共同的育人目标。

自20世纪90年代起,二附中先由理化学科的教师指导学生获得了国际中学生奥林匹克物理和化学的金牌,之后指导教师的团队扩大到数学、生物和计算机学科,在这五大理科领域都获得多枚金牌的优异成绩,被誉为"奥赛金牌学校"。这支教师团队不仅在专业上精益求精,同时还非常重视对参加奥赛的学生的德育培养,激励他们团结合作、为国争光,要求他们在国际舞台上体现出中国学生的风采。由此引发了参赛学生发自内心地提出,在国际比赛的舞台上"国格比金牌更重要"。指导教师团队随即提炼出了"金牌精神",使之成为激励二附中全体学生成长的动力。进而,学校在课程设计、教材编写、教学方法上形成了完整的培养体系,使得华东师大二附中的奥赛成绩在国内名列前茅,成为学校的一大特色。

2000年前后,随着课程改革的深入,研究性学习受到广泛重视。二附中的教师也随之开展"小课题研究",最先在理化生等学科中开展课外的小课题研究活动,然后又拓展到"大文科"领域,形成了100%的学生都要完成一个小课题研究的目标。学校还成立了科技指导教师团队,先有十余位教师参加环境保护、机器人、植物生态、天文观测、国际电台等项目指导,并且有两个项目连续在2000年、2001年的美国英特尔国际科学与工程大奖赛(ISEF)中获奖载誉而归。随着教师团队的逐渐壮大,团队成员中增加了许多有专业特长的教师,甚至几位博士也加盟到该团队,成为二附中专职的科技教师。至今十多年来,每年都有学生科技创新项目被选拔参加ISEF并荣获奖项。团队的成熟和发展,有力地推进了二附中科技创新人才的培养,使得科技创新成为学校的一大特色。

二、促进学科发展

教师团队对学科发展有着非同寻常的意义。教师的专业成长离不开专业组织,没有专业组织的依托,一味埋头单干,其效果甚微,个体教师的工作效率必将大打折扣。个体教师只有参与到团队群体之中,与其他教师合作对话,通过相互学习激励,分享彼此的教育教学经验,才能更好地实现教师的专业发展。在我国,几乎每所中小学都有教研组,都有共同备课、相互听课的传统。各种学科团队(教研组)是一定意义上的专业组织,这些组织在提高教育教学质量、提高教师科研能力、促进青年教师成长等方面发挥着积极的作用。

追求卓越的教师团队,需要创造一种新型的"团队文化",其中一个重要转变就是从"单兵作战"转向"团队合作",在共同体中营造民主、开放、合作的氛围,教师们在没有权威的预设、只有思想碰撞和意义建构的良性互动中走向成熟。这就要求团队成员立足于实践,在实践中学习,在行动中研究,共同参与讨论及决策,相互利用各自的专长,逐步实现共同的发展;也要求团队成员互相鼓励、相互扶持,共同承担暂时失败的风险,为他人的成长而喝彩,为自己的成长而欢欣。共同体突显了团队集体对于个人的意义,团队成员的共同成长可以使每一位教师增强面对困难与艰险的勇气和信心。

近年来,随着大量毕业生进入教师岗位,更有必要在学科内组建好教师团队,使得教师团队的结构趋于合理,相互取长补短。比如二附中的体育教研组,为满足体育教学和学生爱好的需求,响应体育专项化改革的要求,在体育教师团队发展中形成了多专长组合,目前二附中体育教研组共计有八位教师,其中分别有游泳、武术、足球、乒乓球、篮球、田径、排球、羽毛球等专项教练。

近几年二附中数学教研组新进了很多青年教师,这些新手教师参加市级、区级教学比赛,或慕课开发、校本课程编制、高考命题比赛、学生课题指导等专题方面的比赛,都获得优异的成绩,这背后是数学教研组团队共同努力的成果。2016年上海市中青年高中数学教学比赛,数学教研组推举一位青年教师参加,除了他自身努力外,组内一些资深教师帮助他反复磨课和研讨,最终荣获了上海市的一等奖并代表上海出席全国比赛,也斩获大奖。数学教研组还首创了上海市第一个中学生数学文化周,在短短一周内举办了华东师大数学系排演的主题话剧、举行了上海市中学生"数独比赛"、邀请华东师大数学系教授开展有关数学史的讲座、举办数学教学微论坛活动等,产生了积极影响,也提高了数学学科的教研水平。无独有偶,二附中的历史教研组协助华东师大历史系共同举办全国高中生历史剧本大赛,这一项全国性的比赛首次举办即获成功,在全国高中历史教学领域产生广泛的影响,上海市各区的相关学科教研员和特级教师均应邀参加评审工作,各学校的参赛热情空前高涨。

对于学科建设而言,不是规划中的"一纸空话",而是切切实实地通过团队活动带来了深远的影响。不同的教师团队在各自领域中创新活动内容和形式,把枯燥的听讲座和讨论转化为具体的、有创意的研习,提升教师参与的积极性,也容易让教师体验到专业发展的乐趣,在成就学生的同时,发展自我,提升自我,促进学科发展,促进团队成长。

三、促进教师发展

组建教师团队对教师个人的发展更是有着非同寻常的意义。教师以团队合作形式发展,才能不断造就优秀高端教师。

教师自身素质的高低会影响学生身心素质的预期目标;教师团队关系的好坏,不仅影响着教师之间的交往效果和心理感受,而且影响着学校集体组织效能的发挥。良好的教师群体关系是教师理想工作环境的重要条件,建立优秀的教师团队不仅有助于教师群体对学校教育目标和工作任务的认同,而且有助于教师产生归属感和荣誉感,最大限度地调动教师工作的积极性。

教师的自身素质包括正确的教育观念、良好的职业道德、广博的知识学养、健康的心理素养、综合的教育能力和研究意识等。这些素质的提高,一方面来自教师自身的努力,另一方面依靠教师团队氛围的催化作用。青年教师的成长最能体现出教师团队建设的重要性。

青年教师要成长为学校的骨干教师,必须经过由"学习者"向"胜任者"转化、由"新手"向"成熟"过渡、由"新教师"向"骨干教师"转化等阶段,而在这些阶段的转化中,除了采用一帮一、老带新的措施以外,也必须给任务、压担子,同时要特别关心青年教师的心理和他们的具体问题。二附中历来重视对青年教师在团队中的培养,学校领导班子中都有专人负责青年教师培养工作。对于青年教师来说,既要关心他们的"专业"成长,比如对教育理念、师德修养、教学水平、育德能力、教学技术等提出了很多需要学习、研究的要求,也要帮助和指导青年教师"非专业"的成长,包括情感体验、心智成熟、价值引导、个性养成、特长发展等。

中年教师容易满足自己的发展状态,或者有意无意地中止了自己继续发展的动力,特别是获得高级职称(甚至于中级职称)以后就处于停滞状态。人到中年随着体力精力的下降,也会渐渐放松要求,结果不仅在教学能力上落后于青年教师,在师生关系上也缺少青年教师的亲和力,甚至在教学效果上也逐渐被其他教师超越。对于这样的教师,更需要团队的力量调整其状态。在团队里有领导者的关心,也有年轻教师的尊重,通过和团队成员一起承担任务,如共同研究教学问题,充分发挥他们经验丰富的优势,用团队共同的成就来激励每一位教师。

团队对于塑造卓越教师是一片肥沃的土壤,不仅是因为卓越教师需要团队才能实现教育的理想,而且也只有在带领团队成员中才能锻造卓越教师的远见卓识和领导才能。此外,团队还能提供卓越教师构思的素材,分享集体的智慧和成功的喜悦。所以,卓越教师既能带领教师们一起发展与成长,也给卓越教师创造了更快更高的发展目标。

团队合作是一种理念,是一种文化形态,是个体和群体之间为实现某一确定目标而形成的一种协调彼此行为的互动方式。团队合作不仅包括合作的行为,还包括合作的认知、合作的感情和合作的技能。由此可以认为,教师团队合作是学校范围内教师为完成共同的任务,以明确的分工为基础、以团队的形式所开展的互助互利活动。在团队中,成员间相互尊重、相互支持、交流信息、分享智慧与成果,共同提高每位教师的专业素养。

【案例四】 寻找目标 把握发展的方向①

> 施洪亮老师在二附中的 20 年期间，从一位青年数学教师成长为数学特级教师，在学校数学教研组团队中历经了一条不断努力奋进的专业成长道路。施老师对学校安排的各种教学任务和管理工作，都能有思考、有创见地予以完成。在确定自己专业发展方向时，施老师有自己的选择，能从学科发展的趋势逐渐明晰自己的专业使命，用实际行动践行了"追求卓越、崇尚创新"的专业成长路径。

（一）教学相长，在团队帮助下站稳讲台

我是 1998 年 5 月初次踏上二附中的讲台，面对的是初三直升班的学生，虽然我做了精心备课，但是对学生预料不足，自己的一道题目在黑板上刚写完，就有学生报出了答案，而且不少学生有独特而巧妙的解法。结果，一节课把三节课的内容都讲完了。课后学生问了一个问题，我自己毫无思路，只能说明天跟你讨论。学生优异的表现，把初出茅庐的我惊出一身冷汗。备课最关键是要"备学生"，我的数学课堂能让这样的学生"吃得饱、吃得好"吗？

教师生涯的前五年，我在二附中带过两个平行班、两个上海理科班和两个全国理科实验班，有幸与最优秀的学生共同成长。我的应对策略只有两条：首先必须努力提升自己的学科功底，夯实自己的数学基础；其次是要虚心向老教师学习，依靠团队的帮助站稳讲台。

当时二附中还在华东师大老校区内，一批业务专精的老教师还没有退休，学校的教研氛围非常浓厚，学校领导也非常重视新教师的专业成长。我的带教师傅是陈双双老师（陈老师后来成为上海知名的数学特级教师、正高级教师），她的悉心指点使我能迅速渡过见习教师阶段。

其时的数学组还有滕永康、唐清成、王德纲等几位老教师，他们的课极具魅力又各具特色。数学特级滕老师特别擅长疏通知识体系，一个核心概念反复辨析，力求让学生理解概念本质。唐清成老师是教研组长，解题反应很快、思路清晰、逻辑

---

① 本文由华东师大二附中副校长施洪亮撰写，刊发在《上海教育》2017 年 12 月 B 刊上。

严密,所有老师都很钦佩他。王德纲老师是二附中数学组的高三把关教师,他最善于用风趣的教学语言调动课堂气氛,原本枯燥的复习课总是充满笑声。当时一些年轻的数学教师也富有才华而且思维敏捷,他们都成为我的良师益友。

从此我成了数学组很多教师课堂里的常客,获得很多听课、参加研讨的机会。我也是图书馆的常客,周末一本又一本地啃起数学杂志和各类数学指导用书。我上课前反复思考每一道例题和习题的多种解法,课前课后及时与学生沟通学习的基础和课堂的反馈,课堂上努力关注到每一个学生并积极实现互动,认真批改学生的每一本作业,及时总结学生好的解题思路和错误的原因。初为教师的我就这样用真诚和勤奋站稳了课堂,只有站稳了二附中的讲台,才能为未来的专业发展奠定基础。

(二) 成长烦恼,在快速变化中迷茫

在二附中的工作总是忙碌而充实的。在连续担任五年班主任后,我又先后担任教务处副主任、教务主任等行政工作,其间还做过数学奥林匹克竞赛、应用数学竞赛、科技竞赛的辅导工作,带过社团,开过几门选修课,做过现代教育技术(图形计算器)的课题研究等。总而言之,事情做得"杂"。

这几年中也取得了一些成绩:带的两届上海理科班学生绝大多数踏入名牌学府;辅导的近百位学生在全国及市级数学竞赛或科技竞赛中获奖;TI图形计算器应用于数学教学的研究连获三个全国一等奖,课题"TI图形计算器对高中生数学探究能力影响的研究"获2005年上海市青年教师课题研究成果一等奖。但长久以来困扰我的一个问题是:这么多事情,我究竟如何取舍?我的专业发展重心在哪?

对成绩的取得,我有清醒的认识,这里包含了自己的辛劳、努力与开拓,同时也有太多的机遇与幸运。首先,二附中搭建了一个高平台才使我有机会攀登。其次,学生的成长与成才首先取决于他们自身良好的素质。这些成绩并不代表我的能力水平已达到这种高度,但这些经历让我确确实实获益良多:我接触了学校多方面的教学与管理领域,我尝试了针对不同学习对象、学习组织、学习方式的教学指导,初步积累了不同领域的教育经验与教学技能,为自己今后的专业成长奠定了实践基础。当大量的教学任务涌现在眼前时,我没有退缩,我相信这些经历与体验将是我人生中最宝贵的财富。但是,我涉及领域太多,往往是博而不精、浅尝辄止,没有做到真正的专业化。做出取舍,明确个人的专业发展重心已是当务之急。

(三) 明晰方向,在困惑突破后崛起

专业发展重心的选择首先需要确立自己的目标。如何明确发展目标,突破思想的困惑？只能靠学习、靠思考。持续的教学实践和专业学习活动告诉我，无论是数学奥赛、数学高考、数学建模类拓展课程、数学国际课程，还是基于数学的学生课题指导，其核心都是数学教学。数学教学必须抓住数学本质，传递数学的基本思想方法和核心素养，特别是不能忘掉数学教育的初心是培养具有数学核心素养的人。在当前应试教育日益裹胁教师教学的环境下，数学教育必须致力于追求具有数学核心素养(尤其是创新素质)的人的发展。

二附中的学生是优秀的，未来他们应成为推动社会发展的拔尖创新人才，面向这一群体的数学教育要突破解题、关注创新。因此我的数学教育迫切需要关注学生数学创新素质的提高，努力培养其数学应用、建模能力及研究性学习能力和意识。

前几年我开设的拓展课程"竞争与风险决策的数学模型"颇受学生的欢迎。课堂中曾谈到一个"验血次数问题"：对于大批量的针对某一疾病的筛查验血，到底是一个一个地验，还是先分组后验，发现问题后再分别检验？针对不同的发病概率，怎样科学地分组？学生发现经过数学计算后作出的科学决策能够极大地节约人力、物力和财力。我能清晰感受到数学应用给学生带来的震撼："原来数学并不仅仅是那些枯燥的问题和演算，数学可以这么有用！这么精彩！"

通过十多年的学习和实践，我逐渐明晰：自己的工作要能激发学生对数学、对科学的热爱，我的专业发展要能为学生的未来成长提供支撑，因此调整自己的数学教育目标和创新自己的数学教学模式，成为促进自己专业发展的必由之路。

其实自己的专业发展方向就是当前"二期课改"和数学教育改革的热点，我要做的就是把这些理论更好地付诸教育教学实践。我把数学教育重心转移到数学探究和数学应用上面，找到一个突破口——数学创新活动。

我定位自己的教学特色是"善于引领学生探究，注重学生创新思维能力的培养"。"以数学探究和数学建模为抓手，鼓励创新、培养学生创新意识和实践能力"成为我教育教学工作的新目标。其中创新是核心和永恒的目标，我把课堂教学、拓展型课程开设以及课外活动指导都整合在这一目标下。我在数学课堂中渗透数学文化，关注数学应用，引导学生进行数学探究，鼓励学生参与数学小课题研究，指导学生运用图形计算器等现代教育技术辅助课题研究，致力于学生数学意识和数学能力的培养，希望他们能成为优秀的科技后备人才。

围绕数学探究，经过几年的积淀，我自己的专业能力也得到了很大提升。在各类期刊、报纸上发表过十多篇文章,其中论文《六步探究法培养高中生数学探究能力》发表在全国核心期刊《数学通报》上,合作论文《图形计算器发展学生探究能力》发表在韩国《数学教育研究》杂志,科研课题"图形计算器对高中生数学探究能力的影响"获2005年上海市青年教师课题研究成果一等奖等。我主动参与课程开发,自主开发开设的学校课程"基于TI图形计算器的数学探究""风险决策与博弈论入门"先后被评为学校的三星级课程,配套教材于2008年由华东师范大学出版社正式出版。

（四）超越自我,坚持走在提升学生数学创新素质的路上

为了突破专业发展瓶颈,我坚持专业发展方向的同时,努力革新自己的课堂教学,牢牢抓住教育教学主阵地。在基础课领域,我坚持抓住数学本质的教学,在课堂教学中坚持用研究性的问题引领学生思考,以此增强学生创新能力;在拓展课领域,我围绕数学创新素质培育坚持校本课程的开发和建设,致力于为学生提供丰富多彩的课程和视角,通过持续不断地打开学生的学习视野和学习体验以实现学生数学创新素质的培育。

一些研究性的课例在市区范围内得到肯定,如2005年我摄录的公开课"数列与类比"被推荐为上海市"二期课改"探索课录入资源库;2007年在全国学科德育研讨与"两纲"推进会议期间开设了数学学科德育公开课"数列极限在面积计算中的应用";2008年在浦东新区开设了精品展示课"函数的概念";2011年面向华东师大广东省数学骨干教师班开设展示研讨课"你会求曲边图形的面积吗";2015年在上海市慕课平台上上了公开课"游戏与数学汉诺塔问题"。在拓展型课程阵地上,我继续坚持创新素质培育,先后开发开设了"数学建模""高中数学深度阅读""游戏与数学"等校本选修课程,用大量的实践案例提升学生创新素质。

正是因为在数学创新素质培育方向上的持续努力,2011年我独立编著的《高中生创新素质培育的实践与思考》入选上海市"双名工程"文库并由上海教育出版社出版。这两年我在二附中紫竹校区面向初中生和高中生也开设"数学与游戏"课程,继续积累优秀的学习案例,并与紫竹校区国际部的数学老师联合开发《数学与游戏》教材,力争让更多的学生喜欢数学并在数学游戏学习中提升数学创新素质。

学科高度决定了专业视野,明确发展方向才能成就专业未来。回顾自己的成长,我感恩自己碰上了一个重视教师发展的好时代,感恩自己有幸站在了二附中这个高平台上,感恩自己获得了一批好领导、好团队以及好学生的指导和帮助。思索前路,我希望能与更多同行一起继续在学生数学创新素质培育的路上阔步前行!

第四章　卓越教师与卓越教育

> 随着我国基础教育课程改革的不断深化,教师队伍建设的问题受到了前所未有的重视。2014年教育部颁发了《关于实施卓越教师培养计划的意见》,明确提出了培养卓越教师的任务和目标。2018年初中共中央、国务院又颁布了《关于全面深化新时代教师队伍建设的意见》,该意见是中华人民共和国成立以来第一个关于教师队伍建设里程碑式的政策文件。本章在论述卓越教师的内涵和特征的基础上,以华东师大二附中为例来说明卓越教师团队是怎样形成的,以及卓越教师队伍的形成如何支持与保障了卓越教育办学目标的实现。

第一节　卓越教师的内涵与能力要素

卓越教师培养以及卓越教师团队建设的理论研究和实践探索是我国教师专业发展研究的新课题。什么是卓越教师?卓越教师具有怎样的特征?卓越教师在推动学校卓越教育发展过程中能发挥怎样的作用?厘清"卓越教师"的基本内涵及主要特点,无论对于卓越教师培养,还是卓越教师团队建设,都具有十分重要的意义。

一、卓越教师的基本内涵

卓越教师的一个基本特征是不断自我超越,然而如何界定卓越教师,现有的研究对此缺少共识。有研究者将卓越教师定位为"人格高贵、学养深厚、能力突出、智慧卓著,具有坚定的信念和不断追求卓越的精神,充满创造激情与生命感召力的未来杰出教师"(罗小娟,2016)。有学者提出,卓越教师就是"兼具专业决策能力与实践反思能力,并集育人使者与终身学习者于一身的教师",据此,卓越教师"就不再是一个抽象的概念,也不再是一个良好的愿望,而是一个可以为之奋斗而且可以看见成功希望的行动目标"。①

(一) 卓越教师的培养要求

可以确定的是,卓越教师这一命题的提出,是国家教育行政部门基于教育改革和发展的需要所形成的目标。教育部在《关于实施卓越教师培养计划的意见》中提出"培养一大批师德高尚、专业基础扎实、教育教学能力和自我发展能力突出的高素质专业化中小学教师",并据此提出了中小学阶段各级各类学校卓越教师的培养要求。

中学教师:信念坚定、基础扎实、能力突出,能够适应和引领中学教育教学改革。

小学教师:热爱小学教育事业、知识广博、能力全面,能够胜任小学多学科教育教学需要。

幼儿园教师:适应学前教育改革发展要求,厚基础、强能力、重融合……热爱学前教育事业、综合素质全面、保教能力突出。

中等职业学校教师:探索高层次"双师型"教师培养模式,素质全面、基础扎实、技能娴熟,能够胜任理论和实践一体化教学。

特殊教育教师:坚持理论与实践结合,富有爱心、素质优良、具有复合型知识技能。

从中我们可以看到,国家对于不同学段、不同类型的学校的卓越教师培养,既有共性要求,也有特殊性要求。例如,在共性要求方面,居首要地位的,是理想信念、富有爱心等师德要求;在个性要求方面,中学强调能够"适应和引领教育教学改革",小学强调"胜任多学科教育教学需要",中等职业学校突出"双师型",特殊教育学校则为"复合型知识技能"。

---

① 陈群,戴立益.卓越教师的培养模式与实践路径[J].中国高等教育,2014(20):27-29.

(二) 卓越教师的新时代内涵

2014年9月9日,习近平总书记在北京师范大学的师生代表座谈会中作了重要讲话:"一个人遇到好老师是人生的幸运,一个学校拥有好老师是学校的光荣,一个民族源源不断地涌现出一批又一批好老师则是民族的希望。国家繁荣、民族振兴、教育发展,需要我们大力培养造就一支师德高尚、业务精湛、结构合理、充满活力的高素质专业化教师队伍,需要涌现一大批好老师。"并提出,"好老师没有统一的模式,可以各有千秋、各显身手,但有一些共同的、必不可少的特质。要有理想信念、要有道德情操、要有扎实学识、要有仁爱之心"。习近平总书记对新时代的教师提出了"四有"要求,引领着卓越教师的发展方向。

理解卓越教师的内涵,首先要理解"卓越"的内涵。根据《辞海》,"卓","高超""高远"。与"卓"相关,如"卓见""卓绝""卓异""卓越""卓尔不群"等,皆具"超出""不同于一般"之意。"越",超出。"卓越",《辞海》解释为"优秀突出"。叶澜教授在阐释"卓越教育"内涵时,将"卓越"解释为"卓然独立、越而胜己"。[①] 据此,从基本内涵看,卓越教师就是超越一般的、具有高超水平的教师。因此,我们评价一位卓越教师,其出发点,应该关注从事一线教育教学实践和研究的群体;其关键点,应该聚焦教师在教育教学的实践和研究中"卓"于哪些方面,"越"出哪些水平层次。

在新的时代条件和教育要求下,卓越教师应该具有以下几个方面的特质:

一是师德水平。这主要是指教师自身的师德追求,以及教师的育德意识和育德能力。坚持立德树人是学校教育教学的根本任务,教师应通过切实提升自身的师德修养,深化育人的责任意识、使命意识,具有仁爱之心,在教育教学的各个环节和各个方面,以自身的示范和榜样作用培养学生的道德情怀。

二是专业能力。专业能力包括两方面内容:一是卓越教学能力;二是专业化能力。

卓越教学能力主要是指教师能"因人施策",针对不同类型、不同特点、不同需求的学生,发现与发展每一位学生的潜能,创造性地开展教学活动,激活学生的创新潜质和学科特长,使学生在"崇尚创新、追求卓越"中不断自我超越,促进学生的

[①] 何晓文.卓越教育的理论与实践研究[M].上海:华东师范大学出版社,2014.

最优化和最大化发展。在此基础上,形成教师鲜明的教学风格和教学特色。

专业化能力既表现为对各学段教育教学特点和规律的深刻认识和有效把握,也表现为能够综合运用教育学、心理学、脑科学、信息技术等专业化知识和技术手段,开展教育教学实践或教育教学研究的能力。同时,专业化能力还通过教师资格证书、教师资格证书定期注册制度等加以保障。

三是依法执教。依法执教,既包括教师对教育教学相关法律法规的充分认识和把握,也包括教师依据法律法规的规范要求开展教育教学活动和教学研究(如切实保障师生权益、尊重知识产权、符合课堂语言文字要求等),还包括教师对相关利益诉求的合规性表达。在全面依法治国的新时期,卓越教师应当在学校一切教育教学过程中发挥依法执教的引领作用和示范作用。

四是终身发展。与部分发达国家相比,我国教师专业化培养还存在一定差距,绝大多数教师从师范等院校毕业后就直接从事教学工作,实际上许多重要的教育教学知识和能力都需要在具体的实践中学习摸索,而当前学科知识体系快速更新又容易加剧教师的焦虑感。这就需要教师确立终身学习理念,随时关注并及时补充新的学科知识,有效提升运用信息技术开展教育教学的能力,拓展教育教学的综合实践能力,将追求卓越贯穿于终身发展全过程。

需要指出的是,在不同时代、不同社会环境条件中,对卓越教师具体内涵的认识是有所不同的。例如在近现代时期,受教育条件和个人兴趣影响,有些人因为某一学科成绩突出,如数学学科突出,或写作能力突出等,就可以成为世所公认的卓越教师甚至学科大师的例子,并不鲜见。同时,有些教师虽然具有较广泛的社会影响,或者在教育教学活动以外取得重大成就,例如成为著名文学家等,但其教学能力并不出众,这些教师同样也不能称之为卓越教师。

二、卓越教师的关键能力

卓越教师不在于卓越之名,而在于卓越之实,即卓越教师拥有怎样的特殊能力。一名优秀的教师离不开以下五个方面的关键能力:良好的依法执教意识和依法执教能力、宽广深厚的道德情怀和育德能力、独具个性的教学理念和教学能力、主动参与课程改革的意识和能力、出色的示范引领作用和团队合作能力。

（一）良好的依法执教意识和依法执教能力

良好的依法执教意识和依法执教能力，是教师做好一切教育教学工作不可或缺的素质要求。熟练掌握并有效运用与教育教学相关的法律法规，明晰教书育人的法治边界，是教师善治善教的必要前提和重要保障。卓越教师应具有鲜明的依法执教意识和依法执教能力，这是当前法治社会建设的迫切需要，更是当前教育现代化和综合改革发展过程中依法治教的迫切需要。卓越教师应该成为依法执教的楷模。

教育部在《依法治教实施纲要（2016—2020年）》中提出，要"切实转变观念，以法治思维和法治方式推进教育综合改革，加快构建政府依法行政、学校依法办学、教师依法执教、社会依法支持和参与教育治理的教育发展新格局，全面推进教育治理体系和治理能力现代化"。《纲要》明确了依法治教的总体目标：到2020年，要形成系统完备、层次合理、科学规范、运行有效的教育法律制度体系，形成政府依法行政、学校依法办学、教师依法执教、社会依法评价、支持和监督教育发展的教育法治实施机制和监督体系。青少年学生法治教育体系健全完备，教育部门领导干部、校长、教师法律素质与依法办事能力显著提升，在全社会遵法守法的进程中发挥表率和模范带头作用。

目前，高中教育、义务教育、学前教育、家庭教育和社会教育等教育法律规范尚不健全，同时由于长期以来对学校教育教学所涉及的道德与法律之间的关系缺乏系统深入的理论研究和实践探索，使人们常常"德""法"不分，或将法律问题当作道德问题对待，或者将道德问题当作法律问题处理，导致人们常常将某些社会问题简单归结为教育问题，又将某些教育问题简单归结为学校道德教育问题。同时，由于个别教师依法执教意识淡薄，依法执教能力不足，在处理日常教育教学问题中使用诸如体罚、语言暴力等错误方法，也包括随意加课、超量布置作业加重学业负担等现象，给学生发展带来不利影响。这些现象说明，依法执教落实到学校教育教学的每一个环节，还是任重道远。

（二）宽广深厚的道德情怀和育德能力

教师的职业道德不同于其他职业道德。教师要对学生的一辈子负责，为学生的终身幸福奠定基础。"教师要为这个国家和民族的未来负责，这是一种强烈的社会责任。要希望我们的学生去推动民族的复兴,引领人类的进步。如果这些做到了,可能就是卓越教师;卓越教师多了,就撑起了卓越的学校。"①因此,卓越教师必须有宽广深厚的道德情怀和有效的育德能力。

宽广深厚的道德情怀主要表现为教师道德所具有的历史感和现实感。相对于其他职业道德建设而言,教师道德的建设一要植根于深厚的中华民族优秀传统文化,了解中华民族道德发展的历史和基本特点,并将其融汇于具体的育人实践;二要深刻把握新时代关于立德树人的根本要求,吸纳世界各民族优秀道德教育的有益经验,在时代思潮的交流激荡中形成文化定力和道德定力,开展以人为本、实事求是的育人实践。

鲜明的育德意识和有效的育德能力,是卓越教师的重要特征。在建设社会主义核心价值体系、深化社会主义核心价值观教育过程中,上海在学校德育的理论建设和实践探索方面取得了重要成就,其中《上海市学生民族精神教育指导纲要》和《上海市中小学生生命教育指导纲要》的制定实施,以及"大中小德育课程一体化建设"国家重大攻关课题的深入研究,对于广大教师形成明确的民族精神教育意识、生命教育意识,以"政治认同、国家意识、文化自信、人格养成"为重点内容开展大中小学纵向衔接、横向贯通的育人实践,发挥了十分重要的作用,得到广大教师的高度认同和强烈共鸣。

卓越教师在学校的教育教学和管理工作之中,能自觉地渗透德育,把德育融于学生的生活、学习和实践活动之中。卓越教师在显性的德育活动中,例如德育课程教学、班主任工作、学生团队活动、学生社会实践活动等过程中,因势利导、循循善诱,始终把育人置于首要地位。此外,卓越教师还能善于做好隐性的德育工作,例如在知识型学科教学中,关注学科知识的育人价值,自然地渗透学科德育,犹如教师在学校中的谈吐举止,无不是良好道德和高尚情操的无言的榜样。

(三) 独具个性的教学理念和教学能力

卓越教师都有属于个人的教学风格,这些教学风格源自教师个人的教育理解和教学艺术。

卓越教师的教学风格和教学成效超越于有效教学。有效教学是一种以"有效

---

① 姜新杰.教师走向卓越的三大要素[J].上海教育,2017(18):38-41.

性"为理念、以追求"教学效率"为核心的一种教学。一般认为,有效教学是教师遵循教学规律,以尽可能少的时间、精力和资源投入,取得尽可能多的教学成绩,富有成效地提升教学活动效果。有效教学通常以"知识、技能传授与掌握的效率"为追求目标,从而把教学活动变为一种以追求效率为核心的活动。而卓越教师所形成的教学风格建立在教育—教学一体化的基础上:教学是为了实现某种育人追求;教育则总是通过特定的教和学形式来实现。如果说这种教学风格可以命名的话,或可称之为"卓越教学",包括目的的卓越、过程的卓越、方法的卓越和课程的卓越。卓越教师所形成的这种独特教学风格,是教学主体以追求"知识、能力和智慧"为结构性指向的一种"教"与"学"出色相长的价值活动;它有别于有效教学的机械性、功利性特点,具有理论上的整体性,在实践中表现为集整体性、有效性与个性于一体的卓越性特征。[①]

可见,卓越教师所形成的教学风格反映着教师独特的教学理念和教学能力。它以激发和引导学生的创造性学习为表征,从规模化、规范化、同质化教学向个性化、多元化、特色化教学转变,进而推动教学从有效向卓越转变。卓越教师应该具有"发现与发展每一位学生的潜能"的教学能力,能根据不同学科和不同学生的发展特点,激发学生的学习兴趣和学习潜能,提升学生的自觉自主学习能力和合作学习能力。卓越教师的教学能力不仅反映在学生的学习成绩上,更体现在学生对学科学习充满了兴趣与爱好,充满了求知欲,转变被动学习的心态,积极开展"创造性学习"。

(四) 主动参与课程改革的意识和能力

自20世纪90年代起,我国基础教育开始了新一轮的课程改革。从表面上看,这次课程改革是课程标准、课程结构和教材的调整,其实质是教师教学行为的改革。投身课程改革,不仅仅是教师的职业姿态,也是教师专业成长的良机。

传统的课堂把教师定位为教学的工具,教师的任务就是知识的传递。课程改革在改变学生学习方式的同时,改变着教师教学的能力,改变着教师对教育的理解,进而提升了教师的专业素养。可以说,课程改革呼唤着优秀教师的主动参与,

---

[①] 邹成效,蒲玉忠.论卓越教学——兼与有效教学比较[J].华中师范大学学报(人文社会科学版),2012(5):139-145.

同时也造就了一批又一批优秀教师。

卓越教师不仅对教育改革具有积极参与的态度,而且能够立足本职工作和本校特点,找到参与教育改革的切入口,并且对教育改革的实践有策划和构思,也能组织团队一起参与,在教育改革中提高自身的专业水平,也提高了学校的办学水平。实际上,持续深化的教育改革也是锤炼与打造卓越教师以及卓越教师团队的机遇和平台。

(五) 出色的示范引领作用和团队合作能力

卓越教师发挥示范引领作用,既是现代学校建设的必然要求,也是教师在追求卓越过程中义不容辞的义务和责任。

在很多学校发展过程中,随着很多具有鲜明现代意识的青年教师的加入,他们在追求教学个性、讲究个人教学风格的同时,其中有些人常常忽视教学的一般规律,甚至认为经验丰富的教师的教学风格属于"过去式",而面对自身专业素养不足、教学经验欠缺的状况缺乏反思意识和改进意愿,导致教学过程中违反"教学常规"的现象屡屡发生。从现实情况来看,学校中教师特别是青年教师的成长,需要呼唤卓越教师的引领,也需要团队的共同参与。

对于卓越教师而言,应该认识到自己应在"示范"中发挥"引领"作用,而不是在"引领"中"示范"。建立教师之间民主、平等、和谐的关系,有利于卓越教师在团队合作中实现全体教师的共同发展。当代教师的知识和能力结构以及教师的职业身份,决定了教师绝不是"一个人在战斗",而卓越教师更是需要具有优良的团队合作能力。

三、团队建设的内外要素

学校一般都有教师团队,但是普通的教师团队不一定会成为卓越的教师团队。卓越教师团队的形成是一个从一般团队作为起点的质性变化过程,卓越的含义是不断追求、不断超越,朝着一个理想状态不断前行。任何发展程度的教师团队都可以逐渐地向卓越教师团队转型,转型的重要基础是必须具有明晰的发展定位和稳定的文化风格。而要实现这样的转型,需要努力解决好团队建设的外因和内因问题。

就外因来看,从教师团队到卓越教师团队需要学校管理者具有卓越的领导与管理能力,着力解决好卓越教师团队建设的环境、文化、组织、保障等方面的问题,积极为卓越教师团队的转型创造有利的外部条件。早在2009年二附中就提出了卓越领导的四大使命,即"卓越领导的核心目标是担当和践履文化使命、发展使命、谋划使命、创新使命";并将"服务"作为管理的核心内涵,提出卓越管理即卓越服务的思想。它是学校领导与管理现代化转型的关键,卓越管理应坚持"以学生发展为本"和"教师是学校第一资源"的理念,强调"为了每一个学生的终身发展"奠基,注重"让每一位教师享有事业成功的幸福"。

就内因来看,从教师团队到卓越教师团队需要建立团队发展的内在动力机制,包括教师个体发展内在动力机制和教师团队发展内在动力机制。其中教师个体发展的内在动力机制建设,是团队发展动力机制建设的基础。一些学校教师个体发展动力不足,缺乏教育教学激情,出现职业倦怠状态,学校领导虽制定了中长期发展的宏伟规划、明确了学校建设的实施路径,但由于教师缺乏积极响应,导致学校教育教学停滞不前,其主要原因就是教师缺乏发展的动力机制。解决好教师个体发展的动力机制问题,推动教师个体在团队发展中实现自我价值,以团队建设目标激励教师团队不断追求自我超越,是教师团队向卓越教师团队转型的根本。

第二节 卓越教育的理念与体系

"卓越教育"与"卓越教师团队"之间存在着相互依存的关系。卓越教师团队以追求卓越教育为使命,而卓越教育又成为卓越教师团队建设的引领目标。二附中现任校长李志聪经常说:"卓越高中需要什么样的教师?一要具备悲天悯人的家国情怀,心中要有国家和民族,要自觉肩负起国家使命、社会责任;二要有独立的人格和批判的思维;三要具有正确科学的卓越观。"就二附中来说,卓越教师未必已成为普遍的实然状况,却是不容置疑的应然目标。

一、卓越教育的理念

二附中作为上海市唯一的教育部直属重点高中、上海市首批实验性示范性高中和上海市课程改革的首批实验学校,一直在努力思考和探索:我们应该办怎样的教育?应该培养怎样的人?华东师范大学终身教授叶澜在二附中关于卓越教师的讲演中,将"卓越"诠释为"卓然独立、越而胜己",具有深义,值得引申。

(一) 卓然独立

"卓然独立"是一种人生的价值取向,意味着教师和学生具有独立的精神与追求、独立的人格与个性。它集中表现在志向、人格、思维以及言行四个方面。

1. 志向不狭窄

现在有不少学校把成绩的排名以及各类获奖作为评价学生学习成功的标志。成绩排名居前与获奖都是一种成绩,是学校培养学生的一种成果体现。但是,如果把成绩排名和得奖作为教育的目标,就失去了教育的本意。志向反映价值观,眼光短浅、视野狭窄就容易局限于眼前的成就和成绩。卓越人生的起航绝不仅是成绩居前与奖项的肯定,其成长需要用得奖之外的努力来体会和创造。志向不狭窄,不拘泥于眼前的蝇头小利,要有更宽阔的视野和胸怀,让学生对人生、世界、宇宙产生积极兴趣,而不是满足于眼前的成绩。

2. 人格不依附

人格不依附包括两个方面:一是不仰视所谓的"大人物",不轻易向权贵低头,不唯上;二是不俯视所谓的"小人物",要平等地关注每一个人的生存状态、精神需求和利益诉求。二附中晨晖党章学习社团就曾以"向小人物学习"为主题开展社会实践活动,引导学生利用节假日走访身边的"小人物",了解他们的工作职责和内心世界,使学生懂得要尊重普通岗位上的每一个人。"独立"是一个人个性和才华的表现,事实上只有这样人格独立的、不依附的人才能做到真正的相互合作。只有大家都独立,在一个群体里才能形成有意义的合作,这个群体的力量才能得以正面显现。人格因素对实现"卓然独立"具有深远的影响,人格上对他人的俯视、仰视都不可取。

3. 思维不趋同

创新人才的培养已成为今天许多学校办学的重要追求。对于创新人才来说,很重要的是创造性思维品质的培养,无论是文科学习还是理科学习,创造性思维都具有不可替代性。在学校教育中,如果把教学的任务定位为阐释结论,其结果就是一种思维趋同的教育。思维不趋同,表现在对问题的诠释有创造性,不局限于已有的答案,而是追求更多的可能性,并且善于发现问题。要培养学生思维不趋同,很重要的一点就是不抑制学生探索的欲望、学习的兴趣、研究的积极性,要培养和发现学生的潜能。

4. 言行不虚浮

面对纷繁复杂的社会,总有人依靠包装而非脚踏实地的做事获得所谓"成功"。如果把这些包装炒作迁移到教育、学习、科研上来,就是用吹嘘代替实践,用偶尔一时代表必然,终将收获泡沫的破灭。这种华而不实、虚浮的作风绝不可能成就卓越。真正的成功人士,不是靠包装实现的。人们真正记住的是一个人对社会及他人的贡献。在实现追求的过程中,不说大话空话,言行一致,求实奋进,这样才能成为我们期望的未来创新人才、卓越人才。

(二) 越而胜己

"越而胜己"强调了对自我的超越。无论是群体还是个体,世界上最难超越的就是自己。要超越自己首先要了解自己,所以追求卓越的人必须清醒地认识自我。教师职业的创造性在于如何教育人,它是一个独特和充满挑战的领域,需要教师去探究,并且在实践中不断超越自我。重视自我的人格、能力、尊严和创造,才能有推动自我发展的动力。"越而胜己"主要表现为自我意识、反思习惯、人生选择和进取态度四个方面。

1. 自我渐清晰

高中是学生开始对自我的认识进入到相对理性思考的起始阶段,他们会想"我是谁""我到底是个怎样的人""我能够成为怎样的人"等问题。当学生开始拷问自己时,这些问题就会在他的思考中占有重要位置。卓越人生的起航,最重要的是帮助学生清晰地认识自己。同样,对于教师而言,经常思考"我要成为怎样的教师""我有什么成功和不足""我如何不断提升自己的教育能力"等问题,就能不忘初心、牢记教师的使命,不断超越自己。这是卓越教师的重要品质。

2. 反思成习惯

反思是一个人成长过程中的重要一环,没有人能够看清你的正确或失误,最后发现问题、反思问题的还是自己,他人只是一面镜子。要学会在实践过程中,在元认知的意义上进行自我反思。反思实际上是一种习惯，养成这种习惯就容易战胜自己。个人不反思就不明白问题在哪里，也不明白进步是如何取得的。有教师说，教学总有遗憾，即使赢得学生喜欢的教师，在自己的教学过后也常常会发现还存在问题，并且在以后的教学中改进。这种习惯性的反思会不断提高教学水平，也是卓越教师的重要品质。

3. 人生会选择

成就自我、超越自我，需要每个阶段对自己做出的选择具有清醒的意识和能力。我们要培养学生在认识自我、反思自我的基础上，懂得"为何选择"和"如何选择"。在价值多元社会中，主流价值往往得不到学生的认同，反而是非主流价值更具有吸引力。在这种大背景下，该怎么看待机遇、引导选择？"堵"是堵不尽的，"导"也未必有效，因而引导帮助学生形成内在的价值观，学会进行选择，则成为教育的重要任务。上海正在施行的高考制度改革，就是赋予学生选择的权利。学会选择与前述的"人格不依附""志向不狭窄"是紧密相连的。有了清晰的自我认识，就知道该选择什么。人生其实是个不断选择的过程，如果选择正确就是抓住了时机，更容易实现发展。同样，教师也要学会选择，在教师生涯中发现自己的特长、确定自己专业发展的方向，由此才能形成独特的教学风格和教学特长——这就是走向专家型教师的发展之路。

4. 发展能自觉

人有了自我发展的自觉性，或者说人的生命达到自觉状态，就是达到了自我发展的最高境界。如果在中学阶段我们学生能做到自觉发展，意味着他们已经学会了自我规划，这对他们今后的发展将十分有利。自觉发展不是自由化，不是随心所欲。自由是自己内心的选择得到实现，但在现实世界中，越了规矩去寻找欲望就不行，世界上没有完全的自由。自觉发展在不同的学生身上也是具有个性的，例如，如何选择、认识自我、用什么价值来指导自己的行为等。自觉发展是个性化发展的必要条件。同样，教师的专业成长也需要自觉状态，如果把教师的专业发展作为被动的事情，那么培训的结果是不会理想的。

二、卓越教育体系的建构

二附中对卓越教育的追求，是通过构建卓越教育的实践体系来实现的。卓越教育的实践体系包含三个方面:卓越的领导与管理、卓越的课程与教学、不断自我超越的学生和追求卓越的教师。最终实现三个目标:让学生的潜能得以发挥、让教师享受事业成功、让学校获得持续的发展。

(一) 卓越的领导与管理

卓越的领导与管理强调以"以人为本"为核心理念的文化引导和以"和谐发展"为核心理念的科学管理。卓越领导和管理的本质是尊重人的个性、关怀人的需求、发挥人的特长、重视人的价值、提升人的境界、促进人的发展,努力实现学生、教师、学校的共同发展。其目的是通过管理创新,大力优化育人环境,把学校打造成师生共同的精神家园。

1. 领导者的四大使命

(1) 文化使命。"学校不但要承担传承人类已有文化的使命,而且要承担构建为未来社会培养新人的新型文化的使命。"[1]二附中的历任领导团队都非常重视学校文化的传承与创新。作为一所在大学校园中孕育成立的中学,二附中深深地镌刻着大学的精神文化,华东师范大学一大批专家学者身上锐意教育改革、追求学术创新的精神深深影响了二附中。华东师大二附中在1958年建校时,就承担了两大历史使命:成为师范生教育实习基地和教育改革的实验基地。可以说,二附中是一所为教师教育改革和基础教育改革而诞生的学校。60年来,二附中的领导团队、教师队伍不断更替,但是学校的文化传承没有间断,而且在各个历史时期中,继续有所发展、有所创新,以"追求卓越、崇尚创新"的校园文化激励着全体师生共同推动学校的持续发展。

(2) 发展使命。卓越领导的发展使命就是要为学校的发展选择正确的路径,并且促进教师的专业发展和学生的全面成长。60年来,华东师大二附中在发展历程中获得了多次腾飞:第一次是在1963年建校五年以后就获得上海市重点中学的称号;第二次是在1978年获得教育部重点中学的称号;第三次是在学校东迁浦东之后于2005年获得上海市首批实验性示范性高中的称号,2007年又获得全国教育系统先进学校的称号。这些学校荣誉的获得是学校持续发展的标志。

近几年来,二附中成为华东师大基础教育集团的领衔学校,并且在华东师大闵

---

[1] 叶澜.世纪之交中国学校教育文化使命之思考[J].天津市教科院学报,1996(5):1-7.

行紫竹基础教育园区扩建了二附中紫竹校区,形成了一校两区(张江校区和紫竹校区)的格局,并分别与浦东新区和闵行区合作共建,还分别与张江高科技园区和紫竹高科技园区建立发展关系。同时,在华东师大基础教育园区里,又新建了华东师大二附中附属初级中学和民办华二紫竹双语学校;在嘉定区建立了华二初中;在浦东新区建立了华二浦东实验学校、华二前滩学校;在宝山区建立了华二宝山实验学校;在海南省承办了华二乐东黄流中学,形成了华东师大二附中教育集群。这些学校的创办,不仅是国家和地方教育发展的需求,也是华东师大二附中发展的必然结果,同时也验证了华东师大二附中"卓越教育"的普适意义和辐射价值。现在,华东师大二附中继续以"卓越教育"引领学校的发展,以"世界一流中学"为目标,使学校不断发展成为在国内著名并且在国际上有影响的名校。

(3) 谋划使命。学校领导团队能够"卓有远见"地超前谋划学校的发展规划、构略学校的发展远景,是一种必须具备的卓越品质。长期以来,二附中的历任领导团队依靠华东师大教育专家的智慧,高度关注和牢牢把握着国内外教育改革的动态和走向,以积极主动的姿态参与二附中的各项教育改革,引导着二附中教师教育理念的转变和学校育人模式的改革。在1978年二附中被命名为教育部重点中学以后,学校就主动开展各门学科的教学改革。例如,当初的语文教研组自编教材以加强母语教学,英语教研组引进了《新概念英语》开展"听说领先、读写跟上"的教学改革试验,数学教研组大胆试用美国华裔学者项武义教授的实验教材,物理学科加强实验环节着重开展培养学生能力的教学改革,政治学科会同各科老师进行了"学科教学与思想教育"的探索,等等。学校早在1980年就开始开设选修课,逐渐形成了计算机、日语等20多门选修课,并且组织学生积极开展课外实践和社会调查等活动。可见,二附中领导团队具有强烈的教育改革意识,并且超前地进入到课程领域的改革,有效提升了教育质量。在二附中的办学过程中,还有许多超前的思考和办学行为,如理科特长学生的培养模式、学生科技创新教育体系、校本课程和校本教材的建设、首席教师制度、教师团队的建设、创办国际部引进国际课程、全面推进学科德育,这些都是需要卓越的领导团队谋划与引领的。

(4) 创新使命。普通高中作为国家创新人才培养系统的重要组成部分,担负着基础教育创新人才培养的使命。高中学校的创新教育如何开展?创新人才如何培养?这是一个挑战性的课题,是一个创新使命,也是卓越教育必须回应的课题。

二附中的历任领导团队,始终对育人目标有清醒的认识,对育人机制也始终具有创新自觉。早在20世纪80年代,二附中通过学校自发组织、教师自觉参与的各门学科的教学改革,大大提升了教育质量,取得了上海市高考的优异成绩,又通过很多社会实践活动、课外科技活动,培养了一大批品学兼优的学生。到20世纪90年代,学校组织了部分学生在教师指导下进行理化特长的培养,挖掘了他们的潜能,由此培养出能在国际奥林匹克各科竞赛中摘金夺银的学生,以后又有学生在数学、生物、信息技术、环境科学等国际大赛中屡屡获奖。在此基础上,学校及时提炼出"金牌精神",激励全校师生勇攀高峰。2000年前后,国际和国内教育界都十分关注创新人才的培养,二附中闻风而动,发动部分教师组成科技教师团队,指导学生进行小课题研究,并取得了可喜的成就。2000年以来每一届在美国举行的英特尔国际中学生科技与工程大奖赛,二附中学生都斩获佳绩。这支科技教师团队至今不断创新发展,形成了创新教育的课程与培养体系。2005年起,学校又展开了"学科德育"的研究与实践,充分挖掘学科教学中的育人要素,提升育人价值,提高学生的整体素质。一个卓越的领导团队应该具有创新使命,才能保持学校的持续发展。

2. 管理即服务

卓越管理坚持"以学生发展为本"和"教师是学校的第一资源"的基本理念,强调以"为每一位学生的终身发展奠基"和"让每一位教师享有事业成功的幸福"为目的,把"服务"作为管理的核心内涵。

(1) 管理即服务。在二附中虽然也有很多管理制度,但是运用这些制度进行管理不是唯一的方法。二附中提出以"服务"的理念进行管理,对教师而言就是要以教师的能力、特长、兴趣、心理、身体等综合状态科学地安排最适宜的工作,并在工作中充分考虑到教师的成长价值,通过全面的人力资源开发计划和学校文化建设,使教师能够在工作中充分发挥积极性、主动性和创造性,从而提高教育教学效率,提升工作业绩,为实现学校发展做出最大贡献。教师认同学校发展的目标就能高效地发挥自我管理作用,并影响团队同伴。二附中特别关注年轻教师的成长,营造良好的氛围,激励青年教师内在的驱动力,成为学校未来的骨干力量。对于学生来说,特别要尊重他们的能动意识,增强他们自我管理的能力,学校的各级管理机构要为学生的自主管理提供条件、创设条件,为他们的自我管理提供必要的服务。

(2) 管理即文化。学校领导团队的管理风格充分地映射了学校的主流文化。

事实证明,学校领导的管理文化对学校建设和发展具有十分重要的引领作用。学校的文化精神是一所学校得以持续发展的命脉,学校管理的核心价值在于推动校园文化的建设。

二附中领导团队的管理风格和文化氛围是以人为本,赋予每一位学生和教师自我发展的可能。很多学生毕业以后感慨地说:"很感谢母校给了我们宽松的成长环境,让我们在高中三年中获得有个性的成长。"学校没有以"三令五申"的制度限制学生,而是支持学生的自主管理,也没有把所有的课外时间都安排去学习,学生可以在课余时间自主地安排自己想做的事情。对于教师而言,学校从不规定"坐班",对教师的教学风格与教学技术的运用也没有统一的规定,管理很宽松,但是教师们对工作和教学却"不松不怠"。

学校领导团队不搞"一言堂",重大决策总会听取教师们的意见。学校专门设立教育教学指导委员会,除了校级领导以外,特级教师和首席教师全部参加,他们拥有学校重大事务的建议权和咨询权,对教师的职称晋升、评优评奖有话语权和决定权。学校的管理团队与教师密切沟通,让教师在心情舒畅和宽松氛围下工作。

(二) 卓越的课程与教学

卓越教育需要建设好与之匹配的课程与教学文化,才能培养全面发展的卓越人才。尽管教育赋予课程具有经济、社会、文化等多重使命,但课程建设的核心必须以适应和促进学生个体的终身发展为前提。其要义有二:一是充分校本化的课程体系;二是优质高效的课堂教学。

1. 充分校本化的课程体系

我国的基础教育课程改革建立了三级课程管理的新模式,尤其是校本课程的推出,改变了过去学校只能执行全国统一的课程计划和课程方案的局面,使得每一所学校都能立足于校情和学情以及当地社会发展的需求,自主规划、设计、开发和实施学校课程,从而促进学生的个性发展。同时,国家课程校本化的实施,赋予了学校的课程自主权。

二附中从20世纪80年代开始,就自发地建设了20多门选修课,并且进行了语文、英语、数学等学科的课程改革,自编或者选用补充教材,大大提高了教育质量。在20世纪90年代上海市实行第一期中小学课程改革时,二附中成为首批实验学校,积极开发和实施了必修课、选修课和活动课三类课程,有力地提升了教师们参与课程改革的能力。2000年前后,在上海"二期课改"实践中,二附中又再度成为首批基地学校,并进行了课程体系校本化的构建。至今,二附中形成的课程体系包括选修类的学校课程、晨晖讲坛课程、卓越学院特色班实验课程、大学先修课程以及暑期特色课程等几大类。

选修类的学校课程指的是由教师参与开发的拓展型、研究型课程,学校规定高一、高二年级每周有两个课时由全校学生自主选择学习。二附中在2001年启动校本课程的开发工作,学校制定了校本课程发展规划,对全校教师做了动员和培训,要求老师围绕着"STS类课程""大文化类课程""社团活动类课程""荣誉类课程"和"德育类课程"几大模块,根据学生发展的个性化需求开发相应的校本课程。在一年的时间内,全校共86位教师开发了近百门学校课程,自2002年起向学生开放选课,受到学生的欢迎。迄今为止,二附中先后开发的学校课程达500余门。这些课程不仅深受学生喜爱,而且也成为教师专业成长的平台,对提升教师的课程意识、提高课程改革的实施能力起了极大的作用。

2004年起,在学校课程开发取得一定成效的基础上,二附中各教研组针对基础型的国家课程进行了校本化再开发。各教研组调研与分析了学生的学习状态,围绕着如何转变传统的学习方式,对课程内容进行调整、补充、删减、组合,并且规定教学基本要求,把握教学难度,同时还把研究型学习、社会调查活动和社会实践活动有机地与基础课程的教学融合起来。课程的校本化开发更好地满足了二附中学生的发展需求。

晨晖讲坛课程始于2006年,其初衷是为本校教师搭建一个面向学生的学术型平台。讲座的内容是教师研究心得,可以涉及科学与人文、社会与人生,但不能进行教学辅导。时任二附中党总支书记的李志聪首先开讲"当前台海局势与祖国统一前景",他以余光中的《乡愁》开始,据理分析了当时大家关注的台海局势,最后以于右任的《国殇》结束,赢得学生的热烈掌声。语文特级教师魏国良以"为人三件事"为题,与学生畅谈人生的感悟,从孔夫子、沈从文和欧美一些学者的名言名著中谈论做人做事的准则与规范,同样赢得了学生极大的兴趣,以至第二天学生意犹未尽,约请魏老师续谈人生的话题。地理特级教师陈胜庆以"神秘文化与科学探究"为题,从学生感兴趣的许多神秘事件中分析了科学探究的本质,区别了神秘文化的潜科学、伪科学和反科学的不同性质,学生反响热烈。迄今,二附中教师先后开设了40多场讲座,给予学生丰富的学术营养,也给教师的专业成长搭建了平台,同时还构建了一种特殊的松散型、自选型的卓越课程的形态。

卓越学院的课程始于2009年,课程对象为理科实验班、科创实验班、文科实验班和国际课程班学生。二附中的教师经过多年的探索,吸纳了国外理科教材的特点,编写了数学、物理、化学等理科实验班的教材,由上海教育出版社正式出版。在理科实验课程引导下,培养了许多在国际或国内中学生数学、物理、化学、生物、计算机竞赛中获奖的学生。在国际中学生奥林匹克物理、化学、数学、生物、计算机竞赛中,从1991年起二附中的学生获取了26枚金牌、4枚银牌和1枚铜牌(截至2018年)。从2000年起每年都有二附中的选手入选国家队参加了在美国举行的英特尔青少年国际科学与工程大赛,并且获得了20多个奖项,其中顾宇洲同学、白雪霏同学和樊悦阳同学因为在第58届、第59届、第69届英特尔国际科学与工程大赛上成绩优异,获得了以他们的名字命名了三颗小行星的殊荣。文科特色班和国际课程班都开发了适应学生发展需求的课程体系,使二附中的学生在"追求卓越"中获得有个性的成长。

为了给已经提前取得大学录取资格的学生提供学习机会,2000年起二附中开设了大学先修课程,初时以复旦大学、交通大学教师授课为主。2012年以后,随着高考与招生制度的改革,学校根据北京大学、清华大学等高校颁布的课程名录,对二附中教师进行培训,在此基础上自主承担了多门大学课程,为学有余力的学生参加大学自主招生打下了良好的基础。

卓越教育的课程体系的建设,不仅是培养卓越学生所需求的,也是培养卓越教师的重要途径。

2. 优质高效的课堂教学

优质教学是卓越教育最显著的实践表征,也是实现卓越教育的重要保证。随着课程改革的深入,课堂教学中提出了"以德为先、以生为本、以学为主"的教学理念,出现了"自主学习""探究学习""合作学习"等新的学习方式。二附中课堂上表现出来的优质教学,突出表现在以下五个方面:一是坚持"发现与发展每一位学生的潜能"的理念;二是形成教师自主研修和集体研训相结合的氛围;三是注重发挥首席教师、特级教师的示范引领作用;四是探索以"研究性学习"为重点的教学模式;五是充分开发教育资源和积极运用教育信息技术。

课堂教学中的卓越也需要学校为教师搭建舞台。特别是年轻教师,更需要支持和鼓励他们参加各级各类的教学比赛和展示活动,在实战中获得"追求卓越"的课堂教学的体验。孙燕丽老师荣获全国中学英语教师教学基本功大赛优秀课例展示高中组一等奖,任念兵、戴中元老师在全国青年高中数学教师优质课上荣膺一等奖,张炎林、王骁等老师荣膺全国高中历史优质课一等奖,唐晓鹏老师荣获全国地理优质课特等奖,刘强、刘希蕾、黄曼、华厦、曹家欣、王振堂、王骁、鲁茜等多位老师在上海市中青年教师教学评选活动中名列前茅。

(三) 不断自我超越的学生和追求卓越的教师

关于好学生,社会上容易与"高考状元""考试第一""学霸"等称谓联系起来,其实这种认识并不准确。对学生的跟踪调查表明,学校对学生终身发展影响最深刻、最持久的不是考试分数,而是在学校生活中逐渐涵养而成的人生态度、价值取向、思想品质和行为习惯。高中学生处于文化价值观建构成型的关键阶段,学校文化为学生的心灵所描绘的底色,将伴随学生步入社会,从而对国家和民族的未来产生深远的影响。二附中坚持"让每一位学生的潜能得到充分发展"的办学理念,一是突出"潜能发展,以德为先",即以道德能力作为学生多元智能发展的先导,以思想道德发展作为全面发展的基础;二是强调"金牌精神比金牌更重要"的追求,二附中历史上一些学生在国际性比赛中不畏强手、顽强拼搏、勇攀高峰、为国争光所铸造的"金牌精神",已经成为全校学生勇于进取、不断创新的精神财富,成为学生追求卓越、越而胜己的真实写照;三是赋予每个学生拥有发展的"特权",即每个学生有适合自我成长需要和个性特点的权利,赋予学生自我发展和管理的自主权、在课程学习方式上的选择权以及要求学校提供特殊教育教学服务的发言权。

"让每一位教师享受事业成功的幸福"是二附中教师文化建设的核心理念,因此学校并没有把"以成绩论英雄"或"培养金牌学生"作为唯一的标准,而是提出了"教师是学校第一资源"的观念,把打造在全国基础教育领域能发挥引领作用和产生影响力的名师团队作为教师队伍建设的目标。二附中在上海基础教育领域首创了"首席教师制",引入名师竞争机制,激励教师自我超越、创造梦想,体验职业的价值和幸福,引导教师成为"师德的表率"和"育人的模范"。同时,又不断推进各种形态的卓越教师团队建设,形成了一支阶梯有序、勃勃向上的教师队伍,在追求卓越中实现自我价值,在创新创造的激情中培育英才。

三、卓越教师团队的使命

首先是积极引领和影响学生,要让每一个学生成为他可能成为的人。第一要对学生的高中三年学习生涯负责,帮助他们进入向往的高等学府,继续获得良好的发展,这要求教师有高超的教育教学能力;第二要对学生的一辈子负责,为学生的终身幸福奠定基础,这要求教师要有正确的成才观点,不是以为把学生送到北大、清华这些"名校"以后就完成任务了,要考虑在中学阶段的教育怎样才能为他们终身发展奠定基础;第三要为国家的发展和民族的未来负责,教师要有一种强烈的社会责任感,要能引领学生为推动民族的复兴、实现"中国梦"而不断奋斗。卓越教育的实践路径,就是发现与发展每一位学生的潜能,激活每一个学生丰富的潜能和创造欲望,引导全体学生在自我超越中实现生命的理想和人生的价值。其目标就是为卓越人才的终身发展奠基,使学生在不断自我超越中不断追求卓越。

其次是积极引领和影响教师,推动所有的教师都具有积极向上的精神状态。促进每一位教师不断成长是卓越教师团队的重大使命。卓越教师团队的引领,使得教师们都有较高的自我定位和精神追求,而且使不同学科、不同年龄、不同起点的教师都有不同的发展目标,这些目标是每门学科每位教师都可以确立与达成的。二附中的科技创新指导教师团队、奥赛指导教师团队、德育管理和学科德育团队所产生的影响已经辐射到区域内外以及二附中教育集团的其他学校,并且在全市乃至全国产生了积极的影响。

再次是推动学校发展、共建学校文化。卓越教师团队是学校发展的重要动力,他们是教学能手、科研精英、指导高人,在学校中既受学生尊敬又受教师尊重。他们视野宽阔、见多识广、洞察力高,对学校发展趋势和教育改革动态既关心又敏感,对于学校管理问题能发表真知灼见,能在学校发展过程中起到"专家治校"作用。走出二附中,他们的话语代表着学校形象,是彰显学校文化的重要标杆。在华东师大二附中还有一批卓越教师作为市级和区级的"名师培养基地""德育实训基地"的主持人,这些基地同样是卓越教师团队,他们的发展不仅促进了区域内外更多的教师走向卓越,也不断传播着二附中的文化。

【案例五】 融合资源　历史团队的平台

> 1983年,周靖从华东师大毕业进入二附中任教,如今她已经是华东师大二附中的历史教研组长,正高级的特级教师,也是上海市高中历史学科德育实训基地和浦东新区历史教师培训工作室的主持人。她把教研组的团队建设与这两个平台的培训任务结合起来,并借用华东师大历史系的学术力量开展各种教研活动,形成了开放型的、资源共享的多维整合的培训模式。这一模式为历史老师接触史学研究高端领域开拓了一片空间,教师团队的综合实力也上了一个新台阶,成为一个典型的研究型和创意型的教师团队。

科研和教学是教师专业发展的两个支点,科研为教学提供理论指导,教学为科研提供实践平台。以教学为基石,以科研求发展,是教师专业发展的必由之路。

华东师大二附中历史教研组在特级教师周靖的带领下,坚持科研探索与教学实践相结合,取得了丰硕的成果。一般而言,教师的教学工作量都是满负荷的,在这样的情况下,还要挤出时间进行教育教学科研,确实需要对科研的高度重视。其实,从根本上说,这是教师专业成长的根本追求。在周老师的带领下,历史团队近几年来共计发表各类历史教育教学的论文20多篇,主编《高中德育经典集萃》《高中历史教育经典集萃》《中学历史文献读本》三部著作,参编教科书、练习册、教学参考书近十部。以科研引领教学,使组内教师的史学素养大大提升,一堂堂有灵魂、有思想、有见识的好课相继推出;一批批敢于质疑、善于思维、爱好史学的学生群体纷纷涌现。

周靖老师还担任了上海市高中历史学科德育实训基地和浦东新区历史教师培训工作室的培训任务,她把培训任务与教研组的建设互相结合起来。基地以专家讲座、书籍研读、教学研讨、学术交流、社会考察、课题研究、高考命题、经验辐射等形式运作。将基地活动与教研组活动有效整合,充分利用基地资源,推进教研组建设,成为华东师大二附中历史教研组建设的新模式。

首先是培训课程的共享,形成一套以史学类课程为主干、以德育类课程和教研类课程为重点的综合课程体系。这些课程除了她亲自开设讲座以外,还邀请了上海市高校的历史专家讲授,此外还作为任务由教研组老师和培训基地、工作室的学员共同开发,其中包括"人类文明的结构性演进与中心的转移""战后中日官民外交秘话""新旧与中西——重访中国现代转型""史学理论与历史教学""近现代世界形成的逻辑""学科德育理论和实践的思考""法国历史测评与教学扫描——对中学历史教育的思考""台湾历史教学与教师研修介绍"等,大大拓宽了老师们的学科视野,提升了人文素养,深化了学科育人的使命。

同时,历史教研组和两个基地(工作室)还共同搭建平台,举行市级和区级的教研活动,给大家以展示成果的平台。例如举办过浦东新区第五届和第七届教学展示周的历史专场活动。在两次展示活动中,有本校和外校的老师们精心准备的展示课以及研讨活动,整个过程对开课老师以及参加集体备课和课后研讨的老师们有很大的启发和提高。整个团队成为"智库",课余时间和下班以后,都成了大家研究教学的时间,分手回家后还用手机在交流。可以说,研究教学已经成为他们工作的常态,成为教师生活中必不可少的内容。

周靖老师身体力行,几年来开设20多次公开课和专题讲座,除了在本校讲课以外,还为上海市历史教师培训者培训班开设"教学设计与教学立意"等课程,为华东师大历史系师范生开设"说课评课与有效教学"等课程,也为外区同行开设相关课程。教研组的陈明华老师也开设了市级共享课程;青年教师王骁在江苏和天津开设示范课;新教师吴斯琴也赴天津在论坛发言。组内的老师们都围绕着教学和科研形成了良好的专业氛围,互相讨论交流蔚然成风。

遇到重大的历史纪念日,历史教研组与市、区有关部门以及华东师大、复旦大学、上海师大的历史系联合举办过多次大型活动,如"五四精神与文化创新"主题活动、"历史与记忆——纪念世界反法西斯战争胜利70周年"论坛、纪念长征论坛、《国史大纲》读书会、纪念高考1977论坛。这些大型活动还组织了学生的参与,指导学生撰写历史小论文。他们设计的纪念世界反法西斯战争胜利70周年的一套展板,在很多学校展出。

教研组的活动与各种校际的活动有机整合,充分利用各种资源推进教研组建设,成为华东师大二附中历史教研组开放式团队建设的新模式,教研组的成员几乎都获得过全国或地方的教学比赛奖、论文评比奖。

(王　骁)

第三节 师资队伍形成的校本传统

卓越教师团队的建设,既是学校发展的战略,也是实践过程的结果。这一过程贯穿了二附中60年的发展历程。

一、不断追求卓越的办学品质

华东师大二附中于1958年建校。最初,华东师范大学为这所即将诞生的学校定位了两项任务:一是师范生实习基地学校,二是教育改革实验学校。这两项任务注定了这所学校的历史使命就是要承担师范教育和基础教育的改革重任。

建校初始是在华东师大的化学馆里借用了几间教室,招收了第一届学生。条件虽然非常简陋,但是,孕育在大学怀抱中的二附中从诞生那天起就深深受到大学文化的熏陶。当时大学领导非常重视二附中的教师队伍建设,抽调原华东师大一附中副校长毛仲磐任校长,还选拔大学各系优秀毕业生以及抽调一批年轻大学教师到附中任教。这支教师队伍为这所学校奠定了重要的基础。

20世纪60年代在国家经济还非常困难的时候,新的校舍在华东师大邻近金沙江路处落成。在这所学校的建设过程中,许多教师和学生都参加了建校劳动。这所学校在办学后仅仅五年就跻身上海市重点中学,实现了第一次腾飞。

十年"文革"以后,我国的教育事业拨乱反正、百废待兴。根据邓小平同志关于"办好一批重点学校"的指示,教育部经过调研督查,于1978年正式命名20所中小学为教育部直属重点学校,华东师大二附中名列其中,成为上海市唯一一所部属重点中学。同时,教育部和联合国开发计划署签订了加强华东师大二附中建设项目的协议,协议确定"投资22万美元用来加强二附中的理科教育,把华东师大二附中办成中国普通中学的示范中心和全国中等教育研究的实验基地"。1983年,占地75亩的新校区在华东师大临近枣阳路处建成,其校园规模和教育设备在当时堪称一流。这一跨越成为二附中的第二次腾飞。

2000年,华东师范大学与上海市浦东新区政府签订协议,决定华东师大二附中迁建浦东张江高科技园区,由浦东新区划拨150亩土地,按照现代化标准新建校园,为二附中在浦东这片全国改革开放的"热土"上实现再一次腾飞。2012年,华东师大二附中闵行紫竹校区建成,由此形成了华东师大二附中拥有浦东张江和闵行紫竹两个校区的格局。

华东师大二附中的每一次腾飞不仅是学校建设的巨大变化,更是办学质量的迅速提升。六七十年代的金沙江路校区和八九十年代的枣阳路校区均位于华东师范大学校园之内,与华东师范大学的"无缝连接"使得二附中获得华东师范大学丰富优质的教育教学资源的支持,明显地提高了办学品位和教学质量,屡屡结出丰硕的教育教学成果。2002年起,华东师大二附中迁建在浦东这片热土上,与国家级的高科技开发区紧密联系。

1978年被确定为教育部直属重点中学以后,学校紧紧把握住机遇,在华东师大领导下积极开展课程改革整体试验,各学科大胆进行课堂教学改革,积极探索教材教法,取得了教学改革的宝贵经验,有效提升了教育教学质量,并以优异的高考成绩打出了二附中的品牌。1979年应志强同学获全国高考理科状元;1980年薛雷平同学获上海市高考理科状元,并在同年全市理科高考前十名中占了六名;1984年谈峥、李荧、陈宗健同学获得上海市高考理科、文科和外语三科"状元",并且囊括文科前六名;1986年王峻同学取得上海市高考理科第一名。时任校长王鸿仁在接受媒体记者时说:"二附中没有秘密武器,只是坚持教育改革、按教育规律办学。"

二附中学生在高考中获得了优异的成绩,也让卓有远见的教师们看到了学生身上蕴藏的巨大潜能。在20世纪90年代起始,二附中的物理、化学优秀教师们开始培养理科特长学生,并且开始参加了国际奥林匹克竞赛,1991年二附中三位学生首次参赛即一举夺得物理和化学竞赛三枚金牌。相继地,物理、化学、计算机、数学、生物五门理科学科都获得奖牌。截至2018年,二附中在国际中学生学科奥林匹克竞赛中总共获26枚金牌、4枚银牌和1枚铜牌。因为金牌总数在全国名列前茅,由此二附中被誉为"金牌学校",刻苦钻研、顽强拼搏、勇攀高峰、为国争光的"金牌精神"已经成为二附中追求卓越、不断创新的精神财富。

随着世界各国高度重视对学生创新能力培养的潮流,我国基础教育课程改革也明确提出了要转变育人模式、培养创新型的人才。二附中敏感地抓住这一契机,在学校试行"小课题研究",并且逐渐把"小课题研究"作为全体学生都要在高中期间必须完成的学习任务,在此基础上,重点培养学生"像科学家一样的工作"。从

2000年起,二附中连续16年都有学生参加素有"中学生科技竞赛世界杯"之称的国际英特尔青少年科学与工程大赛(ISEF),并斩获佳绩。现在已经有不少校友在国际科学尖端领域获得令人瞩目的成绩,例如"上帝粒子"发现者之一杨明明博士,暗物质领域探索者谈安迪博士,正是二附中科技创新教育的缩影。二附中获得首批"全国科技教育创新十佳学校",是中国科协和教育部对二附中科技创新教育的肯定。

21世纪以来,随着以素质教育为核心的课程教学改革的深入,二附中逐渐形成了"六个百分百"素质教育模式,即"百分之百的学生要参加志愿者活动,百分之百的学生要做小课题研究,百分之百的学生要选修学校的校本课程,百分之百的学生要参加社团活动,百分之百的学生要完成100个试验,百分之百的学生要学会游泳"。这"六个百分百"体现了华东师大二附中在培养尖子生的同时,关注了每个学生的成长发展和学生的潜能开发。秉承对学生生命的尊重以及教育者为学生终身发展负责的信念,"六个百分百"素质教育模式在校园里渗透于每一个学科和学校的每一个角落。现在,面向学生的教育活动突破了"六个百分百",如学生不仅要学会游泳,还要百分之百学会太极拳;百分之百的学生参加每周一次的"晨晖"讲座;百分之百的学生课外精读推荐的名著。可见,全新的育人模式正在悄然出现。

2009年,二附中根据多年的办学积累,以"卓越教育的理论和实践"为题成功申报了"全国教育科学规划2009年特色高中研究专项课题"。在此课题研究中,二附中成立了卓越学院,成立理科实验班、科创实验班、文科实验班和国际课程班,全面构建卓越课程体系,培养各种不同爱好和特长的学生。同时全面推进学校德育工作,加强学科教学中的育人功能,有力地改变了过去的高中"千校一面"和培养的学生"千人一面"的局面。在60年的办学过程中,二附中的领导和教师不断探索、不断改革、不断创新,践行了一条"追求卓越"的办学之路。

二、坚持文化引领教师发展

学校文化是学校所具有的特定环境和文化气氛,包括校园建筑、校园景观、绿化美化这种物化形态的内容,也包括学校的传统、校风、学风、人际关系、集体舆论、心理氛围以及学校的各种规章制度和学校成员在共同活动交往中形成的非明文规

范的行为准则。健康的校园文化可以陶冶学生的情操,启迪学生心智,促进学生的全面发展。学校文化大致可以分为四个层面:

第一,表层——物质文化。物质文化层也可以叫载体文化层,是学校文化最基本的物质载体和外在标志。它包括校园所处的地理位置、自然环境、规划格局以及校园建筑、活动场所、雕塑绿化、文化传媒设施等校园校貌各个方面所形成的自然与文化环境。物质文化尽管是校园文化的表层,却是一个学校师生员工价值观和精神风貌的具体体现,集中体现着文化内涵,是一个学校校园形象和精神风貌的物质依托,对学生陶冶情操、享受美感、营造良好心态、促进全面素质提高有重要的作用。同时,它也是学校外在形象的展示,因此它成为社会对学校的第一印象和总体评价的起点。二附中有不少标志性的物质文化,如象征开启智慧大门的金钥匙广场,由华东师大叶澜教授提笔的"追求卓越"刻石,由家委会共同打造的"腾飞"雕像等,这些已然成了二附中显而易见的物质文化。

第二,浅层——行为文化。浅层的行为文化,是由校园活动中发生和进行的人际交往而产生的文化。它主要是通过校园中师生的言谈举止和气质态度来表现师生的内在修养和人际关系,比如礼貌文明、积极热情、乐观向上、和睦融洽等。校园人际关系实质上是校园内部的心理环境,这个环境对人的影响是巨大的。重视并不断优化这一环境,就能在学校内部形成强大的凝聚力,促进学生身心健康发展,激发师生高度的学习工作的热情,从而促使学校各项工作取得最佳效果。近几年,华东师大二附中在学生中设立了多种奖项,除了鼓励学生在学业上努力奋进的三星奖学金、君远奖学金以外,更设立了韶华奖和有恒奖。尤其是有恒奖,它专门奖励校园内的"小人物",他们也许学习成绩并非突出,但是都能在平凡之处表现高尚品质,有的坚持做志愿者热心为大众服务,有的坚持参加锻炼强身健体,有的坚持做好宣传工作丰富校园环境。值得一提的是,二附中学生有着强烈的自主自律自觉文化,团委、学生会和学生社团,均是学生自主管理,每周的校园值勤均由自管部学生监督和反馈。学校对教师的工作要求刚柔有度,除了干部、班主任和职工要求坐班以外,其余教师无须考勤,形成了一种相对宽松的工作环境。

第三,中层——制度文化。制度文化是学校在法令、行政、道德层面上建立起来的与学校价值观念、管理理念相适应的学校规章制度、公约守则、道德约束等规章规范和行为准则的总和。它是学校教育教学工作得以正常有序进行的基本保证。制度文化作为规范人们行为的手段,无论他律还是自律,都带有一定的强制性,但是它所体现出的精神文化,却有重要的教育感化和约束功能,客观上发挥着管理育人的积极作用。通过奖惩等手段进行政策导向和教育引导,对促进良好校风的形成也是非常必要的。华东师大二附中重视依法办学、依法治校,按照规章制度办事,教师和职工可以通过教代会和工会参与学校建设,保障自己的切身利益,涉及教师的规章制度都是由教代会讨论并通过的。学生也可以通过团委和学生会参与学校建设,并保障学生的利益。学生入校时即发放《校园生活指南》,让学生明确学校的基本守则。除此以外,二附中早在20世纪80年代就开始了筹建家委会的探索,一方面通过家委会加强学校与家长之间的沟通,宣传和解释学校的大体方针并使他们理解,另一方面也通过家委会督促学校更好地依法办学。

第四,深层——精神文化。深层的精神文化是学校文化的核心和灵魂。它是学校理想追求、价值观念、培养目标、道德情感和行为准则在师生身上的具体体现。精神文化集个人、集体和学校意识于一体,集中体现了师生员工的思想政治倾向、人生价值追求、人才培养观念、职业道德教育和科学民主精神。精神文化是学校文化的内在和本质的体现,是学生内心的理想家园和精神依托。这种精神的积淀具有承上启下的意义,对学生的作用和影响也是非常深远的。二附中秉持着"追求卓越、崇尚创新"的理念,是所有二附中师生的共同的文化归属。

学校文化的四个层面,由表及里,层层深入。物质文化看得见摸得着,最为具体实在,构成校园文化的硬件;行为文化作为一种浅层文化,成为校园文化的软件;制度文化是学校观念形态的转化,成为校园文化软件和硬件之间的联系;而精神文化则是观念形态和文化心理的总和,是校园文化的核心和精髓。

三、以关心和激励促进教师成长

二附中建校以来的发展过程,也是教师团队成长与发展的过程。建校初期,除了华东师大委派或调任的校领导和为数不多的有经验的教师以外,不少是初出茅庐的年轻教师,许多是刚刚从华东师大毕业就走进了二附中这所新建的学校。

这批年轻教师是学校的"元老",他们为二附中的发展贡献了自己的青春和毕生的精力。他们身上涌现出的追求卓越的精神,现在已经成为所有二附中师生的共同精神财富。

他们中间有全国先进教师、全国模范班主任、全国优秀教育工作者,有上海市劳动模范、上海市特级教师。他们的教育思想、教学特色不仅对二附中深有影响,而且在上海市甚至全国都有一定影响力。这支教师队伍是二附中能够获得迅速发展的重要保障。他们中有全国模范班主任万琳老师,全国先进教师麦嘉馨老师,全国优秀教育工作者刘凤英老师,上海市劳动模范、物理特级教师陈延沛,全国五讲四美为人师表先进个人、地理特级教师曹康绥,上海市劳动模范、英语特级教师周建英,上海市劳动模范、生物特级教师黄素行,原校长、语文特级教师顾朝晶,化学特级教师王运生、叶佩玉和数学特级教师滕永康,等等。这些优秀教师作为学科教学团队、教育科研团队或学生德育团队的领头人,在带领年轻教师成长过程中起着极其重要的作用,而且这种影响会代代传承。

其实,优秀教师的最大影响力是他们的敬业精神和对教育事业的赤诚之心,以及他们积极投身教学改革的传统。他们言传身教使得团队中的其他教师耳濡目染,把二附中优秀的学校文化传承下去。

20 世纪 90 年代后期,尤其是 21 世纪学校东迁浦东之后,一大批学科带头人陆续涌现,引领了团队的不断创新发展。其中有数学特级教师陈双双,语文特级教师魏国良,地理特级教师陈胜庆,历史特级教师周靖,数学特级教师郑跃星,英语特级教师刘砚,物理特级教师范小辉,化学特级教师施华,生物特级教师邹淑君,生物特级教师娄维义,数学特级教师唐立华、周建新、施洪亮、王平,政治特级教师孟祥萍,语文特级教师成龙,地理特级教师郭迎霞,这些学科领头人成为教师团队的核心。二附中还有本校评定的首席教师,其中有的虽然还不是特级教师,但是他们的教学思想和扎实的学养依然得到教师们的认可,也成为学校许多不同团队的领头人。

二附中的团队建设特别重视青年教师的培养。随着学校规模的扩大,进入二附中的年轻教师越来越多。学校专门制订青年教师培养计划,指定一位校领导负责该项工作。年轻教师刚走出校门,转身成为教师,无论是他们的社会经历,还是教学能力,都需要一个适应与提升的过程。他们的成长虽然有学校指定的带教"师傅",但更重要的还是教研组和年级组团队。2013 年华东师大出版社出版了由 20 位二附中的青年教师联合编著的《青春的足迹——华东师大二附中青年教师成长录》一书。其中,每位青年教师都饱含热情地写下了他们成长的经历和感悟,从中可以看到二附中青年教师的精神风貌,可以看到他们辛勤的付出和收获的成功,也为我们了解和研究青年教师的成长过程提供了丰富的案例。

二附中60年来教师团队发展的历程告诉我们两条重要经验:一是要促进高端教师的成长并且激发他们义不容辞地担当团队核心的责任;二是要关心支持青年教师的成长,让他们在团队中坚实地起步,获得长足的发展,担当起促进学校未来发展的使命。

【案例六】 挑战自我 勇担任务促成长①

> 张薇老师曾是华东师大二附中的毕业生,在华东师范大学英语专业本科毕业后又回到了母校担任英语教师。在她工作的前几年,作为一名"新手老师",她努力向教研组的老教师学习,勇于担当各种任务,多次开设了公开课。在忙碌的教学之余,她继续研读了教育硕士课程,获得硕士学位。张薇老师从走进二附中那一天开始,就充满着对未来的憧憬、对理想的追求、对人生的期盼。一名教师当他把教书育人作为终身事业时,便会不断成长,不断变得优秀。

(一) 以教学和科研为重点,提升自己的英语教研能力

1999年9月,我自信满满地开始了教学生涯。刚进校,学校就组织了新教师培训,我幸运地拜了初中时教过我的特级教师刘砚为师,师徒再续前缘,又开始了新的故事。刘砚老师对业务的精通是我在初中时就早已崇拜的,再加上高中时与我有师生之谊的孟东海、田伟老师的鼓励和指点,我心中充满了信心。工作之初就听到这些老教师们说:"头三年要做好准备吃萝卜干饭!"我自然就有了平和的心态,不求一鸣惊人、一飞冲天,但求日积月累、默默成长。

一年不到,这种平静就被接踵而来的挑战打破了。一天,陈校长通知我给一个香港教师代表团开课,而且要在多媒体教室借班上课。虽然我能摆出一副处变不惊的样子把任务接下来,但我没有任何开课经历,也没用过多媒体教室,更没学习过制作PPT课件。在两天的准备时间里,我一边学电脑技术,一边备课,熬了两个

---

① 本文节选自《青春的足迹——华东师大二附中青年教师成长录》。

晚上，终于做出了我生平第一个教学课件，也完成了开课任务。这一次的挑战，让我开始接触多媒体辅助教学领域，认识到就算是"啃萝卜干饭"，也要随时更新我的"餐具"。

随后的数年中，我在教学和科研方面经常面临着各种各样的挑战，比如开设公开课、编制选修课、承担高三教学任务。幸运的是，我一环接着一环地通过了挑战。时光荏苒，十年后的我通过了高级教师的职称评审，也有了自己的家庭和孩子，生活的重心逐渐转向家人，教学也成了日复一日的常规，失去了勇往直前的冲劲，似乎进入了一个倦怠期。但是，自从我担任2014届国际理解教育实验班的班主任并参与学校卓越学院的卓越课程的建设后，新的挑战接踵而来。在这一年半的时间里，我先后开设了三门卓越课程，包括英文版的世界文化遗产、英语听说、公开论坛英语辩论。和以前平均三年设计一门拓展型课程相比，可谓进步神速。虽然备课量很大，但我的教学领域拓宽了许多，还通过一个学期的英语听说课程完成了课题研究，撰写了硕士论文。

(二) 以班主任工作为抓手，提高教书育人的能力

我用12年的时光送走了四届毕业生，现在这一批已是我的第五届学生。三年一轮的节奏张弛有度，但班主任、团学联等学生德育工作却充满了变数，任务的到来时常让我措手不及。形形色色的挑战总能让我在成长的道路上有几分狼狈地摸爬滚打着前行。

工作的第二年，我刚感觉进入了班主任工作的状态时，却得知要兼任校团委书记，分管团学联的相关工作。当时凭着一股初生牛犊不怕虎的冲劲，痛快地答应了下来，却不知随后两年等待我的是如山的工作。好在仗着自己旺盛的精力，把教学、班主任和团学联三方面的工作理顺，形成了常规。日子便在一个班会接着一个团学联干部例会，一个晨会接着一个家长会，一个科技节接着一个艺术节的车轮大战中过去了。

这一年的岁末，突如其来的一场教学比赛却让我慌乱起来。我知道我们外语组的许多年轻教师都在上海市乃至全国的比赛中有着辉煌的战绩，屡屡获奖，我一直也在期待这样的机会。可当刘砚老师宣布有一场市级教学比赛并正在征求新教师参加时，我的第一个反应却是躲到后面，等着别人报名，我就可以解脱了。可是等了许久也没有人站出来，这时，好胜的渴望催促我站起来，领受了参赛的任务。

但是我心里也很矛盾:怎么这么沉不住气?来不及准备怎么办?拿不到奖多没面子?这次参加比赛,也使一向顺风顺水、悠闲自得的我学会在重压下表现出从容不迫的状态,按事情的轻重缓急一一完成,从中我收获了一条成长原则:只求尽力,不求尽美,凡事要做到处变不惊。学生们也知道要和班主任一起去参赛,我看着学生们的投入,感受到他们对我的支持,我深深地体会到身为教师的幸福。

当然,作为班主任,也有不少难堪和沉重的时刻。

2004年的考试后,我班上有个孩子在政治考试中作弊了。这是我工作五年以来第一次处理这类严重违纪的事件。在我独自迈步走向那个学生时,首先想到的是今年的文明班评比要被一票否决了,这个孩子还是班干部,我准备好好地批评他一下。推开门,我看到一张沮丧的脸和学生眼中强忍的泪。我突然把原本准备好的责备变成了一句问话:"现在很难受吧?"他一愣,慢慢地将事情的原委和心中的懊悔告诉了我。等他说完,我问他:"我知道你现在很后悔,既然违纪了,就要承担责任。准备接受处分吗?"他默默地点点头。我说:"我送你回家好吗?正想和你家长谈一谈。"这个要强的男孩子终于忍不住流泪了,说:"今天是我生日,晚上爸妈要给我庆祝,能不能等到明天?"我笑了笑说:"终于想到体贴父母了。不过你也应该让父母知道你生活中的成功和困难,并勇于担当,不妨借这次的事件让自己长大一点。"男孩想了一会儿,终于答应了,我陪他回到家中,见到他父母后,我让孩子自己把情况说了,看着孩子说完后满脸悔意但如释重负的表情,我松了一口气。我在学生被处分后的期间内,时不时和他聊天,鼓励他继续努力。最终,这个男孩因良好表现被撤销了处分,并且带着对学校深深的爱考入一流大学。

身为一名班主任,管理班级时既要站在集体的层面分析问题,更要关注学生的个人感受,虽然收获的不一定是荣誉,但遇到困难和窘迫时如果能坦然面对,与学生同甘共苦,一定能换来自身和学生的共同成长。困难面前必有挑战,挑战之后定有机遇。

(三) 以自我充实和完善为基石,增强可持续发展的能力

时光穿梭到2008年,我又送走了一届高三学生,工作也已九年。在这个尽情放松的暑假,我回忆起忙碌的时光——一年前和学生共同进入高三冲刺状态,两个月后由于前任班主任病倒而临危受命,接任班主任工作;儿子则刚满一岁,还在牙牙学语——整天忙碌于家庭和学校的两点一线间,一边拉扯孩子,一边和学生备战

高考，当习惯这种忙碌后，空闲反倒使我有了一种失落感。于是在这个暑假里，我进一步提升自己的专业水平，报考教育学研究生，把心理学、教育学知识系统地研究一下，实现科学育儿、科学育人。

开学后我又接任新班级的班主任，家访、军训、建立班级常规，还抱着教育学、心理学教材备考。转眼到了考研的最后冲刺阶段——金秋十月，白天紧赶慢赶地完成了学校工作，傍晚回家照顾家人和孩子，等到孩子才睡去，拿起书本复习迎考时，总有一股倦意在九点准时袭来，没看上一刻钟就被催眠了。奇怪之余，意外地发现这原来是妊娠反应，在迎考的同时，我也将迎来我的第二个孩子。我不禁感慨，命运把许多机会全都放在我面前，同时挑战我的极限，看我最终能抓住多少。就这样挺过了研究生考试，竟然以高分顺利录取了。随后，第一年研究生学业我先获得了休学的许可，因为身边的两个孩子需要我的陪伴，我从不后悔晚了一年毕业，虽然这是我人生中第一次做"留级生"；我也不认为这是一种牺牲，因为这一年我在工作和照料孩子中过得很充实，无暇分身去进修学业。这就是所谓的"有舍才有得"吧！

教师，并不总像人们想象的那样风风光光、顺顺当当，用一个时髦的词来形容，人在"囧途"，总有些意料不到的情况发生，面对家人总有一份亏欠的感觉，面对学生总有一丝恨铁不成钢的失意，每堂课总会有些遗憾，每晚的觉总觉得睡不够。此刻，我的手指轻轻地敲击键盘，身边传来一大一小两个宝贝的鼾声，提醒我明天还要送他们上学，还要迎接新的挑战，也得让自己歇会儿了，放松疲惫的身体，沉沉睡去……

（张　薇）

第五章　卓越教师团队的特征

> 卓越教师团队是实施卓越教育的核心力量。若要实施卓越教育,开展优质教学,培育优秀人才,必须建设一支与学校中长期发展目标相一致、与教育现代化发展需要相吻合的卓越教师团队。为此,需要进一步把握卓越教师团队的特征,为卓越教师团队建设奠定长远基础。

第一节　教师团队的一般特征

学校的教师团队有多种类型。从总体来说,一所学校的全体教师构成了一所学校总的一支教师团队。进一步地从组织角度看,各年级组、教研组都是教师团队;从课题引领和任务驱动视角看,课程建设项目组(如微课建设小组)、创新教育项目组(如科技创新教育小组)、课题研究组(如学生生涯教育研究小组)等也都是一个个团队;此外,学校还有校级或部门的管理团队。因此,学校的教师因工作目标、具体任务不同,可以划分为不同类型的团队,所有的教师团队都具有区别于其他各类职业团队的共性特征。

一、人文性特征

教师团队的第一个鲜明特征,是人文性特征。教师团队的人文性特征主要表现为教师团队的道德精神和人文精神。

（一）教师团队的道德精神

教师团队的道德精神，是教师的个体道德（德性）、职业道德（职业规范）、团队道德（团队规范）相互融合、共同影响而成的产物。因此，教师个体道德（德性）是教师团队道德的基石，对教师的职业道德和团队道德建设具有举足轻重的作用。

中华民族自古以来十分重视师德，形成了以"为人师表""以身作则""诲人不倦""躬身实践"等为特征的师德规范。唐代韩愈以"传道、授业、解惑"阐释了教师的职业要求，这些师德观内化为中华民族对师德精神的集体认同，对我国的教育产生了深刻而久远的影响。

近年来，我国进一步加大师德建设力度，明确师德内容，厘定师德规范。如由原国家教委等在1997年印发的《中小学教师职业道德规范》中明确提出了"依法执教""爱岗敬业""热爱学生""严谨治学""团结协作""尊重家长""廉洁从教""为人师表"等八大要求。2008年重新修订和印发的《中小学教师职业道德规范》，提出了"爱国守法""爱岗敬业""关爱学生""教书育人""为人师表""终身学习"六大要求。此外，教育部还于2005年印发了《教育部关于进一步加强和改进师德建设的意见》，2012年在中小学教师专业标准中明确提出了"师德为先"，并于2014年印发了《中小学教师违反职业道德行为处理办法》。

与其他职业团队相比，教师既为"业师"，亦为"人师"，既是人类知识的传播者，更是真理的追求者。教育家陶行知先生提出"千教万教教人求真，千学万学学做真人"，并认为这是教师团队应有的最为基础的特征，也是教师团队教书育人的道德基石。从教师团队发展的角度来说，"教人求真"和"学做真人"是对教师团队特别是卓越教师团队的激励和鞭策，更是教师团队特别是卓越教师团队的恒久的道德追求。如果教师团队自身没有"求真"的强烈愿望，没有做一个"真人"的道德自觉，就难以胜任培养国家所需要的创新人才的重任，其团队本身也很难有所建树。

教师团队道德精神的另一鲜明特征，是"以身立教"和"为人师表"。教师团队所具有的榜样示范作用，是任何一种类型的职业团队所无法比拟的。教师身体力行、言传身教，对学生具有强烈的暗示、感染、潜移默化的教育作用。教师是中华美德等人类优秀道德的继承者和传播者，在道德建设上，可谓"一手担着历史，一手担着未来"。所以,道德精神是教师团队至关重要的人文性特征。

(二) 教师团队的人文精神

教师团队的工作任务是促进学生的成长,影响的是学生的终身发展,因此每一位教师以及教师团队都必须具备人文态度、人文知识和人文精神。

与其他职业团队相比,教师团队要具有教育学、伦理学、心理学、社会学、教学法等共性知识和学科专业知识,一般具有较高的文化素养和文化传播能力,具有更加鲜明的人文精神。首先,教师团队具有较为丰富的历史文化知识,是中华民族优秀传统文化的继承者和传播者。其次,教师团队具有较好的文化艺术修养,在以身示范中使学生耳濡目染,提升学生的综合素养。再次,教师团队具有良好的语言表达能力和人际沟通能力,注重促进学生身心健康发展。

教师团队不仅是知识的传递者,也是思想的启迪者,还是情感、意志、信念的塑造者。苏霍姆林斯基说:"最大的教育是学生的自我教育,让学生在亲自体验中感悟人生,从而逐渐完成由他律到自律的社会化过程。"而让学生自我教育,就必须将教育内容转化为每一个学生以其自身的知识体系能够理解和把握的内容,需要针对不同的教育对象"因材施教""因人施策",使学生能够将教育教学内容纳入自身的知识体系和能力结构,转化为自身学养的有机组成部分。上海市语文特级教师、全国教书育人楷模于漪老师说:"若要上好课,教师就必须'目中有人',不仅要研究教材,还要研究学生,教师应从教出发的立足点转换到从学出发的立足点上来,重视对学法的研究,使教学为学生的学习服务。"以爱育心,以心育人,精心呵护学生的心灵,关注学生生命健康成长,是无数教育工作者的成功经验,这些成功经验所体现的正是教师团队所富有的人文精神。

二、专业性特征

对教师团队的专业性特征的认识,在我国经历了很长的过程。中华人民共和国成立初期,由于教师数量严重缺乏,不得不聘请许多未经专业训练和培养的社会成员担任教学任务,当时的教师队伍中存在大量教师受教育程度不高的现实问题。随着国家教育事业的快速发展,特别是在基础教育不断改革的过程中,中小学教师队伍已经逐步实现了从"数量扩张型"向"质量优化型"转变,教育改革和发展对教师素质提出了更高的要求,提高教师专业化水平也就成为我国教师教育改革发展的客观需要和必然趋势。我国1994年颁布的《教师法》明确规定"教师是履行教育教学职责的专业人员",从法律角度确认了教师的专业地位。1995年国务院颁布《教师资格条例》,2000年教育部颁布《教师资格条例实施办法》,教师资格制度在全国开始全面实施。2018年,中共中央和国务院印发了《关于全面深化新时代教师队伍建设改革的意见》,明确提出了要"建设高素质专业化的中小学教师队伍"。因此,教师团队具有专业性的特征也就无可置疑了。

教师团队的专业性主要表现为以下几个方面:

一是教师团队必须通过专业学习使教师们掌握本学科的科学体系和基本知识与技能,深刻理解学科的核心素养与育人价值。

二是教师团队必须促进教师不断更新与学习本学科的知识与能力、掌握学科发展的趋势与动态,所以教师的专业发展贯穿于职业生涯的全过程。

三是教师团队在教育教学实践中运用教育学、心理学和学科课程教学论的基本知识进行教书育人,促使教师形成教育理念、教学思想、教学方法和教学技能。

四是教师团队还具有专业性的教育教学工作的实践能力,能针对青少年身心特点、成长规律、个性特征、兴趣爱好以及家庭背景等因素,因人而异地引导学生健康成长。

五是教师团队投身教育改革,需要对现代学校的育人模式、课程设置、学科建设、教学研究等宏观领域有专业性的认知与认同。

综上所述,教师团队的专业性在本质上强调教师通过自身不断发展,提高专业知识、提升专业技能,增强自身和团队的育人意识和育人能力。因此,专业性是教师团队最典型的特征。

三、管理性特征

教师团队的管理性特征既体现在其服务对象上(教师和学生),也体现在自身运行过程中。教师团队管理的基本理念是以人为本,强调尊重人的个性,关怀人的需求,发挥人的特长,重视人的价值,提升人的境界,促进学生、教师、学校的共同发展。

其实,很多教师团队尽管具有专业性的任务,但是团队也需要处理一些管理工作。例如,教研组是专业性非常典型的教师团队,团队活动中除了专业学习和研究以外,档案归类、人事安排、监督检查等管理工作也是需要的,只是与专业性任务相比占用的时间和精力较少,而且是为了保障专业任务的完成。

"管理"不应成为学校教育的目的,而仅仅是一种必要的手段。学校教育的真正目的应该是"服务",服务于学生和教师的发展,为学生和教师提供各种帮助。在提供服务的过程中当然不可缺少一些必要的管理手段,而更多的则应该是一种指导,既尊重教师和学生的个性,也通过文化价值引领,根据发展需要提供多样化、个性化的服务。二附中强调"管理即服务"并不是对"管理"全盘否定,并非无视"管理"在学校教育实践中的积极作用,而是把"服务"作为宗旨,注重以教师的能力、特长、兴趣、心理状况等综合性情况来科学地安排最适宜的工作,并在工作中充分地考虑到教师的成长和价值,通过全面的人力资源开发计划和学校文化建设,使教师能够在工作中充分地调动和发挥积极性、主动性与创造性,从而提高教育教学效率、提升工作业绩,为实现学校发展目标做出最大的贡献。

四、合作性特征

团队的基本功能就是合作,就是把分散的教师个体组织成一个合作的群体。然而在现实中,不少学校教师的团队合作意识和团队合作能力不尽如人意,这在一定程度上影响了团队教育合力的发挥。正如有研究者指出,"教师在实践中所积累的教学和管理经验是学校最重要的教育资源,也是学校最有价值的教育资产,其获得来之不易,应当发挥更大的作用,然而传统的学校管理技术使这些资源无法流通,没有发挥其应有的价值"。[①]

不同学校之间教师团队的合作能力与合作水平是有很大差异的,"只有群落,没有合作"的现象在学校中并不少见。造成这种现象的原因,可能是因为缺乏具有合作意识并且有一定领导力的核心人员,也可能是因为成员之间缺乏合作愿望而习惯于个人单兵作战,更深层次的原因可能是学校没有形成团队合作的氛围,没有营造良好互动的教育生态。

---

① 周芬芬,梁爱萍,王利君.中小学教师团队合作的现状、问题与促进机制[J].教育理论与实践,2016(4):44-47.

而在合作型的教师团队中,团队成员既对自己负责,也对他人负责;既有团体责任,又有个体责任,相互促进,相互支持;重视团队工作技术,重视团队工作的质量分析,重视团队合作水平的提高。

教师的团队合作,还营造了教师之间紧密联系、荣辱与共的心理,提升了教师团队的凝聚力。教师团队的领导者还需要一定的管理能力,在工作中既要"八仙过海,各显神通",又要遵循共同规则,服从团队管理。因此,重视提高团队管理能力和水平也是学校发展的重要环节。

第二节 卓越教师团队的特征

卓越教师团队具有超越一般教师团队的特征。这些特征主要表现为正确的教育思想和育人观念、优质高效的教育教学能力、出众的科研能力以及紧密互助的团队合作。

一、正确的教育思想和育人观念

人们习惯于把教学能力作为评价卓越教师和卓越教师团队的标准,事实上,教师教学能力是一定教育思想的外在显现,正确的教育思想和育人观念才是卓越教师团队的首要特征。

(一) 对教育本质的深刻认识

对于基础教育而言,卓越教师团队既要注重培养全体学生,也要注重培养具有学科特长和创新潜质的优秀学生。而无论是聚焦全体学生的共同发展,还是根据每一个学生的个性特征激活、引发、促进其潜能发展,都基于教师团队的教育责任和教育使命,基于教师的理想信念和价值追求。要改变重"育分"轻"育人"的现象,就必须深刻认识教育的本质,真正把立德树人作为教育的根本任务,坚持以人为本,全面实施素质教育,促进学生全面发展,着力提高学生服务国家与人民的社会责任感、勇于探索的创新精神和善于解决问题的实践能力。

正确的教育思想和育人观念是教师团队建设的精神内核。厘清教育的本质特征,回归育人本原,以人的成长、发展、幸福为出发点和落脚点,让每一位教师得到充分发展,才能实现团队的卓越发展。

（二）对育人模式的创新探索

"育人模式"的创新,是学校改革发展的根本目标,也是教育的根本任务。创新"育人模式",要以"人的全面发展"为核心,让学生成为德智体美全面发展的人,因此创新育人模式是学校团队正确的教育思想和育人观念的重要体现。卓越的教师团队能把培养什么样的人、怎样培养人的教育核心问题作为自己的价值追求。

二附中近年探索的"六个百分百"育人模式便是一例。其中,"百分百的学生做100个课时的志愿者"体现德育为先的教育思想,培养学生的家国情怀,培养他们对社会的责任感以及服务社会的意识和能力;"百分百的学生完成一个小课题研究"注重激发学生科学研究兴趣,培养科学态度、科学方法和科学精神,在每一位学生参与研究、亲历研究的过程中,发现和发展学生的潜能,培育学生的创新精神和研究能力;"百分百的学生选修校本课程"是为了培养学生的综合素质,使学生具有多元发展的能力,实现个性和潜能发展,并赋予学生课程自主选择学习权,实现个性特长的充分发展;"百分百的学生参与社团活动"使学生能够根据自身的兴趣爱好、能力特质,形成自我发展的目标,并且培养自主管理意识和领导能力、团队精神和合作能力,丰富精神生活,促进身心和谐发展;"百分百的学生完成100个实验"是为了着力提升学生动手能力,通过学生实验,探求科学方法,培养科学态度,全面提升学生的科学素养;"百分百的学生学会游泳"是通过全体学生学会游泳,培养学生健康的体魄、承受挫折和战胜困难的顽强意志,塑造积极进取、自强不息的精神品质,促进学生身心和谐发展。

值得一提的是,这"六个百分百"或是源于教师团队的首创开发,或是教师团队参与支持的结果。例如"百分百的学生学会游泳"是体育教研组团队提出方案并且有效执行的;"百分百的学生做100个课时的志愿者"是学生处和班主任共同推动实施的;"百分百的学生参与社团活动"是组建了一支社团指导教师队伍才促成落实的;"百分百的学生完成100个实验"是物理、化学、生物、劳技、计算机和心理教师联合组建的团队承担开发任务的;"百分百的学生参与小课题研究"则是由包括理科和文科教师都在内的指导教师团队参与指导。

（三）坚持以德育为先的育人理念

一些传统的教师团队常常以完成具体任务为目标，缺乏长期稳定的价值追求，或由于自身缺乏教育定力，其关注点往往在各种教育潮流和各种教学流派中"游荡"，团队的目标任务在各种教育教学"热点"之间不断转换。最典型的例子，莫过于"引进"或"复制"某些学校为应对考试而采取的所谓的"准军事化管理模式"。特别是引入那些被称为"高考工厂"的学校的应试手段，令很多学校失去了教育价值的判断力。

还有一些教师团队（如教研组、备课组）对育人理念方面的关注不足，仅仅满足于完成日常备课、听课、评课、考试等常规任务，把教学与德育分割。在新一轮教育改革中，如何以学科素养的培养为核心，体现全面育人价值，是教师团队需要进一步思考的问题。党的十八大提出"教育的根本任务是立德树人"，并且明确提出了要加强学科育人、实践育人的要求与措施。教育部颁布的"中国学生核心素养框架"也明确了"培养什么样的人"和"怎样培养"的问题。所以，以核心素养为目标，坚持全面育人理念，以先进的价值追求引领和激励教师团队，激发团队的内在发展动力，促进团队在共同追求中实现教育目标和教育理想，是卓越教师团队的价值追求，是点燃卓越教师团队理想的火焰，能引领卓越教师团队的发展方向，赋予卓越教师团队恒久不衰的发展动力。

二、优质高效的教育教学能力

如果说正确的教育思想和育人观念是卓越教师团队的首要特征，那么优质高效的教育教学能力则是卓越教师团队的关键特征。

卓越教师团队优质高效的教育教学能力体现在教育教学的每一个环节。在课程改革过程中，对"三维目标"的研究和实践不是简单的平衡关系，如何合理地设定学科教学目标中核心价值观教育要求，这是卓越教师团队需要重点突破的重要问题。从教学设计的层面看，学科教学中体现价值观教育的设计，需要明确每堂课教学的育人价值。卓越教师团队在设计过程中要做到"一体""适切""可评"。"一体"是指价值观教育必须与知识和技能教学进行一体化设计，使价值观教育内生于课堂教学内容，即来源于教学内容、融化于教学内容；"适切"是指要抓住课堂教学的关键点或道德教育的生长点,使价值观教育要求与学生当下的思想道德建构需求相吻合,与本学科对学生价值的引导和影响相吻合;"可评"并非指能够立竿见影地产生可量化评测的效果,而是通过教学过程中的观察、课后的了解等方式感知学生情感态度和行为的变化,觉察学生的认同反应,从而诊断德育要求的教学效果。

自2006年开始,二附中在各个教研组团队中开展了"学科德育"的研究,包括学科德育分析研究、课堂教学实践、学科德育的叙事研究等。例如,数学特级教师王平在讲解"数列"一课时,从"中国GDP60年数值的分析"这一非常独特的视角,以等差数列和等比数列为基本模型,编撰了一系列(四个)数列应用问题,始终以问题的形式引导学生主动参与,通过一系列数据的分析解读,有说服力地让学生感受到我国在高速发展的同时所面临的问题。这样,应用数列知识对中国60年的GDP数值进行分析与解读,令学生充分感受到了数学的应用价值,同时也更加深切地感受到了伟大祖国的巨变。王平老师认为,高中阶段是学生人生观、价值观形成的重要时期,学会客观理性地分析社会各种现象是形成正确人生观、价值观的基础,而数学学科的理性特征是对周围事物客观的、定量的认识,是一种有理有据地推理、论证的思维,也是一种不迷信权威、坚持真理的精神。王平老师的这节课既教授了数列知识,又进行了国情教育,还体会到数学的理性精神及应用价值,教育教学融为一体,育人价值落到实处。

三、出众的科研能力

教育教学实践证明,卓越教师团队通常都具备出众的科研能力。教师的科研能力主要体现在将教育、教学和育人等相融合的研究实践能力,教师的教育教学能力水平与科研常常是不可分割的。

在实际工作中,各级部门和学校为了便于管理,常常将教研、科研、德研分块或条线管理,形成三种研究"并列"现象。但在实际工作中,三种研究的具体内容是互相融合的,教师的研究表现为教育研究、教学研究、德育研究"三研合一"的特点。例如,教师设计"育人目标"中的价值观教育内容需要对具体教育目标进行针对性研究(教育研究),同时也要开展如何在课堂教学内容中体现价值观教育的思考(教学研究),还要评估价值观教育在本次课堂教学中是否具有针对性和有效性(德育研究)。因此,对于卓越教师团队而言,不必纠结于研究的形式,重要的是通过研究真正解决教育教学的具体问题。

科研的显性成果常常是论文或著作,隐性成果则是育人效果。对许多教师或者教师团队来说,论文和专著的写作经常是一件感觉困难的事情,但是卓越教师团队必须具备科研成果的表达能力。科研成果的表达能力是可以学习、提高和逐步把握的。论文和专著的文字表达,实际是对科研思路和工作实践的梳理,是科研思维精确化的表达。只要研究的目标明确、研究的思路清晰、研究的过程完整、研究的成果真实,撰写论文或专著便不是一件难事。二附中的教师团队十分重视通过撰写论文或专著总结研究的成果。据不完全统计,从2002年至2012年的十年中,二附中的教师编著和参编的各类专著、教材、读本等共达100余种。在2008年的校庆50周年前夕,由二附中教师编写的校本教材50本也由华东师范大学出版社出版。这些成果表明了在课程教学深入改革的背景下,二附中卓越教师团队提高了科研能力,增强了研究意识,中学教师著书立说已不是梦想。同时,学校还完成多项教育部、上海市以及浦东新区的科研课题。这些科研课题的完成,不仅推动了学校的工作,同时也促进了教师的专业成长。

四、紧密互助的团队合作

卓越教师团队的第四个鲜明特征是紧密互助的团队合作能力和团队合作成效。卓越教师团队内部成员之间、不同团队之间的合作,通常具有以下三个方面的特点。

一是充分认识到团队管理的重要性。

团队管理知识和团队管理能力是教师团队建设亟须补上的重要一课。长期以来,许多学校的管理人员都是因教学成绩突出而从教学的岗位上"选拔"的,不少管理人员身兼教学和管理两职。所以,很多人没有学习过管理学知识,没有接受过现代学校管理培训,其管理知识和能力常常是在对班级管理、教研组管理中摸索出来的,或是在观察和模仿本校或其他学校的管理人员的过程中形成的。如果不进行学校管理学等方面的针对性培训,学校各类教师团队建设就难以突破传统"瓶颈",卓越教师团队的内部管理更是无从谈起。

专业化的管理对于卓越教师团队的建设和发展尤为重要。在团队管理中一些常见的问题,如团队管理缺乏科学规范、团队工作缺乏流程设计、成员之间相互支持不足、成果缺乏及时交流,乃至内部意见冲突的解决、知识产权纠纷的处理、不同工作绩效的激励,都需要以现代管理方式随时随地跟进处理。从某种程度上来说,管理代表着效率,管理成效决定团队发展的未来。

二是注重基于成员特长的分工合作。

由于每个成员的研究方向、专业特长不同,研究能力各有差别,所以卓越教师团队需要"知人善任",把人才放在最需要而又最适宜的位置,这样能使每一位成员都能最大限度地发挥自己的潜力,形成卓有成效的分工合作。

但是,有些一般的教师工作团队,分工相对简单,教师角色比较单一,在教研活动或科研活动中只存在演讲者和倾听者、工作任务布置者和工作任务执行者、团队领导者和被领导者等,这种方式在以往由新老教师组成的"学徒制"团队中,或类似"教育工业化"环境中是简便可行的,但对于卓越教师团队建设却存在严重不足。现代团队(组织)建设理论要求卓越教师团队基于成员特长进行精细分工,基于共同目标实现精准合作。特别是在创建学习型组织(团队)、创新型组织(团队)、学术型组织(团队)的探索实践中,要注意改变传统的团队运作方式。

三是建立富有特色的长效发展机制。

每一个学校都有自己独特的发展历史、学校文化、特色教育资源,如果不顾自身条件,盲目照搬其他学校的卓越教师团队建设经验,极易造成"千校一面",失去卓越教师团队建设的价值和意义。因此,不同的学校应当根据自身实际,制定真正符合本校发展需求的卓越教师团队长程发展机制。

二附中除了拥有一批本校的名师带教,还拥有华东师大专家学者的教育资源。因此,二附中建立了名师团队带教机制和华东师大专家团队指导机制,为卓越教师团队的不断发展壮大提供了强有力的支撑和保障。成长为历史学科名师之后,周靖老师同样对历史教研组团队的年轻教师给予热情有效的指导和帮助。她在总结中这样说:"起初我比较注重培训形式的多元化,即通过专家讲座、教学展示、学术交流、社会考察等,让学员拓展视野、提升自信、积淀内涵、开发资源。随着对基地培训认识的不断加深,我将重心放在了培训课程的建设与引领辐射的模式探索上,试图以课程开发提升学员学科育人的素养与能力,以引领辐射思考基地培训延伸的路径与方法。而如今,我更关注理性思考与实践创新互动的学科德育学者型教师培训机制的顶层设计,即建构基地的培养机制、转化机制和辐射机制,并力求使三大机制互为渗透、相辅相成,以此推动基地学员、高中学生、学科教师之间科学有效的联动。在此基础上,聚焦学员的个性,从科研能手、教学能手、命题能手三大方向出发,我为每一名学员量身定制发展目标,以便在培训中既侧重整体又兼顾局部,让基地的每一个个体都能光彩夺目。"①

[案例七] 金牌奥秘 让学生都爱物理

> 2015年上海市实施新高考改革以来,物理学科成为六门选考的科目之一。许多学校出现了不少学生因为感觉"难"而不选物理作为选考科目的现象,但在二附中却有80%左右的学生充满信心地应考物理,而且都获得良好的成绩。那么多的学生能够爱好物理、学好物理、考好物理,远不是生源好可以说明的原因,其背后的奥秘便是二附中有一支卓越的物理教师团队。
>
> 华东师大二附中的物理教研组在上海乃至全国的基础教育界享有很高声誉。从1991年培养出第一位在国际中学生物理奥林匹克竞赛中获得金牌的学生以来,至2018年,二附中已获得了14枚金牌。此外,还有8位学生在亚洲中学生物理奥林匹克竞赛中夺冠。至于在全国和上海市的历届竞赛中获奖的学生迄今已是数以千计。二附中也因此被誉为"金牌学校"。物理学科的优势从建校开始一直保持至今,尽管任教的物理老师不断"吐故纳新",但是这支团队依然保持着团结合作、追求卓越的优良传统。也有人说,这是因为二附中生源好才会有如此辉煌的成绩,但是,我们透过这些成绩窥视其背后的奥秘,正是这支团队始终在前辈的基础上不断有所追求,不断承担着各项课程教学改革的任务,而且他们关注的不仅仅是那些具有特殊潜质的物理尖子学生,还真正做到了关心全体学生,使二附中的物理教学质量大面积提升。这支团队不仅开发了不少校本课程,还编著了许多校本教材;这支团队不仅具有教学质量观念,而且在"学科德育"研究中也完成了研究课题;这支团队不仅有杰出的团队领军人物,而且团队中的每一位教师都是各有特长的优秀教师。

---

① 周靖.做一个有思想的教师[J].上海教育,2017(4B):72.

物理学历来被认为是自然科学的顶峰。在中学各门学科中,物理既受到热爱科学的学生的喜爱,但也因为有学习难度而为不少学生所畏惧。然而,在华东师大二附中,物理学科似乎具有很大的磁场,吸引了绝大部分的学生孜孜不倦地学习和研讨,乐此不疲地沉浸在物理实验室中动手实验和探究。二附中的物理教研组的老师们,还开设了许多富有特色的校本课程、组建不少学生社团,吸引了不少学生在课余时间钻研物理或者运用物理学原理设计创新项目、做小课题研究。还有一些被称为物理竞赛的"牛蛙",他们不仅瞄准上海市和全国的中学生物理竞赛,还有不少学生立志冲刺国际奥林匹克物理竞赛,他们义无反顾地付出更多的时间,承担着比一般同学更重的压力和负担,目标是要在国际比赛的舞台上为国争光。

继承优良传统　持续超越自我

二附中的物理教研组从建校开始就是一个优秀的团队。当时的教研组长陈延沛老师坚持教学改革,特别重视物理教学中的实验并且增加了实验项目,这不仅是为了提高学生的动手能力和观察能力,更是为了培养学生严谨的科学态度。当时他还提出了要把演示性的实验转化为探索性的实验。陈延沛老师成为二附中首位特级教师,他与建校之初其他几位物理教师一起奠定了教研组"既重教、又重研"的优良传统。在20世纪80年代,二附中的物理实验室的管理也密切配合教学改革,形成了综合性实验、探索性实验、研究性实验系列,还首创了物理实验考试,当初的物理实验员刘凤英老师还被评为全国先进教育工作者。这些前辈们的开创性工作,为物理组的持续发展奠定了坚实的基础。

20世纪90年代,上海市教委和国家教育部都委托二附中举办理科班,探索理科优秀人才的培养途径,由此,二附中开始对培养物理优秀学生进行了有效探索,并且把培养优秀学生参加国际竞赛作为具有挑战性的目标。1991年二附中学生任宇翔、王泰然双双获得国际物理奥赛的金牌,自此以后,在整个90年代,持续有8位学生先后获得物理奥赛的金牌。这个成绩凝聚了二附中物理老师对优秀尖子学生培养的心血,也形成了培养优秀尖子学生的有效方法。当时,二附中及时地提出了"金牌精神比金牌更重要",用那些在奥赛中获奖学生为国争光、刻苦学习、勇攀高峰的精神激励全校学生,充实与提升了学校的文化精神。

进入21世纪以后,物理教研组不断有老教师退休、有新教师加盟,尽管人员变化很大,但是教研组继承优良传统没有变,坚持教学创新的信念没有变,更可贵的是不断超越自我的精神始终不变。2002年,范小辉老师从江苏省某名校应聘加盟二附中,当时他已经是江苏省物理特级教师、全国五一劳动奖章获得者。问起他为什么要离开得心应手的学校到上海来,他平静地说:"我喜欢挑战自己,在新的环境下我希望能做得更好。"也正是有这样朴实的想法,范老师把在二附中的教学作为一个新的高度努力攀登,这就是一种不断超越自我的精神。范老师成为二附中第二批首席物理教师,并且兼任物理教研组长,同时在2006年被评为上海市物理特级教师,2015年被评为首批正高级教师,成为二附中物理学科带头人。

范小辉老师进入二附中后担任理科班的教学任务。2004年代表上海参加全国物理竞赛的七名选手全部由二附中理科班学生组成,这支独一无二的上海代表队在全国竞赛中的成绩之好也是绝无仅有:三位同学包揽了全国前三名,一位同学是第九名,其余三名同学也获得二等奖。2005年戴明劼同学获得第37届国际中学生物理奥赛金牌,当年戴明劼和谭一帆同时还获得第七届亚洲中学生物理奥林匹克竞赛的金牌。2008年全国中学生物理竞赛上海赛区一等奖33人中,二附中有19人,其中17人是范老师教的学生,之后参加全国决赛时,有三位同学荣获一等奖。2011年,范老师的学生卫斯远同学又获得了第43届国际中学生物理奥赛金牌。2018年更是捷报频传,先是上海代表队共12人中二附中占七人,最终有三人进入国家集训队,在经过选拔后入选国家队的有两人。其中顾周洲同学在5月份荣获亚洲中学生物理奥赛金牌,董泽昊同学在7月份赴葡萄牙参加第50届国际中学生物理奥赛中斩获金牌。这样,二附中几代物理教师团队以无可辩驳的事实,证明了他们是全国最强的中学物理教学团队之一。

团队分工合作　互相协力配合

二附中的物理教研组是一个既能团结合作,又能高效工作的团队。所有的教师都很优秀,各具自己的教学特长,深受学生的敬重与喜爱。在面对压力很大的竞赛任务面前,他们有序分工:有理论辅导和实验指导、课堂教学与课外答疑、中学内容和大学知识、物理解题与数学辅导等不同的任务,根据各位教师的擅长进行合理的分工,充分调动每个教师的积极性,给学生以实实在在的帮助。长期以来,教研组的老师始终坚持了重视实验室的建设,他们在学校支持下,重建了能完成研究性课题研究的"物理创新实验室"、能完成部分大学实验的"物理拓展实验室"和培养学习兴趣的"物理兴趣实验室"。对于物理课程中规定的实验必须认真完成以外,还要求学生根据喜好完成不少于 10 个选做实验,对于特别优秀的学生,在高中阶段可能完成 50 个以上的拓展性实验。教研组的汤晨毅老师还专门开设了"物理实验"的选修课,很受学生欢迎。由此可见,二附中对物理学习有特长的学生的培养,绝对不采取题海战术,而是通过物理实验探究等途径来扎扎实实地提高学生的物理素养。

为了满足那么多学生学习物理的兴趣爱好,许多物理老师还开设了十几门物理类的拓展型校本课程,如"物理定律的研究方法""中学物理典型思维方法""生活中的物理""趣味物理""物理研究的人文精神""现代科技中的物理""物理学中的数学""经典物理实验""玩具的物理原理和创新设计""物理知识在体育运动中的应用""学生自编自解物理问题"。这些课程能适合各种程度的学生,供他们选修。与此同时,物理教研组还投入很大精力,分工合作编写了一批校本教材。其中,由华东师范大学出版社出版的《高中物理》(上、下册)是适合高中普通班使用的校本教材,是根据物理课程标准并结合二附中物理教学的经验而编写的。另一套专供理科班使用的由上海教育出版社出版的《高中物理》(上、下册),那是总结与提炼了二附中近 20 年来培养物理学习优秀学生的教材。这两套物理教材出版后成为热销书籍。此外,在上海市教委教研室的指导下,二附中物理教研组的部分老师参与了与德国卡尔斯鲁厄大学的合作,引进德国这所著名理工大学的《KPK 物理》教材,并且组团赴德交流学习。《KPK 物理》教材独特的内容和体例以及渗透的物理教育思想,使二附中物理教师们开阔了视野。物理组的张伟平老师参加了市教研室组织的教材改编工作,出版了《KPK 物理高中》精编版,也成为二附中选修课程的教材。

近年来随着高考招生制度的改革,北大等高校又推出了大学先修课,二附中物理组一些青年教师勇挑重担,开设"力学""电磁学"等大学课程,所教学生还在北大先修课考试中得了第一名。

物理教师还积极参与学生的科技创新活动的指导,二附中提出"百分百的学生完成一个小课题研究"的要求,很多学生在物理领域中选题,并且请物理老师进行指导,每年都有学生在物理学领域中的创新项目获得奖项。2013 年举行的首届丘成桐中学科学奖大赛中,二附中的沈天弘同学以"气凝胶复合材料用于控制 PM2.5 污染的研究"获得了物理优胜奖。这个评奖过程持续了一年时间,先后有包括诺贝尔奖获得者在内的百余名世界著名物理学家和数学家组成的评委,与中学生的选手保持联系,最终有两天封闭式的全英语的答辩与交流,最终产生了数学、物理、化学、生物四个奖项。2014年又有王泰戈等三位同学的"磁性液体在恒定及交变磁场中的自组织现象"获得第二届丘成桐中学物理优胜奖。由此可见,物理"尖子"学生培养绝不是靠"刷题"刷出来的,这些针对真实的科学课题进行研究的能力培养既是世界顶级科学家对中学阶段人才培养的期望,也是对中学教师提出的极具挑战性的任务。

既要夺取金牌　更要面向全体

其实,二附中物理教研组的老师们并不是仅仅关注个别"尖子"学生,作为一所高中,老师必须对每一个学生负责,即使是物理学习暂时有困难的学生,也要把他们的物理学习调整到他们的最佳状态。

范小辉老师在物理奥赛指导方面很有建树,他编著的《新编奥林匹克物理竞赛指导》一书自1996年出版以来,修订再版了七次,总印数超过百万,曾获得"全国优秀教育畅销书奖",被全国各地许多名校作为物理竞赛的辅导教材。但是,范老师任教的班级并不全都是参加竞赛的学生。多年来,他既要上理科班,也要上普通班,甚至还需要去上文科班的物理课。相对理科班来说,文科班的数理基础差一些,他们对学习物理会感到困难些。但是,范老师无论上什么班级,教学效果总是非常好,即使是文科班的学生也在他的教诲下对物理学习充满了信心。用他自己的话来说:"学生是有差异的,教学必须因材施教。"范老师善于思考,对于不同程度的学生究竟应该采取怎样的教学方法、提出怎样的学习要求,都是胸有成竹的。在他的带领下,物理教研组针对高中学生的客观差异,进行分层教学的尝试,形成了针对不同程度学生的分层作业册的体系,完成了"高中物理习题针对学生差异的有效性"研究课题。各位物理老师也都会对一般学生特别给予鼓励与帮助,使他们获得学好物理的体验。物理老师们还热心组织学生的物理社团,在科技节中组织学生参加"水火箭""高空坠蛋""喷泉游戏"和"物理小魔术"等游戏活动,激发学生学好物理的兴趣。

范老师在教学中很重视学生的质疑能力培养,也十分善于鼓励学生质疑。他不仅喜欢优秀学生提出问题,也非常注意一般学生的质疑。2005届的谭一帆同学是普通班学生,原先物理基础一般,但是喜欢提问,虽然不是范老师教的学生,但是他经常向范老师提问。范老师觉得他的提问虽然思路活跃，但是条理不太清晰，于是同意他旁听理科班的辅导课，在回答提问中指导他的思维方式，还对他在物理学习中的缺陷进行个别辅导。最后他的物理学习有了很大进步，一跃而成为物理"尖子"学生，最终竟获得全国物理竞赛第九名的成绩，又夺得了亚洲中学生物理奥林匹克竞赛的金牌。

物理教研组还有一大批教师不仅教学水平突出，而且担任班主任工作也是相当出色，像吴一敏、贾泽、施安兵、张兵荣、黄国安、刘莹、汤晨毅等老师都是多年担任班主任工作，班级管理井井有条，能充分调动学生学习的积极性，所任教班级先后获得过上海市和浦东新区的优秀班集体等荣誉称号。

物理教研组是一个优秀的团队，他们总结了教研活动的三项职能：一是把握教研方向，即要根据课改的前沿信息，加强理论学习，以前瞻性的目光开展教研活动；二是开展课题研究，破解教学和培养学生过程中的难题，既要把优秀学生教得更优秀，也要把一般学生培养到优秀的程度；三是整合优势资源，挖掘组内老师们的智慧与潜能，建立资源共享、合作协同的渠道，提升团队的教育质量。由此，这个团队的老师既辛苦地工作，又充满了幸福感和自豪感，始终用团队的整体力量出色地完成着教书育人的重任。

（陈胜庆）

第三节　培育卓越教师团队特色

卓越教师团队成熟的重要标志，是在其建设和发展过程中，由最初具有一般的团队特征，发展成为具有一定影响力的团队特色，最终形成富有教育教学领导力、影响力和辐射力的品牌特色。如何培育和形成卓越教师团队特色，仍是学校改革发展所急需解决的重要问题。

一、教育教学团队特色

学校特色是学校办学理念、社会形象、文化影响和美誉度的综合反映，体现在学校课程、教师团队、校外实践等方面。

要建成一批"遍及人文、社科、理工、艺体等多个领域"的"特色课程体系及实施体系",需要特色教师团队共同努力。《上海市推进特色普通高中建设实施方案(试行)》从教育教学层面对教师团队提出了明确的要求:其一,学校拥有一批专注特色培育的专兼职教师,并形成稳定的实践团队;其二,学校拥有一批支持特色课程发展的特色教师队伍;其三,学校在教师研修中关注特色发展所需的相关教师素养的培训,不断提升全校教师与特色教育相关的素养和技能;其四,学校拥有完善的教育科研组织机构和机制,通过研究提升特色的内涵品质,拥有特色教育相关研究课题和成果,并能在市级层面具有一定的示范引领能力。特色学校建设、特色课程建设、特色教师培养等将为学校教育教学品牌的创造和培育奠定良好基础。

学校教育教学特色的创造与培育,与卓越教师及其团队的培养和发展是相辅相成的。加强教育教学特色建设,能够进一步深化学校特色发展,提升教育教学质量,促进学校教育创新,增强学校的影响力和美誉度。

二、卓越教师团队特色培育的原则

卓越教师团队特色和学校其他方面特色一样,是学校整体特色的重要组成部分。卓越教师团队特色和学校其他特色的不同在于,卓越教师团队特色以人的群体(团队)发展为核心。因此,卓越教师团队特色的培育应坚持以下四个原则:

(一)目标导向原则

卓越教师团队特色的培育,首先应与学校办学方向相适应,与学校中长期发展目标相吻合。特色是经过长期努力和探索而锻造成的,不可能在短期内一蹴而就,因此应强化持续培育、长期建设意识,紧紧围绕学校建设愿景,增强团队特色建设的方向感、目标感,使团队特色建设成为学校整体发展战略的重要组成部分。

(二)文化导向原则

卓越教师团队特色的培育,应与学校文化特色、学校文化氛围相协调。学校文化是师生在长期教育实践中所创造的,反映师生共同的信念和追求,是学校精神的体现。团队特色的创造和培育理应成为学校文化建设的一部分,而不是游离于学校文化主流自成一统。以文化建设的理念培育卓越教师团队,使教师团队身受文化熏陶,感受到人文关怀,能够有效增强团队的凝聚力和归属感。

(三) 人才导向原则

卓越教师团队特色的培育,应以学校自身人才为主,发挥学校优秀人才的引领和示范作用。在教育改革过程中,常有个别学校感觉人才数量不足,喜欢"借力"发展、"借人"组团,这种做法短期内确实能够产生一定的效果,但不利于学校团队的长期发展,一旦合作终止,特色的归属等问题常常接踵而至。团队特色应坚持自主培育,将特色建设与团队发展有机结合起来。

(四) 资源导向原则

资源是团队特色建设的保障。很多学校都有自己独特的资源优势,如历史传统、文化特色、特色教师、信息技术。从外部资源来讲,有的学校身居高新技术开发区,有的学校是大学的附属中学,有的学校所在社区内有博物馆、科技馆、研究所等,也是学校应充分挖掘的促进团队建设的各类优质资源。即使是农村或山区的学校,周边的自然生态环境也是可以依托的特色资源,可以为团队特色建设服务。

三、卓越教师团队特色培育的路径

卓越教师团队特色的培育路径是多元多样的。即使同一学校,不同学科、不同项目的卓越教师团队选择的培育路径也会有所区别,因此选择符合自己发展要求的培育路径十分重要。从总体来看,一般需要根据学校自身文化传统、资源条件、教师特点等因地制宜地开展,即使走联盟式校际合作之路,也要坚持以"我"为主。

(一) 特色积淀的传承路径

有不少学校,在长期办学的过程中积累了良好的办学传统,形成了某一门学科或者某项管理的特色,逐渐发展延续,形成了一支卓越的教师团队。二附中的某些学科团队和学生管理团队便是如此。二附中的物理教研组从建校开始,就以陈延沛(上海市首批物理特级教师)为首并由好多位学有所长的青年教师组成,他们锐意进取、敢于改革,取得很好的教学效果,持续至今。华东师大二附中的物理教学无论在国内国外的竞赛方面,还是在面向所有学生的基础课程教学方面,都达到了国内一流的水平。无独有偶,与二附中结成教科研联合体的张江中学和香山中学校情各不相同,其中张江中学体育特色的形成,依靠了一批体育教师长期以来创设的以田径运动为主的训练特色,逐渐成为上海市体育特色学校;而另一所特色学校——香山中学,是从美术教学着手,加强了美术教育,逐渐形成了美育的特色,进而形成了"以美育人"的办学理念。这三所学校特色虽然各有不同,但都是经过特色的传承来打造一支卓越教师团队的。

（二）资源整合的创新路径

卓越教育的特色培育,也需要整合各种资源,不仅包括校内的资源,更要广泛地吸纳各种社会资源,为提升和打造卓越教师团队特色提供支持。校内资源主要指的是教师人力资源,例如要特别关注有专业特长的教师,发挥这些教师的作用。例如,有些学校发展艺术与体育特色,往往取决于校内有没有有志于推动艺术、体育特色发展的教师资源,擅长合唱指挥的教师有可能培育出一支出色的中学生合唱队,有足球训练能力的教师有可能推动了校园足球运动的发展。除了校园资源以外,对校外资源的整合更为重要。二附中的科技创新是学校一大特色,在组建这支教师队伍的初期,主要都是校内教师参与,并且摸索如何指导学生进行科学研究和科技制作等活动。随之以后,很多教师开始向大学教师请教或者寻找相应的科研机构请求支持,学校领导也非常重视开发社会科技资源来支持科技指导教师团队的建设。经过一段时期的合作,多所大学和多个科研院所以及上海科技馆等场馆,都与学校建立了密切的联系,不仅让学生的科技创新活动开阔了视野,而且对二附中科技指导教师们的专业成长和指导能力提升有了很大的帮助。

（三）集群发展的合作路径

学区化集团化办学,主要是将办学优质学校与自主发展能力相对薄弱的学校,或者与大型居住社区公建配套的新建学校等结成办学联合体,通过学区化集团化办学的组织形式,形成资源共享、集群发展、形成创新的办学新格局,从而整体提升区域学校教育质量与办学水平。集团化不是将集团内的优质教育资源稀释,而是通过多种形式的合作,使集团内的优质学校在充分发挥辐射作用的同时,能够向新的高度攀升,并使集团的整体教育水平都能达到甚至超过原有优质学校的水平。

2012年起,华东师大二附中紫竹校区落成,学校形成了"一校两区"的格局。实际上,二附中的紫竹校区有较多的新进教师,但是他们在二附中老教师的带领下,传承了二附中"追求卓越、崇尚创新"的办学理念,传承了教学、管理、科研等方面的优秀经验,使得紫竹校区教学质量迅速提升,学生各项活动开展有序,特别是在科技创新活动方面取得了突出的成绩。同样地,二附中在华东师大基础教育集团中也发挥着辐射作用。集群化办学的实践过程不仅没有稀释教师资源,反而对二附中一些卓越教师团队的特色发展提供了很大的"反推"作用。

(四) 深度觉醒的科研路径

过去学校科研没有受到应有重视,主要存在三个误区:一是因为"教学本位"观念影响深重,使教师只重教学,把精力集中在课堂教学方面;二是因为不少教师还不清楚学校科研的作用,常常发出"基础教育科研有什么用"的疑问,没有充分认识到学校科研的价值和作用;三是一些教师认为基础教育科研力量单薄,教师只要听从工作布置、政策安排,或由高校教师来研究问题,基础教育阶段教师完成教学就可以了。这些认识导致基础教育研究成果常常表现为经验总结或浅层次问题探析,无法充分体现我国基础教育改革发展所取得的丰富重大成就。

卓越教师团队的科研,是教师群体科研意识深度觉醒的表现。其表现为教师对教育价值、教育使命的深刻认识,对合力解决教育教学重大问题的攻关意识,对高层次教学境界和前沿性教育教学成果的积极追求和充分表达。科研为学校教育教学解决问题、探析路径、引导方向,是学校永续发展的重要"引擎"。教学和科研,如鸟之双翼、车之两轮,不可分割。在很多学校,教学和科研是两个团队;而在有些学校,教学与科研融合为一个团队。从学校管理实际看,目前学校科研呈现教育教学研究、德育研究并存的局面。

在德智体美诸育融通的教育改革发展过程中,卓越教师团队特色的培育日益呈现综合研究趋势。即以科研意识发现教学问题,以科研方法解决教学问题,思考问题的育人功能和育人价值,再将解决方案应用到教育教学中去,形成"实践—理论—实践"的循环过程。在此过程中,以不同领域、不同学科形成的项目、课题为纽带,有利于培育形成学术型、创新型、研究型、专家型教师团队特色。

【案例八】 不同学校特色教师的共性

> 普通高中特色化的发展,其重要条件是需要一支师德高尚、教学理念先进的特色教师团队。地处浦东新区的华东师大二附中与临近的香山中学、张江中学组成了办学联合体。三所学校处在不同的发展水平,各有自己的风格特点,二附中以"科技教育"为特色,香山中学以"美育"为特色,而张江中学以"体育"为特色。但是,三所学校在生源、师资力量和办学水平等方面差异很大。

> 那么，不同类型的三所学校在建设特色教师队伍中有没有共同规律呢？这项研究的结论是无论学校处在怎样的发展阶段，都可以因地制宜、因校而异地创建适合本校的特色项目，而其关键是要打造特色教师团队。

（一）三所学校的基本情况和研究目标

华东师大二附中、香山中学和张江中学这三所学校同处浦东新区，但是办学定位各有差异，学校发展也处在不同层次上，特色教师队伍的建设也是各有所长的。

华东师大二附中是教育部直属的上海市实验性示范性高中，多年来在科技创新教育等方面形成鲜明的办学特色，拥有一支科技指导教师团队，在探索科技创新人才培养方面发挥了卓有成效的作用。近十余年来有千余名学生在课题研究方面获得国际、国家级、市级竞赛的各类奖项，学校获得"全国科技特色教育十佳学校"的称号。

香山中学是浦东新区实验性示范性高中，美术学科优势突出，长期以来形成了"以美育人"的办学特色，拥有一支十人组成的美术教师团队，历年来为高校美术院系输送了几百名毕业生，包括被清华大学、中国美院等著名高校录取。2012年学校被上海市教委命名为上海市艺术（美术）特色学校。

张江中学是浦东新区的普通完中，2007年起由华东师范大学托管，更名为"华东师大张江实验中学"。该校的田径是传统体育项目，有一支田径训练特长的体育教师队伍。该校田径项目在区级比赛中始终能保持前三、在市级比赛中能进入前六，并且获得上海市群众体育先进单位和浦东新区体育特色学校的称号。

以三所学校为研究对象，探索高中特色教师团队建设的机制与途径，不仅能促进三所学校的内涵发展和强化办学特色，而且对其他不同类型的高中探索特色办学与建设特色教师团队也有一定的借鉴意义和推广价值。

（二）三所学校特色教师团队的感受

调查从访谈开始。以三所学校九位特色教师作为访谈对象，分别是二附中的邹淑君、娄维义、施洪亮、祖权，香山中学的蔡岳云、梅泷云、叶见鹏，张江中学的许雪琴、邹伟峰。访谈列了九个提纲，主要涉及个人经历、个人成果、影响个人成长的因素、与同伴的合作关系、对学校制度与文化的评价、对学校发展特色的期望等。

访谈中，二附中四位科技指导教师主要表达了"学校的教师管理制度对教师成长有重要影响""学校具有重视学术发展和鼓励教育创新的氛围""专业培训有重要作用""同伴之间交流互助""学生的需求促进与推动了教师的发展""学校领导有力支持""创造必要的条件和平台""学校鼓励教师发展个性"等。

香山中学三位美术教师主要表达了"个人对艺术有执着的追求""学校坚持发展美术特色的思路""学校为我们创造了良好的工作条件""引进人才不拘一格""美术教师团队是个研究共同体""每位教师具有特长、分工合作""学校逐渐建立循序渐进的教学体系""不断激发学生对美育的追求"等。

张江中学的两位体育教师主要表达了"历任校长对体育支持力度都很大""体育教练的兴趣是重要动力、能力是重要基础、态度是重要保证""上海市田径队的教练对我们提升指导水平帮助很大""特色教师的培养采取师徒制的形式很有效""学校奖励政策的作用很重要"等。

这些访谈反映了特色教师对个人发展和团队成长的内外因关系的分析与认识。

(三) 寻找特色教师及其团队的成长要素

1. 特色学校和教师团队的关系分析

特色学校的形成需要过程,学校要有一以贯之的办学思路和坚持探索的精神。一般而言,先从"项目特色"和"学科特色"起步,如张江中学的田径项目和香山中学的美术学科。在取得优势以后,逐渐扩展成"学校特色",其标志是把特色上升为办学理念,渗透到学校整体教育中,如香山中学从美术学科特色逐渐发展成为"以美育人"的办学理念,成为美育特色学校。从"项目特色"或"学科特色"到"学校特色"形成,最终办成"特色学校",可以认为是学校特色化发展的三个阶段。

特色教师不仅具有教师的基本素养,而且还具有个性化的教育理想、独特的教学特长、鲜明的教学风格、有效的教学成果。特色教师必须组成团队,因为特色学校形成,不能仅靠个别教师的作用,必须要有志同道合、各具特点、互相合作的团队。特色教师也是在发展中成长的,往往从个人的"特长"起步,在关注到学生的发展需求时,教师逐渐意识到自身的作用和价值。当学校确定特色目标以后,教师把自己特殊才能的自发教学行为转化为自觉教学行为,由此才形成教师的特色,这标志着教师除了承担一般意义上的教学任务以外,还能承担特殊的教学和培养特殊人才的任务。当教师在长期探索过程中,形成了自己独到的教学理念、独创的技能方法、独特的风格魅力时,才成为真正意义上的特色教师。所以,特色教师的成长一般经历了"特长教师"阶段，形成"教师特色"阶段，最终成长为"特色教师"三个过程。

学校发展与教师发展应当是统一的。特别是特色学校的创建，离不开特色教师团队的建设；特色教师的成长也不能脱离学校的特色发展。调研中发现有的学校是抓住有特长的教师，逐步推进学校的"项目特色"或"学科特色"的发展。如张江中学的体育教师具有田径训练的特长，具有"选苗"的慧眼，能在普通招生的学生中发现有田径潜能的小运动员，并能因地制宜、因人而异地进行有效的训练。该校历任领导都支持体育教师开展训练，逐渐形成传统的田径项目。

有的学校是先有创建学校特色的想法，再着力打造一支特色教师队伍。如香山中学是在十余年前开始关注社会对美术人才的需求，不断探索构建学校的美术学科特色，由此持续招聘有志向的美术教师加盟香山中学，逐渐形成至今有十位优秀美术教师的团队。同样，二附中也是根据培养具有创新意识和实践能力的学生以及为创新拔尖人才奠基的任务，逐渐组建成科技特色教师团队。

2. 特色教师团队的机制建设

特色教师团队的机制建设包括培养机制、管理机制和保障机制。

（1）特色教师团队的培养机制

a. 目标导向机制

特色教师的发展由"自发"到"自觉"，需要学校有明确的目标导向。教师队伍的培养目标的制定，不仅要有一般的统一的要求，也要关注教师个性特长的发展，支持教师自我发展特长，并且让他们的特长在教育过程中获得成功的体验。例如，华东师大二附中在建设校本课程时，许多教师是考虑到自己的兴趣爱好和特长的发挥，有的把"创新实验""机器人制作"列为校本课程选题，受到学生欢迎。在组建学生社团时，有的老师在篆刻、书法方面有造诣，特别受到学生喜爱。

b. 校本研修机制

无论是创建科技特色、美术特色，还是田径特色，用传统的培训研修模式都不能适应新的要求。所以要建立以任务驱动为动力、以自主发展为特征、以技能和知识的拓展为方向的研修机制。不重形式，强调实效。学校要对特色教师的发展给予自主权和特殊权。师徒制度对于技能型的特长培养有效，值得提倡。学校还必须考虑利用校外的培训研修力量，比如二附中充分运用华东师大和张江高科园区的科研力量,带动科技教师的研修,香山中学支持美术教师与高校美术院系加强联系,张江中学支持田径教练参加市级教练员培训。

c. 评价激励机制

三所学校都重视评价激励机制,精神鼓励和物质奖励并重。华东师大二附中通过完善首席教师和骨干教师制度、设立奖励制度、表彰先进等措施来构建多元化评价激励机制,鼓励教师的特色化发展。华东师大二附中在2008年评定第二批首席教师时,增设"科创首席教师"岗位,同时对科技指导教师的奖励与对应的学科竞赛指导教师同等待遇。香山中学在对培养美术特长生中取得优异成绩的美术教师也有奖励措施。张江中学的领导将体教结合专项经费全数由体育组决定分配方案,这在浦东新区其他体教结合学校中也是唯一的。此外,三校具有派遣教师出国培训、考察和在国内交流、观摩的机会,这也是激励措施。

(2) 特色教师团队的管理机制

学校对特色教师团队的管理,既要健全合理的管理制度,更要营造民主宽松的管理氛围。只有两者兼顾,才能唤醒特色教师的主体意识、弘扬特色教师的主体精神、发挥特色教师的主体能力,把学校变成师生共同成长、和谐发展的精神家园。

a. 制度规范

对于特色教师团队的管理,需要必要的制度,如明确任务、规定目标、制订计划、实行评价等方面,都要有基本要求。对于特色教师团队从事特殊的教育任务,在时间安排、课时计算、教育质量评估、特色成果奖励等方面要有特殊规定,例如二附中的科技教师的基本工作量是以指导学生的课题数计量的,而不是以课时计量。

b. 文化自觉

学校除了制度管理以外,还要充分信任与提倡他们的文化自觉。没有学校的民主管理,就不可能培养一批有个性、有特长的特色教师队伍。香山中学的美术专业课基本安排在下午,课后还需要个别指导,所以美术教师在上午上班有自由度。实际上这些特色教师所付出的精力和承担的责任都比一般教师重大。

三所学校都允许教师自愿加入和自由退出特色教师团队。二附中的科技特色教师团队,也有个别教师限于能力或精力而退出,但是,自愿加入的教师也越来越多。香山中学的美术教师也能自由退出,甚至因为不合适该项工作而调离学校,但是最终形成了一支个体能力很强、彼此合作默契的团队。张江中学的田径教练也没有包含所有的体育教师，而是尊重教师的选择。

(3) 特色教师队伍的保障机制

学校要努力建设一支素质优良、结构优化、布局合理、富有活力、精干高效的特色教师队伍，就必须提供必要的组织保障、人员保障和物质保障。

a. 组织保障

学校各职能部门要协调服务，创设特色教师的特殊工作条件，最大限度地调动特色教师团队的专业进取心和工作积极性。二附中为推动学校的科技创新活动，建立了学生科学技术协会，成为独立于学生会和团委以外的学生组织，还设立了由师生共同捐助的学生科研课题基金，并且多年来持续举办科技节和科技夏令营，均得到全校各职能部门的配合支持。香山中学对美术特长班的课时做出特殊安排，张江中学对学生田径运动员的训练时间给予保证，都是学校提供的组织保障。

b. 人员保障

学校对特色教师团队建设在人员编制和人员素质方面也给予保障，对特色教师团队的梯队建设要有长期规划，要重视对年轻教师的培养。如二附中近年来引进具有博士学位的新教师参与科技指导活动，发挥了重要的专业作用。香山中学的美术教师编制数达到了十位，如果没有人数与素养的保障，学校的特色发展必然受到牵制。

c. 物质保障

特色学校需要一定的物质条件。香山中学为每一位美术教师都建一间画室，供学生学画和教师指导使用。二附中在争取教育部和市教委的支持下，建立了十余个创新实验室，配备了一批专业性的科研仪器设备供学生在课题实验研究中使用。张江中学利用社区体育中心，改善了学生训练条件。特色教师团队对设备与条件的要求往往超出常规配置标准，学校应予以重视、积极解决。

3. 特色教师队伍的培养途径

(1) 不唯学历资历，培养好带头人

鼓励教师发展特色，不能仅注重学历和资历，而要关注教师特长，关注教师经历，关注教师能力。特色教师的带头人与一般特色教师的区别是：更清晰地了解学校发展特色的战略目标，更清晰地知道如何调控自己的教学行为，更清晰地知道如何提升自己的知识和能力，并且具有带好一支队伍的意识与能力。

学校的行政分管领导不能等同于特色教师队伍的带头人,两者的作用是不一样的,但是有互补性。要提倡行政领导关注业务,也要努力成为特色教师。在特色教育领域,分管领导要更多地了解团队带头人的思路和想法,了解他们遇到的特殊问题,积极给予解决与支持。

(2) 转变教育理念,探索教学方法

提倡高中办学多元化和特色化,主要是为了促进学生在共同素养的基础上有个性化的发展,也为了满足社会发展对多样化人才的需求。因此要转变传统的人才培养模式,特别是以课堂教学中以讲为主的教学方式。

三所学校的学生培养模式中有五个共同点:个别辅导和小组集体指导为主;课外活动与校外活动占重要地位;强化有关学科以外的知识与技能;强调学生的情感体验和动手实验;师生组成共同体进行探究和实践。这五个方面,也正是课程改革中提出的"转变教师的教学方法,转变学生的学习方式"的具体实践。

(3) 提倡校本研修,提高培训效应

特色教师的专业培训必须强调"校本研修、自我发展、互助培养",具体方法有:师徒带教(依靠带头人和资深经验教师引领帮助,逐渐独立开展指导工作);团队互助(特色教师需要团队建设的一个重要原因是需要互相交流与切磋);科研引领(通过成功的案例,坚持积累资料,再进行系统科研有助于提高);专家指导(除了通识以外,对口专业的专家进行指导是极其有效的);教学相长(在指导学生过程中与学生共同研究问题,提出解决问题的方案)。

三所学校在以上的培训方法上都有成功的案例。例如,二附中面临学生多种多样的研究课题,教师指导会力不从心,或求助专家指导,或教师团队共同研究,或与学生甚至家长一起探讨,这种带着任务的自我培训起着重要作用。张江中学的田径教练在物色有训练潜能的学生的过程中,以及在训练过程中,都具有丰富经验,采用的是师傅带徒弟的方式。香山中学的美术教师团队各具所长,有的擅长素描,有的擅长写生,有的擅长色彩,他们之间的互相学习提高是非常自然的研修,有明显的培训效应。所以,特色教师队伍的培训必须依靠学校自主进行。

(4) 转变评价策略,体现引导作用

评价要重视以下四个方面:

要重视育人的评价。培养有特长的学生首先要育人,不能仅看其获奖等第,而要关注学生的情感态度、价值观以及团队合作精神。特色教师团队培养学生的特长不能有功利性的色彩。有的特色教育成果与高考有相关性,因此,如何提高学生全面素质和专业成绩、如何培养个人特长与参与集体活动、如何关注中学学业成绩与今后长久的社会贡献等,都需要特色教师十分重视。

要重视师德的评价。特色教师由于承担了学校特色发展的重要任务,在学校中的地位和作用都很引人注目。而且因为特色教师具有特殊的教育才能,所以也被社会和家长所器重,为此,要十分重视特色教师的师德建设,提倡爱心无疆、无私奉献,对孩子要公平、公正,要成为学校的师德先进楷模。

要重视过程的评价。因为特色教师成果的出现需要一个培养的过程,所以评价不能仅重结果,要从教师在过程中的态度与情感的投入,给予鼓励性的评价。

要重视方法的评价。因为特色教育活动和特长学生的培养,需要重视个别化指导和兴趣爱好的引导,指导方法千差万别,要通过对有效方法的评价来提倡教师的创新。

(5) 加强资源开发,提供教师舞台

发展学校特色、培养特色教师队伍的另一途径是要重视开发校内、校外的教育资源,提供特色教师的活动舞台。校内的资源开发主要是合理调配,比如场所、设备、器材等,要有特殊的使用规则,方便学生的培养。

校外的资源由教师提出需求,学校进行论证,尽可能满足教师和学生的需要。二附中的科技创新活动充分开发了华东师大、上海中医药大学、上海药物研究所等高校和研究院所,并且利用了上海科技馆、上海博物馆等科普基地,为学生的特色成长创造条件,也让特色教师获得巨大的舞台。

(6) 参与竞赛展示,扩大特色影响

特色教育活动,例如科技、体育、艺术等都有很多竞赛和展示活动,既能展示学生的成果,也能呈现教师指导的结果,还能显现学校特色教育。所以,一定要组织好各类活动,把这类活动作为提高特色发展的契机。在竞赛和展示活动中,无论是教师还是学生,都是一次拓宽眼界学习的机会,要利用这样的机会进一步总结提高,提升教师团队的战斗力,提高学校特色的发展。

总之,特色教师和特色教师团队的培养,是普通高中多样化、特色化发展的需要。这一课题已经证明,各类普通高中都可以实现特色化发展,而特色教师团队的建设也是每所学校可以做到的。

(陈胜庆)

第六章　卓越教师团队的构成

> 本章从团队构成的视角,区别一般教师团队和卓越教师团队的差异。
>
> 学校教师团队的基本构成并不复杂,但是不同学校教师团队的差异却十分显著。在课程与教学深化改革的要求下,办学特色和教育任务呈现出多元化的趋势,对学校来说需要有多种类型的教师团队。本章通过剖析华东师大二附中的多种类型的教师团队,探寻卓越教师团队的多元构成。

对于任何一所学校来说,教师团队的建设都要历经一个发展的过程,从一般的教师团队发展到卓越的教师团队,都受其内在发展规律和外部机制的影响。

第一节　教师团队的基本构成

学生发展的动态性、复杂性等诸多不确定因素,要求学校的教师团队不能是一个封闭、停滞的团队。这就需要我们从教师团队的基本构成入手,探寻教师团队的成长规律。

一、教师团队的构成因素

被誉为"现代管理学之父"的美国学者彼得·德鲁克(Peter F. Drucker)曾指出:"组织是指有特定目标的机构,组织之所以有效率,是因为它们集中于某个任务。而学校的教师团队就是一个组织,是基于某种教育教学或管理的任务而组成的一个共同体。"作为有别于自然形成的教师群落,这里所说的教师团队有着一定的构成规律。教师团队被视为学校中最重要的教育资源,推动着学校教育教学的发展,并决定了这个学校的未来与发展。那么,决定学校教师团队构成的具体因素到底有哪些呢?

出于日常管理的需要,学校会根据教师的性别、年龄、教龄等因素,划分为男性教师群体、女性教师群体、青年教师群体、中年教师群体、老教师群体等。这些群体的划分依据是教师的自然属性,这种划分方式有时是学校人事管理上的需要,如岗位安排、绩效考核、职称评定等工作需要考虑教师的性别、年龄、教龄等因素。但是,本章所要讨论的重点不是这些教师群体构成的自然属性,而是那些关乎教师专业素养的团队构成因素。一般而言,学校有两大类基本团队,即教师专业团队和学校管理团队。

(一) 教师专业团队

教师团队最基本的构成是教研组和年级组,这是我国中小学教育的一大特点。其中,教研组是指由同一专业学科的教师组成、由教研组长领衔的团队。教研组团队的任务目标十分明确,尽管它也具有教研管理的职能,但是其专业性质是非常凸显的:必须围绕着课程标准的要求,进行学科教学研究、统一学科教学的基本规范和基本要求,以提升学科教学的质量。年级组团队的主要任务为学生的管理,有时年级组团队也被列入学校的管理团队。然而,管理学生的任务,包括年级管理和班级管理,其实是专业性很强的工作任务,它涉及学生心理、道德发展、思想教育、德育评价等诸多专业领域,也要求教师具有一定的教育水平和管理艺术,需要接受专业培训才能胜任,因此将其列为专业团队更为合适。由于承担班主任工作的教师往往都是不同的学科教师,会造成年级组只是管理型团队的误解。从中可以发现,年级组和教研组这两大教师专业团队的人员会有交集。比如一位语文教师,他既属于某年级组,同时也属于语文教研组。只是在不同的教师团队中,他需要遵循不同的工作规则与规范,受到不同的团队文化氛围的影响。

学校教师团队构成并不是一成不变的。从学校工作的开展考虑,在上述两大教师团队的基础上,会继续产生新的团队。比如,教研组中会按照不同年级的教学任务成立备课组;而在年级组中还会形成班主任团队,承担班级管理的任务;班主任团队既从属于年级组,又从属于学校德育管理部门。

(二)学校管理团队

管理团队通常由校级管理团队和中层管理团队组成。其中校级管理团队主要承担学校的行政领导和管理任务,通常由校长、书记、副校长、副书记以及工会主席等组成。校级管理团队一般由上级教育行政部门任命,并需对他们进行考核和评价,且有工作任期的限制。校级干部也承担一定的教学任务,以便更好地了解一线的教学现状和问题。

中层管理团队则由校级领导团队按照一定程序任命,主要完成学校领导团队提出的分工任务。中层管理团队是根据学校任务发展的需求来设置的,一般学校中层管理团队包括教务处、学生处、总务处和校务办公室。随着现代学校制度的推进,很多学校也出现了"课程教学部""学生发展部""人力资源部""后勤保障部""教师发展部"等功能性的管理团队。总体来看,学校的中层机构不宜过多,其团队成员受一定职数的限制。由于中层干部均承担教学任务,所以与教师专业团队多有交集。

学校的管理团队都具有服务功能。学校的管理团队并不是单纯地用规章制度来"管"教师和"管"学生,而是需要创设良好的学校文化氛围,为学生的成长和教师的发展提供最好的服务。

专业团队和管理团队,满足了一所学校在教育教学上的基本需要,保证了学校日常工作的基本运行。但是,事实上许多学校还有其他功能和任务的教师团队及管理团队,而且随着学校教育的发展,特别是课程教学改革的深入,学校的任务越来越多,不同类型的团队不断出现。

二、教师团队的组建与形成

教师团队是根据学校工作任务而形成的。教研组和年级组两大教师团队是根据学校组织架构的规定而建立的团队。那么,这两个基本教师团队又是如何影响学校政策与发展的呢?

(一)教研组及其团队

通常,我国的各级各类学校中都会设置教研组(在高等院校中则称为教研室),这是学校中相同专业和相近工作任务的教师组成的集合体。教研组不仅是增进教师专业能力的重要机构,还是教师形成专业归属感的源地。早在1952年我国教育部颁发的《中学暂行规程(草案)》中就明确规定"中学各学科设教学研究组。由各科教员分别组织之,以研究改进教学工作为目的",其任务为讨论及制定各科教学进度、研究教学内容及教学方法等。尔后,教育部于1957年还颁发了《中学教研组工作条例(草案)》。可见,教研组的形成是国家教育行政部门颁令组建,由地方和学校执行的机构。

在这一形式下,教研组形成了学校的一个基本团队,教师在教研组集体备课、统一教学进度,从而提高教学质量。通过教研组的团队合作,能够减少教师之间因为年龄、性别、个性、教龄、专业水平等因素而造成的课堂教学上的差距,也不至于同一学校、同一学科、同一学段的教师的课堂教学质量相差太大。教研组团队又会在不同年级建立年级备课组,细化教研任务。例如,数学、语文、外语等学科的课时多、教师数量也较多,所以同一年级的任课教师可能有三到五位甚至更多。每个年级的教学内容不一、学生群体不一,所以需要有年级备课组行使教研活动任务。因此,相对于教研组而言,备课组是一个人数更少、任务更具体、影响更直接的团队,它直接关系到该年级的教学进度、教学安排和教学质量。正因如此,备课组长作为这一"小团队"的领导人,其责任重大。

教研组团队的功能除了可以促进教师上好课以外,还可以具有教学研究的功能。比如对教学质量进行分析研究,相同的教学内容、教案与实施计划,在不同班级施行成效迥然不同,这究竟是学生学的原因,还是教师教的原因?因此,教研活动开始关注每一位教师的课堂教学状态,先是教研组长听其他教师的课,之后发展到同一教研组内部的教师相互之间观课、评课,最后形成为了研究一个共同的教学问题而开展的专题性听课评课,包括近年来出现的"同课异构"。于是,集体备课、听课、观课、评课成为学校教研活动的主要形式之一。而在这个教研组团队中,教师的教学能力,尤其是新教师和青年教师的能力会得到明显的提升。因此,高效地提升新进教师、青年教师的教学能力,也是学校教研组团队的职责之一。

(二)年级组及其团队

年级组是学校中由同一年级任课教师组成的负责整个年级教学与管理任务的

团队。实践证明,年级组管理是学生管理中最重要的层面。年级组作为管理实体发挥着越来越重要的作用,它的管理职责和方式具有教研组不可替代的优势。

与教研组不同的是,年级组承担的任务较为综合,包括落实教务处对于全年级任课教师的教学任务,完成学生处对于全年级学生的德育要求以及家校沟通等任务,执行学校对年级组教师进行考勤和考核的任务,及时处理年级组中的偶发性事件并及时汇报等。

学校管理团队关于教育教学工作和学生管理工作的决策通过年级组团队这一途径可以迅速落实,年级组在与学校管理层之间的"上情下达"或"下情上传"方面起着重要作用。教研组和年级组都拥有对教师评价、职称评聘等方面的意见权,虽然这两个团队并不享有最终的决策权,但他们提供的意见与信息,往往是学校最终评定的重要依据。

跟教研组团队一样,年级组团队功能的大小与该学校教师团队发展程度密切相关,这将在后面进行详细阐述。

三、运行方式

我们运用对比的方法对学校的两大基本教师团队的运行方式作如下分析:

(一) 任务属性和任务目标

从任务属性来讲,教研组和年级组虽然都属于专业性团队,但是教研组团队的任务是单一性的,年级组团队的任务是综合性的。

从任务目标来讲,两者也有所不同。教研组团队的任务目标在于进行学科建设、培养学科教师、提高学科教育质量,所以教研组团队需要管理与指导本学科全体教师的教学教研情况、关注本教研组的专业发展水平,并组织团队中的教师进行学科研修培训。而年级组团队的任务目标则在于落实全年级的课堂教学、道德教育、班级管理、实践活动、家校沟通等方面的任务,配合教务处、学生处以及学校相关部门执行完成校方布置的行政任务。

(二) 工作对象和工作形态

教研组团队的工作对象主要是本学科的全体教师;年级组团队的工作对象既包括本年级的全体教师、本年级全体班主任,还包括本年级全体学生以及全体家长。

教研组的工作形态是以教研组长为中心的上下双向型。教研组长向上对学校教育教学管理部门如教务处负责,向下则对本教研组全体教师的专业发展水平和教学实效负责。教研组作为学校教育、教学、管理和研究的最基本单位,教研组长是本团队的负责人,肩负着领导本学科教师研究教学、开展科研,组织管理本学科教学、提高本学科教学质量的重任。

年级组的工作形态是以年级组长为中心的全面辐射型。年级组长向上需对学校以学生处和教务处为主的德育、教学相关部门负责,向下需对全年级教师、班主任和全体学生负责,并横向地辐射到学生的家长和社区层面。年级组长是本团队的负责人,肩负着一个年级的学生的健康成长和学习效果的责任,也要负责督促教师履行自己的职责,同时还要与家长保持沟通,采取一定的措施,形成家校合作的机制。

教研组团队与年级组团队存在着任务属性、任务目标、工作对象、工作形态不同的特点。但是更要注意的是,不同学校的教研组或年级组,在工作状态上存在很大差距。在一些学校,年级组和教研组团队的工作状态多处于常规事务处理,教研组常常是"只教不研",完成一些行政性、事务性的工作,如统一教学进度、规定测试时间、收缴教师文本(包括行政规定的教师的工作计划和总结、教师的教案和教学实录以及规定的学习体会)。至于学生群体学习状态的分析、学生个体特殊情况的分析以及教研组普遍存在的问题,如教学目标的设定、学案的设计编写、教学方法的研讨、有关教学的课题研究,开展得不尽如人意。这种教研组活动多处于被动状态,缺乏自主性、主动性和研究性,其结果一般也无助于团队和教师个体的发展与成长。

无独有偶,这种事务性工作状态同样常常出现在年级组中。年级和班级的管理事务既多又杂,年级组长和班主任常常疲于奔命,忙于处理学生的问题,因此总处于被动状态,即被动接受学校以及学生处的活动安排,被动地处理学生中发生的问题,时间一长,老师们尤其是班主任老师陷于应付各种琐事,进而引发职业疲倦。因此,提高年级组自主管理的水平非常重要。年级组的工作要达成怎样的目标、进行怎样的改进、采取哪些新的措施,这些问题如果在年级组中达成思想上的一致,成为各位老师自我设定的工作方向与目标,则能提高各项工作的主动性和积极性。

同样,年级和班级的管理也是一项专业性很强的工作,应加强学习和研究,尽可能地在年级组中营造一种研究问题、共同学习、互相讨论的氛围,并且及时总结经验,提升认识和工作水平。

教研组和年级组是学校中最基本的两大教师团队,许多学校在日常运行中体现出来的水平层次差异不小。这两大基本的教师团队是学校基层的组织,团队发展的潜能很大。

【案例九】 关怀青年 学校未来的方向

> 这篇文章是《青春的足迹——华东师大二附中青年教师成长录》的序言。该书收录了20位青年教师的成长感悟,他们中工作时间最长也不过十年多些,最短的只有三年。但是对他们来说,这短短的数年是人生经历中最重要的阶段,是职业生涯的起步阶段。在这些时间中,他们渴望得到学校的鼓励,期盼老教师给以指点。他们是学校中最年轻的团队,但是具有最强烈的发展欲望。这本书既记录了青年教师成长的生动案例,同时也从中提炼出青年教师成长的内在规律。

华东师大二附中作为一所名校,十分引人注目的是拥有一支优秀的卓越教师队伍:几乎各学科都有在全市乃至全国有知名度的特级教师或首席教师作为领军人物,还有一支作为主体力量的中年骨干教师队伍,此外,越来越多的青年教师也崭露头角,为学校的发展增添了生龙活虎般的新生力量。

这样一支教师梯队,承前启后、继往开来,推动着二附中的可持续发展。其实,任何一所学校的发展都寄希望于青年教师,青年教师的成长造就了学校的未来。华东师大二附中的党政领导历来十分重视青年教师的培养,而青年教师也非常珍惜自己成长的机遇。在这册文集中汇编了二附中20位青年教师成长的案例,从中折射出他们的价值追求、人生态度、心路历程和成长路径。我们可以透过这些案例,研究和探讨青年教师成长的规律问题。

(一) 青年教师成长的阶段与内涵

当今有很多教育论著研究青年教师成长的规律,往往是从不同的视角对成长过程给以阶段性划分与描述：比如美国的费朗斯·傅乐（Fuller,1969）认为教师的发展存在"求生存时期""巩固时期""更新时期""成熟时期"等四个时期；伯利纳（Berliner,1988）认为新教师是经过"新手时期""熟练新手时期""胜任时期"，最后到达"业务精干型和专家教师型时期"；而费斯勒（Fesslev,1985）则认为教师的生涯有一个循环过程，即在发展阶段中不是直线上升，会出现"生涯挫折阶段""稳定和停止阶段"，直到"生涯低落和生涯退出阶段"。

国内也有不少学者提出过各种成长阶段论，如有的提出存在"职业定向""职业适应""职业调整""职业成熟"等不同的时期；也有"探索期""适应期""成长期""成熟期"的提法。有的研究在阶段划分方面是大同小异，但是在年限上存在差异，如有的认为"入门适应期"（1—3年）、"成熟定型期"（3—6年）、"创新发展期"（7年以上），有的则认为"适应期"（1—2年）、"稳定期"（3—5年）、发展期（6—10年）、成熟期（11—15年）。有些学校对青年教师提出了"一年入门、三年胜任、五年骨干、十年名师"的要求。

以上种种分类，只是表明青年教师的成长存在不同的阶段，但是阶段划分没有统一或精确的时限，因为，每一位青年教师在各个阶段的成长都有他们个人的特殊性，人的成长是外界和内在许多复杂因素影响的结果。

关于青年教师成长的内涵，通常都关注他们的"专业发展"，尤其是对刚入职的青年教师而言。"专业发展"涉及教育理念、师德修养、专业水平、教育能力、教学技术等方面，与之相适应的是大量的培训课程和带教制度以及各种评价手段，包括写出教学设计、听课记录、读书笔记、总结体会等。当然，没有专业上的钻研与提高是难以胜任当今的课堂教学，在二附中是"站不住"讲台的。

但是，我们发现青年教师的成长还有许多"非专业"的因素，如同我们认为"非智力"因素对学生成长所起的作用一样。这些"非专业"的因素包括了情感的体验、心智的成熟、价值的取向、个性的养成、特长的发展等。学校是育人的场所，学校在培养德智体全面发展的学生的同时，也塑造了一批具有崇高情操和师德品行、业务精湛并且具备人格魅力的教师群体。在这册文集中，我们看到好几位作者萌发了"我和学生共同成长"的心声。对于青年教师来说，他们对学生教育教学的过程，也是锤炼自己、充实自我、完美自身的人生历程。所以，我们可以透过这些鲜活的案例，走进他们内心的情感世界，了解他们成长的心路历程，探究有哪些"非专业"的因素起了什么重要的作用。

(二) 青年教师的情感体验

一名年轻的大学生,在完成十多年"寒窗苦读"之后,即将走入社会、走上工作岗位时,都是充满着对未来的憧憬、对理想的追求、对人生的期盼。走上了教师岗位,意味着自己从学生到教师的华丽转身,这种变化也是一个情感转移的过程。

所谓情感,是指人们内心对客观事物或人物的心理反应和态度体验,大而言之包含了道德感和价值感,具体而言则有喜、怒、哀、乐各种表现,而"爱"是一种最重要的情感,是一名优秀教师的基本心理特征。

在文集中可以看到,青年教师对自己的学校充满了热爱。这种情感是出于对二附中学校文化的认同。许多青年教师是抱着仰慕的心态进入学校,还有的是经过一番寻觅后才成为二附中的一员。然而,要深刻认同学校的文化是需要一个过程的。二附中的"追求卓越、崇尚创新"的校园文化是经过几代师生几十年的淀积而形成的。二附中的师生都说"我们学校氛围很宽松",从表象上来看没有坐班制、不加课加班,但是每一位教师几乎都不会懈怠自己的工作,当教书育人成为自己毕生的事业时,他们始终处在"宽而不松"的工作状态。其实,二附中"追求卓越、崇尚创新"的文化氛围一直是无形地催促着学生和老师们不断地奋斗着。只有认同、欣赏与热爱学校的文化,才能使青年教师融入教师团队,成为教师队伍中的有机组成。

对同事的热爱,表现在他们对名师的敬畏、对老教师的敬重以及对所有比自己年长的教师的敬爱。在很多青年教师的文章中,都记叙了老教师对自己的传帮带,他们的言传身教不仅体现在学科专业上,还包含在做人的道理中。青年教师是否善于请教、是否乐于体悟、是否懂得感恩,也是一种很重要的情感品质。所以,青年教师踏进二附中以后,如果产生了幸运感和荣誉感,进而树立了责任感和使命感的话,那是情感发展和升华的体现,也是他们成长的重要内因。

对学生要有"大爱"。就青年教师而言,由于年龄的接近,他们自然地容易与学生打成一片。但是,青年教师本身曾经是学生,又几乎都是独生子女,从过去接受父母和师长的关爱到自己付出真爱,需要一个很大的转变。在许多青年教师的文章中,他们几乎都亲身体验了这种情感的转化,特别是当他们也感受到学生的真情的时候,会深受感动。很多青年教师还懂得对学生的爱是不能选择的,特别对一些学习困难、性情孤僻、行为偏差的学生也只有付出真心的爱才能转变他们,所以有几篇文章的作者追记的是那些比较"特殊"的学生。尽管我们的青年教师已经培养了许多优秀的值得骄傲的学生,但是他们还留有遗憾和自责,感到自己由于年轻,对一些"特殊"学生的关爱还不到位、还不显效。当"大爱无疆"充满了青年教师的心胸的时候,表明他们成长了。

(三) 青年教师的心智成熟

我们通常用"心智成熟"来描述青年教师的发展程度,其包括了心态的稳定、情绪的控制、处事的风格、待人的态度等方面的表现,这都必须经过实践锻炼才能提高。人的心态不同,做同样的事情就有不同的结果。许多青年教师能在学校里勇担重任,把工作的压力作为进步的动力,这就是一种很好的心态。

比如,学校曾经破例启用一位刚入职的外语教师去承担高三教学任务,在教研组的支持和他自身努力下,最终获得了学生的好评和家长的认可。虽然这是对刚工作第一年的教师的压力,但是却让他取得了跨越式的进步。还有一位青年教师连续四年被安排在高三任教并且中途接手班主任工作,但是她抱着"学校的安排就是对我的信任"的心态出色地完成了任务。许多青年教师十分关注学校课程与教学改革的动向,积极承担开设公开课、编制校本课程、组织学生社团、参加各类竞赛等任务,寻找适合自己发展的平台。用他们的话来说,"挑战自己就是抓住机遇"。在他们不少文章中都提到各种公开课对自己的成长起了明显的作用,虽然参与时间很长、投入精力很大、反复试讲修改很多,但是这样的过程实际上是把研究注入教学之中,最终获得了很深刻的体会。所以能勇于承担学校工作任务,往往对青年教师的成长起到更重要的作用。

青年教师面临最大的压力来自学生,因为二附中的学生群体非常优秀,学生对教师的评价是最全面和最客观的。但是学生中也会出现一些异常的、意外的问题,有些是学生之间的矛盾,有些是家长与学生的矛盾,有些甚至是师生或家校之间的矛盾,需要青年教师用各种方式予以处理。工作中出现危机、出现缺憾、出现问题,恰恰是促进青年教师成长的关键时机。在文章中,我们可以看到他们的成熟——遇事不惊、办事从容、处事淡定,看到他们的智慧——对于复杂问题有策略、有节奏、有宽容、有等待。

青年教师的心智成熟还会表现在他们不断提高自信心。经过几年的锻炼,特别是困难与挫折的磨炼,他们在课堂教学和班主任工作中逐渐得心应手。

青年教师的心智成熟也会表现在他们的外在形象上,包括行为举止、谈吐言论、兴趣爱好、衣着打扮、待人处事等方方面面,通过潜移默化、言传身教来影响学生。

要提高心智的成熟,需要不断的反思,善于学习老教师的经验,善于改变自己的思维定式与工作惯性。青年教师在体验成功的同时,能否反思自己的遗憾,能否经受挫折的考验,是促使心智成熟的重要契机。有的青年教师有记录心得、写博客的习惯,有的善于与他人交流,这都是提高心智成熟的很好途径。

(四)青年教师的价值取向

人的价值观是决定自己的人生追求、理想信念的根本观念。一个人的价值形成与接受的教育、工作的环境、同伴的影响有很大的关联,是后天形成的心理倾向,既具有一定的稳定性,但是也会因种种原因发生价值观的转变。

一般而言,刚入职的新教师会把教师岗位视为一种谋生的职业,因此会珍惜岗位、遵循职业底线。在教学实践过程中,青年教师则会体验到教师是一项专业,需要不断提升自己的师德和教学水平。随着教育理念的提升,他们会把教师视为终身追求的事业,那就为自己定下了人生目标和理想信念。

青年教师的价值观的形成是有过程、有反复、有曲折的,成长的轨迹不一定是一条直线,有可能是曲线,有可能是折线。例如在取得一定成就时会产生自我满足感,在遇到一些挫折时会产生压抑的心态,在持续紧张工作时会产生职业倦怠感。特别是青年教师还将遇到恋爱、成家、育儿等生活问题,与紧张的工作会产生矛盾。许多青年教师在自己成家立业、生儿育女之后,增强了对学生和家长的理解,增加了自己对教育的切身体会。

(陈胜庆)

第二节 卓越教师团队的形成

2018年1月20日中共中央、国务院印发了《关于全面深化新时代教师队伍建设改革的意见》,这是中华人民共和国成立以来出台的第一个专门面向教师队伍建设的里程碑式的政策文件。《意见》明确指出"到 2035 年,教师综合素质、专业化水平和创新能力大幅提升,培养造就数以百万计的骨干教师、数以十万计的卓越教师、数以万计的教育家型教师。教师管理体制机制科学高效,实现教师队伍治理体系和治理能力现代化"。因此,探讨有关卓越教师团队如何形成的问题,有助于加强卓越教师团队的建设。

一、源于研究

在学校中一般的教师团队如何走向卓越团队,有其内在的规律和影响因素。

任何教师团队,首先必须有领导力的核心。教师团队中的领导者能够把团队的品质从"一般"上升到"优秀",进而到达"卓越"的水平。其要义是,这一教师团队能把"源于研究"作为团队发展的主线。

一般的教师团队是受学校工作任务的驱动而发展的,但是,卓越教师团队是在"发现问题、研究问题、解决问题"中形成的。它是一个由被动的"任务驱动"向主动的"问题导向"转化的过程,也就是把强烈的研究问题意识和研究问题能力作为一个普通教师团队引向卓越教师团队的起点。当下不少学校的教师团队基本还处在被动的任务驱动状态,教研组团队的"只教不研"或者"重教轻研"的倾向比较严重,而年级组忙于事务性工作而"不会研究"或"不善研究"的状态也是常见的。那么,如何从"研究"入手呢?

(一) 问题从何而来

研究起源于"问题"。那么,问题从何而来呢?因此,一些热衷于科研的教师会研读教育科研论文和专著,希冀获得研究问题的灵感。阅读专家的论文和专著确实是非常必要的,但是如果仅从宏观理论层面寻找可以供中小学教师研究的问题,也会有不适合之处。理论层面的一些新观点,怎样与教学第一线相关联,需要有思考与结合的过程。中小学教师更要重视自己在教学实践中发现问题,寻找有实践基础的课题,然后再从专家的论著中去寻求实践性课题的理论背景和内含的先进理念。

华东师大二附中在 20 世纪 90 年代就积极主动地参与上海市第一期课程教材改革,学校中掀起了一股教学研究的热潮,一些学科带头人很敏感地从教学实际中寻找到了需要研究和解决的问题,作为教改的突破口。比如,当时的初中语文作文教学提出了"批、评、改、议"的思路与方法;还有语文教师开展应用视听手段加强语文教学的实验;也有英语教师专门探索如何培养英语的写作能力;数学教师进行了指导学生阅读数学教材的研究与实践;高中化学教研组针对二附中学生的基础,开展了"超前自学"的教学试验;地理特级教师曹康绥对课外活动的意义和价值进行实践探索,并获得"全国优秀课外活动辅导员"的称号。这些来自教学实践的研究课题,既具体又需要先进教育理念的指导和提炼,较适合一线中学教师进行研究。

(二)研究什么问题

一般的教研组研究最多的问题是如何提高教学质量、如何分析考试质量、如何辅导困难学生等常规的普遍性的问题。而卓越教师团队则要敏感地把握基础教育课程改革的走势和方向,清晰地了解本校办学宗旨、办学传统以及必须突破的关键,把握教师团队成员的特长与不足,提出符合本学校本教研组特点的研究问题,并且能引导教研组团队达成共识,从而共同践行改革的具体措施。

魏国良老师是二附中语文首席教师,在21世纪初他就根据当时课程改革的需求,从语文组教师既有特点出发,针对不同时期提出不同的研究任务,与语文组教师共同突破课程改革与教学改革的"瓶颈",提升了语文教研组的团队品质。例如2000年起,他带领语文组教师开发了十多门"大文化"类的校本课程,并且身体力行地在学校的"晨晖讲台"上作过多次深受学生喜欢的讲座。之后,他又提出了百分百的学生要完成一个"大文化"类的研究型课题报告,引领教研组包括青年教师在内的全体教师进行"规定动作"和"自选动作"的语文教育改革,提倡以指导为主要特征的教师教学行为,提升二附中学生的语文素养。后来,他又带领部分语文教师编著了《华东师大二附中高中语文深度阅读》一套三册,加强学生的课外阅读。他本人也出版了个人专著《现代语文学》和《中学语文类属化学习》。

(三)如何组织研究

教育研究通常被认为是大学教授和教育研究部门专家的专长,其实中小学也是教育教学研究的重要阵地,两者是各有特点、互相补充的。大学和教育研究部门的教育研究具有宏观性、理论性和导向性的特点,而中小学的教育研究有具体性、实践性和迁移性等特点。课程与教学改革需要中小学教师作为实践者,把先进的教育理念和课程教学改革方案落实到中小学的管理与教育行为上,才能取得教育改革的期望目标。

教授、专家与中小学教师面临的任务不一样,因此科研的思路与方法也不一样。中小学教师不一定要进行理论创新,重要的是,他们需要在理论指导下进行实践创新,并且使之成为可迁移的经验。中小学研究的选题多来自教学实际,逻辑多采用归纳法,技术多运用教学实验手段,方法多需实践求证。学校教师团队形成的研究传统,应该继承发展、代代相传、步步深入。

二、促进发展

如果说源于研究是内生于教师团队的优秀品质,那么,促进发展就是教师团队走向卓越的外部机制与环境条件。

(一)制度促进发展

学校都要建立一些必要的规章制度以保障学校工作的有效运转。从教师专业发展的要求来看,还需要制定必要的制度来促进和保障教师队伍的不断发展。例如,学校发展规划中对教师专业成长的要求和教师团队建设的目标,必须有所规定,这些学校制定的制度与规范,是促进卓越教师团队成长的外在动力。其中学校对卓越教师和卓越教师团队的精神与物质奖励,便是一种基本的激励制度。

二附中在制定首席教师制度时,除了规定相应的职责、权利和义务以外,还规定了待遇与奖惩。当初,首席教师的工资标准与校长的工资相当。二附中在每年的绩效奖励中,都是按照制度规定,奖励整个团队,然后由团队再根据个人的贡献程度进行分配。这种方式有利于教师提升团队意识、重视团队荣誉、加强团队合作。不同的学校团队,承担的任务不同,但是对于学校的发展都是不可缺少的。所以,二附中在统计绩效奖励时,也都会关注后勤团队,包括物业管理团队,使得学校的任何团队都对完成任务有很大的责任心。

（二）服务促进发展

学校的管理不仅依靠刚性的制度,更为重要的是通过服务意识来实现的。有创意的教师团队活动常常会突破常规,对场所、设备以及邀请的嘉宾都有特殊要求,对此学校要协调各部门的力量支持开放式的教研活动。学校领导对教师的专业发展,不仅在于一般的号召,更重要的在于个别关怀,特别对于团队的核心教师,要带领一个团队的发展,也会遇到一些工作上的困难,也会产生困惑和迷茫的情绪,需要学校领导予以关心、理解和指导。而这些出自领导真情的关怀和支持是教师团队发展的巨大推动力。

二附中的校级领导既是教育管理者,又是学科教学的专家,他们对教师努力追求专业成长有一种强烈的认同,并且不遗余力地给予关心与支持。如当教师提出参加全国或市级的学术活动的要求时,学校会尽可能地安排好教学任务并同意他们外出。当上海市教委和浦东新区教育局建立各学科的"名师培训基地"和"学科德育实训基地"时,二附中领导班子全力支持学校的名师申报,从2003年至今的十多年期间,有十多位名师担任了市级和区级的教师培训基地的主持人(导师)。事实证明,这些教师的兼职没有影响他们在本校的工作,同时还促进了他们自身的专业发展水平,扩大了他们在全市甚至在全国的影响力。

（三）机制促进发展

一所现代学校的持续发展建立在现代的管理模式之中。学校中有效的机制是保证一所学校教师团队向卓越发展的基础。

机制与制度既有联系,又有所不同。制度是人为制定的对教师行为的刚性规定,而机制是长期形成的内隐于学校之中的行为导向和基本准则。学校的各种机制,例如奖励机制、保障机制、竞争机制、约束机制,虽然其中也包含着制度所起的作用,但是更多的是学校的文化积淀和舆论氛围所致。二附中是一所以"追求卓越、崇尚创新"为校园文化精神的学校,又有60年的优良办学传统,无论教师还是学生,都弥漫着催人奋进的氛围,形成了一些良性的机制。学校有促进教师"追求卓越"的导向机制,年轻教师一进入学校,就能将身边的名师作为自己的榜样。学校中的竞争机制,促使许多教师都想形成自己的特长和独具优势的领域,实现"错位竞争"。学校也支持各位教师发挥特长去探索和创造学校的各个教育领域的经验。例如,有的教师会下棋,有的擅长书法,有的能画画,有的长于编织,他们都在学校课程建设和学生社团活动中发挥着很好的作用,深受学生欢迎。学校对发挥教师的个性给予支持和保障,只要对学生成长有利,教师就可以大有作为。

学校的良性机制也体现在学校领导的风格上。领导对教师的包容、理解和激励就是对教师发展的支持,也有利于团队的不断发展。

三、激励创新

一个卓越团队的形成,必须在研究基础上促进发展,并且要突破传统、突破常规,有所创新、有所提高。所以学校也要不断激励教师团队的创新发展。

(一)团队任务创新

教师团队的形成,源自学校教育教学的任务需求。随着教育改革的深入推进,学校的教育教学任务日益丰富与多元,这对学校教师团队提出了新的要求。如在课程改革中提出了"三类课程"的概念,学校有史以来第一次面临着校本课程开发的任务。有的学校采取开会动员、布置任务、按期完成的方法推进;也有的学校则通过组织团队、开展研讨、互帮互学的方式推进。显然,教师团队的方式更适合这项创新任务的完成。所以,学校要善于组建教师团队,利用团队力量完成有创新价值的新的工作任务。

再如,学生成长过程中的心理健康教育也是一项备受重视的新任务。在学校配备必要的心理辅导教师的前提下,还需要建立一支心理教育的教师团队,包括班主任、宿管老师、卫生保健老师等都可以组成团队,互相交流学习,共同关心学生心理健康、进行心理辅导、交流心理工作的经验、分析学生心理问题等。这有助于学生健康成长,也促进了教师专业成长。针对教育改革中出现的需求促进团队建设、促进任务创新,是推进教师团队发展的重要方面。

如今,教育信息技术发展非常快,对青年教师来说特别喜欢学习新的信息技术,但是如何运用还是需要教学经验的。而中老年教师对于学习新技术有畏难情绪,所以如何在教学过程中合适地用好信息技术,同样需要教师团队的合作才能更好地完成任务。不断给团队提出新任务,是促进团队发展成长的重要手段。

(二) 团队活动创新

教师团队的活动需要鼓励创新,通过灵活多样的形式激发团队活动的活力,促进团队的发展。教师团队的活动方式不能简单采取会议式或讨论式,要根据任务的性质、特点,采取有创意的活动方式。以听课和教学观摩为例,无论是考察教师(特别是青年教师)的课堂教学能力还是课外活动指导能力,都需要一个有针对性的活动形式。即使是培训,也应注意主讲的不一定是资深教师,也应该让其他教师特别是青年教师有展示的机会。再有,教师团队的活动,应尽可能地走出去开阔眼界,让教师关注社会变化动向、关心科技发展趋势,更新知识,让教学与社会更紧密联系。此外,教师团队的活动,还应充分运用网络技术,组建成"微信群"或者参加跨省市的"网络教研",实现线上线下及时交流、学校家庭及时联络、校内校外相互沟通。多种形式的团队活动可以使教师转换角色,充分实现团队之间的平等民主,特别是网络交流,更容易淡化交流双方因年龄、资历等所引发的交流障碍,彼此坦诚沟通、平等对话直至论辩讨论。无疑,这些都有效地促进了教师个人以及团队的专业成长。

(三) 团队成果创新

要激励教师团队有成果意识,同时成果呈现方式也要有创意。教师团队成果通常以论文、总结报告等文本形式呈现,有时也会以教学展示和教学研讨的形式呈现,这些都是必需的。但是,教师团队的成果必然要体现为学生的成长,那么能不能以学生的成长来展现呢?能不能运用家长的评价来展示教师团队所取得的成果呢?二附中学生党建团队——"晨晖党章学习社团"便是一例。众多学生在学习活动中,将自己的调研经历以及形成的新的经验整理出来,编撰成《党旗映"晨晖"》,并且正式出版,成为学校党建教育教师团队的一份丰硕成果。

在信息化时代,各种网络平台可以跨越时空,面向各地的教师同行展示自己的成果,以取得大家的认可,也可能激起不同观点的讨论。所以,教师团队在成果展示上需要有创意。

【案例十】 俯仰上下　语文课改引领者

> 一个教师团队能够有步骤地在学校的微观层面进行课程与教学改革，必须要有引领者，既能对课程改革目标有深层思考，又能脚踏实地地统筹安排，做出一种融合战略与战术的部署，带领团队步步推进。2003年起二附中语文教研组在首席教师、特级教师魏国良的谋划下，启动了一系列的课改措施，包括用类属化文本学习改进传统课堂教学；用大量的课外阅读拓展学生的视野；用每人一个文化类的课题研究提升学生的自主研究能力。这些措施涉及了基础型课程的改革、拓展型课程的开发、研究型课程的实施，用魏老师的话语来表达，就是语文教学要"规定动作+自选动作"，使得学生学得主动积极，大大提高了教学效益。首次实施语文课改的2005届学生在全市高考中语文学科获得第一，这一成绩的取得足以证明，只有坚持课程教学改革，才能提高语文教学的效益，才能提高学生的语文素养。

（一）类属化学习提高课堂教学效益

1999年，魏国良老师带着在语文教学中耕耘了多年所建立起来的理想，来到了二附中。

针对我国传统的语文教学方式——积累式与分析式——的不足，魏老师首先从语文学习的本源和学生语文素养的视角，认为高中语文教学方式应该是指导式。他说"语文不是老师教会的"，而要根据学生已有的认知水平，指导他们提高自主学习和阅读水平。因此他建构了适应素质教育需要的语文类属化学习的完整结构。魏老师的专著《高中语文教材主要文本类型教学设计》阐述了其指导思想、学习原则、基本途径、学习策略、学习评价等，其核心的教学思想是根据学生的认知状况，对教材文本进行类属化的指导。他把文本归类为现代诗歌类、现代散文类、现代小说类、现代评论类以及古代诗词类、古代经传类、古代史传类、古代论议类等十大类。就教师而言，在教学过程中的传统角色定位需要改变，其教学指导任务包括辨析、比较、阐说、引导、指点、评价、类推、发展等；就学生而言，类属化学习是一种内化学习活动,使学生在探寻学习内容之间关系的过程中获得新的类属认识。

语文类属化学习是语文课程与教学改革的一种有益尝试,也是适应学校素质教育改革的必然要求。相对于过去对教材文本的分析式、积累式的教学方式,类属化的学习方式把教学的主体由教师转化为学生,把单独文本的解读转化为类属拓展的阅读,提高了语文教学的效益。例如,上海高中语文新教材第一册首篇是毛泽东的《沁园春·长沙》,教师在指导阅读欣赏的基础上,给出了毛泽东诗词十首拓展学习篇目,并且提出一个学习任务:"你能否对这十首诗词进行某种分类或排序,以充分呈示毛泽东诗词的特色?"从阅读的作业可以看出,学生的学习任务完成得十分出色:有基于时间或时代的排序,有基于季节、风格、感情、语言等进行分类,不论何种方式,重要的是学生有了独立的语文判断意识,并尽力实现言而有据的语文逻辑。

很多语文教师都曾感叹传统的语文教学"少、慢、差、费",而类属化教学正是一项有效的改革措施。在魏老师的带领下,备课组对课本中的文本进行重新归类,并且拓展相同类属的阅读文本,期望学生不仅会"举一反三",而且是"读一通类"。这无疑是提高基础课程语文教学效益的有效途径。

(二) 师生互动选编拓展型阅读教材

随着二附中校本课程建设的开展,语文教研组的许多教师积极投入。当初很多语文教师设计了不少校本课程,如"文学作品中的哲学意识""先秦儒家经典文化研究""个性化作文""中国文化意象""港台文学引读""研读张爱玲",都受到学生的欢迎与好评。然而,魏老师却开了一门"读书·品书·说书"的课程。从课程名称上看似乎没有"学术味"和"理论性",然而魏老师设定的课程目标是"以书的品读为认知对象,以探究读书的策略、读书的有效性为研究内容,以学生的快捷拓宽阅读、形成高品位学养为学习目的",最终,参加这门课程学习的学生要集体完成一个特殊的"作业",即编写出一份"华东师大二附中学生必读书目"向全校学生推荐。这门校本课程蕴藏着魏老师的独具匠心:要让学生自己萌生课外阅读的欲望,让学生自己把握阅读的质量。为了让学生对阅读产生兴趣,他的讲课采取了"下午茶"的形式,师生团团围坐,给听课的学生泡上一杯咖啡,边喝边聊。魏老师侃侃而谈,用自己读书的感悟,启发学生在咖啡的"氤氲香气"之中"品书"。

课余之后,学生纷纷走进图书馆浏览群书,甚至在双休日结伴走进书店,徜徉在书海之中。在完成"华东师大二附中学生必读书目"时，学生反复讨论，各叙己见，争论不已，书目一再修改。最终列出了50本书正式向全校学生推介，引起全校学生的高度关注。许多家长看到后也表示：这份书目真是有品位、有层次，得叮嘱自己的孩子好好读书。

不妨让我们看看学生自选的"必读书目"中都有哪些：

《共产党宣言》（马克思/恩格斯）、《物种起源》（达尔文）、《天体运行论》（哥白尼）、《对话录》（柏拉图）、《社会契约论》（卢梭）、《悲剧的诞生》（尼采）、《人性的弱点》（卡耐基）、《唐吉诃德》（塞万提斯）、《巴黎圣母院》（雨果）、《复活》（托尔斯泰）、《丧钟为谁而鸣》（海明威）、《钦差大臣》（果戈里）、《母亲》（高尔基）、《呐喊》、《彷徨》、《故事新编》（鲁迅）、《孙子兵法》（孙武）、《聊斋志异》（蒲松龄）、《〈管锥编〉选读》（钱钟书）、《矛盾论》《实践论》（毛泽东）、《第三次浪潮》（托夫勒）、《时间简史》（霍金）……

以后，历届二附中学生继续推荐了其他三批阅读书目，也陆续完成了相关书目的初步阅读体验。此后又有了第五批、第六批……

在启迪了学生的阅读热情的基础上，语文教研组经过多个备课组反复的研讨，终于选编了《华东师大二附中语文深度阅读》校本教材三册（对应高一、高二、高三年级），由上海教育出版社出版。该读本还被浙江省教育厅有关部门列入高中拓展教材。全套教材以古今中外的经典作家、经典作品为专题，共有五六十个专题，每个专题遴选五至十篇文章，还编写了适当的导语与问题探究，指导学生阅读与思考。每一册均有"基础阅读""拓展阅读"和"语文视界"三个部分。这套读本，已经伴随着许多二附中的学生度过他们高中三年的读书时光，经过十余年的使用与改进，已经达到了提升学生语文学习素养和文化品位的预期，就好比是扎根于深厚的文化地层上的桩基，打好桩基才能建起属于学生的语文素养的殿堂。在二附中，物理、化学、数学历来是理科中的强势学科，很多学生具有理科特长、爱好数理化、具有在竞赛中夺金摘银的潜能。当这些学生在语文课堂和课外阅读中，也照样津津有味地品味文学的魅力、感悟阅读乐趣时，让语文老师倍感欣慰。其实，学生的阅读乐趣、阅读方法、阅读内容无不都源自语文老师的别具匠心的点拨。

（三）"自选动作"推动了研究性学习

随着上海课程改革的深入，二附中数学、物理、化学、生物以及劳技等学科都在推进学生的小课题研究,学校的科技活动也蓬勃开展。有一段时期,绝大部分学生选择的小课题都是自然科学类和工程技术类的,那么,语文学科怎样进行研究性学习?魏老师根据现代语文教育的理念,形象化地借用体操术语,把语文学习分解为"规定动作"与"自选动作"。"规定动作"是基于语文基础性教材的学习,它主要奠定语文的基本素养,属于共通性、基础性学习;"自选动作"是基于学生自身发展需要的学习,属于个性化、发展性学习。这样,既根植于语文学科教育,对学生语文素养的形成、深化、升华有积极的作用,也能满足学生发展的个性化需要,使语文学习更富有自主性、探究性、发现性。于是,二附中全体学生都要完成一个文科类的研究性课题的要求正式提出了。

2003年,高一的语文备课组在充分酝酿的基础上作出了一个大胆的决定:把每周五节语文课分解为四节基础课和一节研究课。大家都知道语文学科历来很紧缺教学课时,不要说紧缩一节基础课,就是每周增加一节也不为过。可是,推进研究性学习必须得有课时的保证。在每周一节的研究性学习的课时中,备课组几位老师共同策划安排:先开设一部分讲座,包括如何研究、怎样选题、怎样收集资料、怎样调查访问,也聘请一些专家介绍他们的研究心得和方法。随后安排学生自愿组成研究小组,反复讨论选题,老师则参与学生的讨论。学生每人一个的研究课题基本确定后,还要在小组中进行开题报告,同学们一起对选题的价值和研究的思路进行讨论,并且再次修改。这个过程要延续一个学期才能逐渐完成,而老师则成为不同学生、不同选题的指导者。寒假与暑假是学生进行资料查询或者开展调查的时机,在此基础上,学生开始撰写论文或者研究报告。教师对学生写作过程的指导必须因人而异,老师们每天都会遇到学生提出的各种各样毫无准备的问题,极大地挑战了教师的指导能力。

在经历一学年以后,大部分学生初步完成了研究报告的初稿,开始进入"展示报告""答辩质疑"和"评价总结"的阶段。学生完成的研究报告需要提前在教室里张贴公示,提出答辩申请。同班学生中随机抽取、自愿组成5人答辩小组,每位学生的答辩时间必须控制在20分钟内,其中8分钟是作者陈述报告主要观点和内容(用PPT展示),余下时间是答辩小组质疑,其他同学也可以在规定时间中自由提问。最后答辩小组经过讨论给出评价意见。由于时间关系,"每周报告"只能安排两位学生。在每次的答辩中,学生的报告和质疑无不精彩纷呈。持续一年左右而完成的研究报告,有的学生洋洋洒洒能写上了数万字(规定是5000字左右),学生研究问题的热情、阐述自己观点的欲望被极大地激发。"每周报告"还吸引了许多外校教师听课,他们为学生的研究成果以及自信的语言表达而喝彩鼓掌。

这样,百分百的学生完成社科类的小课题研究。每届学生在完成了研究性报告后,备课组教师精心编排印刷了论文集,一个年级汇集四五百篇,其中不乏许多精彩的作品。研究性报告还以一定的分值计入学生的成绩。由此,二附中学生的研究性学习从过去以自然科学和工程技术类为主转向为文理双向推进。实际上语文教研组推进的研究性学习的主题是涉及文史哲以及人文社科类,除了对文学作品和作家的研究以外,学生还对社会热点问题、国际关系问题、文化现象问题、史学研究问题等都有涉及。2005届学生的文科课题研究报告中有五个获得了上海市青少年科技创新大赛的人文社科领域一等奖。我们不妨在此浏览一下学生的研究课题:"网络文学现象的调查研究报告""保尔精神的社会价值""鲁迅与梁实秋的比较研究""从希腊神话看希腊文明""电视商业广告的发展趋势""上海弄堂语言的文化意义""凡尔纳科幻小说研究""中国人的故乡情结""石库门文化与胡同文化的比较",等等。

更令人值得回味的是,这个首先试行"规定动作"和"自选动作"的2005届学生,高一和高二每周只上四节常规的语文课,其余时间花费了不少精力去做研究性报告,然而在高考中却获得了全市的第一名!当年任教的几位语文教师回想起来,一致认为语文的课外阅读和研究性学习,特别是撰写研究报告的过程,激发了学生学习与研究语文的激情,把握了语文学习的主动权,形成了对书籍与文本的独特理解,把被动听课转化为主动学习,把大量的"刷题"变成了积极、有意义的思考,这才是高考获得第一的秘诀。

(四) 语文课程改革的实施策略

2005年10月9日华东师大二附中报告厅内,200余名来自沪、港、浙、江等地的专家云集、高朋满座,由上海市教育学会、浦东新区社会发展局与香港大学共同主办的"沪港中学语文课程改革研讨会"隆重召开。这是对二附中语文课程改革的一次现场观摩。上海市教委、上海市教育学会、浦东新区政府、华东师大以及香港大学等许多领导和专家都出席研讨会。魏国良老师作了关于"构建适合学生持续发展需要的中学语文教育"的主题发言。

魏老师对于高中学生在语文学习的"自选动作"的实施,特别提到了要讲究策略。

实施策略之一是处理好两种学习关系,即语文教材的课堂学习与个性化的课外研究的关系。只要在学生研究选题上给予一定的"规定",那么课内与课外、个人研究与集体学习就有可能沟通。而这一规定就是设定在大文化范畴。在大文化框架下,两者学习的关系是一致的,即都是致力于培养学生高品位、宽视野的文化素养。

实施策略之二是注重全流程的科学指导。从高一讲座指导、选题研究,到高二公示报告、质疑答辩,整个两年中教师都要给以全流程的指导,及时反馈研究状况。为保证研究性学习的有效性,减少课堂教学课时而专门设置了研究交流课或本周报告课。由于注重了学生为主体、教师为指导的研究式学习,有可能在减少课时数的同时保证学习质量,从而也大大提高了学习的效率。

实施策略之三是引入两种学习评价,也就是将语文学习评价划分为"规定动作"学习成绩与"自选动作"学习成绩。在开始阶段,高一的两者比例是90:10,高二是85:15。在未来可能的条件下,还将调整为80:20或70:30。这就从根本上把以往一张语文考卷判定全部学习或素养改变为两种学习共同评价学习或素养,这是符合当代社会与学生发展需要的。

实施策略之四是充分显示语文学习特征。尽管学生的研究型选题拓展在大文化范围内,但是研究报告的全流程中都要体现语文特征。从选题的表达、研究计划编制、课题方案表述到研究论文的撰写,以及口头报告与答辩,处处将语文学习要求贯穿于其中。甚至在学生的随机评价和质疑问题时,也要求字斟句酌,无一不是语文学习的过程。背离了语文学习要求,将与语文教改的初衷背道而驰。

这些策略都是在师生共同实践过程中提炼的,也是教师团队中每一位教师探索的结晶。一个团队需要引领者,但是一项事业或者一项任务,更需要一个团结合作的团队协力推进。应该说,二附中的语文教师团队中的许多教师,在课程与教学改革中担当了具有开创性的工作,他们的专业水平也得到了很大的提升,也都从不同的角度撰写出不少有质量的论文。由此可见,任何一支有战斗力的教师团队都是在课程教学的改革实践中锤炼出来的。

(骆 蔚)

第三节 卓越教师团队的构成与行动

卓越教师团队的构成是复杂和多元的。一所学校的教师团队构成的复杂程度是该学校卓越程度的重要表征。就华东师大二附中而言,教师团队存在多种类型、多种形态和多种功能,承担了多种多样的教育教学任务。以下我们将对二附中的"八大教师团队"逐一进行剖析,以深入探究卓越教师团队的构成。

一、德育教师团队

华东师大二附中是一所负有"为国育才"强烈使命感的学校,坚持德育为先,面向全体学生,着力提高学生的社会责任感、创新精神和实践能力,培养学生具有社会主义核心价值的现代公民素质,为学生未来的成人成才打下坚实的品格基础。同时,学校一再提倡"全员德育",强调"人人都是德育工作者",所以,德育教师团队的构成最为复杂,德育教师团队实际是一个"团队群"。

以学生发展中心(学生处)为核心的德育管理团队整合了年级组、班主任、团委学生会、心理健康、卫生保健和宿舍管理等部门,是一个促进学生全面发展的团队力量。学校多年来一直是"上海市中学生行为规范示范校",有一套相对完善的德育管理制度。德育管理已经是有社会影响力的"品牌",例如原校长何晓文、戴立益以及现任校长李志聪领衔了上海市中小学学校德育管理实训基地,将学校德育管理的理论和经验向全市辐射。

为了推动教学与德育的有机结合,学校在2004年成立了"学科德育"研究团队,首先在理科教学中探索如何体现德育价值。"学科德育"研究团队包括了校领导、科研室、教研组的相关人员,并于2006年出版了《学科德育的探索与实践》一书,收录了30多位教师的研究报告和教学体会。在此基础上,学校还组建了面向全市的上海市物理、历史、地理、科研、创新教育等学科的德育实训基地,在不同的学科领域开展学科德育的研究,出版了《学科德育研究》《育德行为机制研究》《德育引领创新》等一系列成果。

为了实现"德育课程化"的目标,德育教师团队还构建了德育类课程体系。德育校本课程分为四大板块、三大系列。四大课程板块为学科德育板块、德育活动板块、德育专题课程板块和综合实践板块,每一板块的课程又分为必选和自选两个项目。三大系列则根据学校德育的总体目标,进一步将课程的具体目标划分为人格养成系列、人生技能系列和文化拓展系列。人格养成系列课程包括"我与大家""心灵捕手"等健康心理类课程、"中国特色社会主义理论""国内外时政热点问题"等公民意识类课程、"爱与感动""幸福密码"等随感品质类课程;人生技能系列课程包括"生理基础""我的生涯我做主"等自我认知类课程、"口语交际""沟通技巧"等人际交流与合作类课程、"领导素质与领导力"等决策力与领导力课程、"青年理财"等社会适应类课程;文化拓展系列课程包括艺术审美类、中华文化类、国际视野类等。

为了推动二附中的德育创新,德育教师团队还进行了学生自我管理模式的探索,建立以"自觉、自律、自强"为主线的"自主教育"模式。德育教师团队指导学生自主设计德育方案和自我评价系统,形成了学校晨会、学生讲坛、学生电视台、广播台等多位一体的学生自我教育的渠道。在两届团学联干部的努力下,编写了"校园生活指南",其中包括校园文化篇、学习设施篇、学业发展篇、校园服务篇、能力成长篇、娱乐生活篇、宿舍生活篇、校园秩序篇,成为二附中学生学习生活的"百科全书"。

德育教师团队还包括"导师团队"。这是面对学生生涯规划设计、学校实行"全员导师制"后组建的新团队,他们的任务是发挥"价值导航"和"学习引领"作用。导师不仅关注学生的学业,更关心学生的学业规划、心理疏导和人生设计,定期或随机地个别谈心和交流,缓解学生的学习压力和心理困惑,让学生明确自己的近、远期目标,促进学生健康成长。这个团队根据学生在不同年段所呈现出的不同特点展开分层服务,例如高一主要是帮助学生调整心态、调整学习方式来适应高中生活;高二则是从自我成长的角度为学生的能力发展搭建平台;高三则更多提供心理健康咨询和生涯发展规划的服务。此外,这个团队还致力于构建学校、家庭、社会一体化的格局,不仅服务学生,也服务家长,帮助家长掌握一些心理常识,了解学生青春期心理发展的特点和规律,给孩子以良好的行为示范。

二附中还有一支特殊的德育教师团队,即学生党建工作团队,由时任学校分管学生工作的党委副书记蒋建国老师和一些党员教师构成,主要负责学生的党史党建教育,并组建了"晨晖党章学习社团",形成三级培养制度。"晨晖党章学习社团"以引导优秀高中生树立马克思主义的世界观、人生观、价值观为宗旨,以贴近时代、贴近社会、贴近青年学生的专题调查研究为主要载体,开展生动丰富、形式多样的社会实践活动,帮助学生树立和坚定理想信念,努力成为追求卓越、志存高远的一流人才,成为中国特色社会主义事业的传承者和接班人。多位中共上海市委领导都曾经回信"晨晖党章学习社团",亲切地答复学生提出的一些问题,对学生追求的理想信念给以巨大的鼓励。从1985年至今,二附中已有140多名学生加入了中国共产党,这些学生如今大都已经成为各业界德才兼备的领军人物。

二、课程建设团队

由于课程改革任务的驱动,华东师大二附中的课程建设不断深入,学校课程的建设已经成为常态工作。许多教师具有开发建设校本课程的能力,课程建设团队也呈现出"团队群"的特点。

以学校教务处为核心的课程建设团队,包括各教研组团队、校本课程开发的教师团队、慕课或微课开发的教师团队、德育课程开发的教师团队、大学先修课程开发的教师团队等。这些不同的教师团队担当不同性质的课程开发任务,他们为构建二附中卓越课程体系做出了重要贡献。

根据学校的总体规划共包括大文化类课程、STS类课程、荣誉课程、社团活动类课程、德育课程这五大类课程的校本课程体系,先后开发了500余门校本课程,允许学生自主选课,许多教师的课程受到学生的欢迎。2008年在开设选修课程的基础上,有50位教师出版了校本教材,因此一些媒体称二附中拥有"课程超市"。

针对部分学有余力的学生,二附中在2002年起就推出"荣誉课程",即大学先修课程。2012年底北京大学推出"中国大学先修课程"的计划,华东师大二附中派出五名优秀青年教师赴北大短期培训后,在本校开设五门先修课程(微积分、电磁学、大学化学、中国古代文化、中国通史),并且组织学生参加北大组织的考试,作为北大自主招生录取的重要依据之一。这项任务探索高中与大学教育相互衔接的内容和途径,满足学生个性化和多样化的发展需求,同时也使更多的教师在自我实现中得到了事业成功的"高峰体验"。

二附中针对学生特长和发展潜能,构建了"理科实验班""科创实验班""人文实验班""国际课程班"四种类型的特色班级,更需要创设不同的课程以体现不同的培养方向。因此,学校又推动了卓越特色课程的开发建设。以"理科实验班"的课程建设而言,是需要适应物理、化学、数学、生命科学和计算机五大门理科奥林匹克竞赛的需要。二附中相关教师在多年探索教学的基础上,自编了《物理》《化学》《数学》等适用理科竞赛训练的教材,并且由上海教育出版社正式出版,除了供本校卓越学院使用以外,还受到社会欢迎,乃至出版社多次加印再版。"科创实验班"的课程建构更有其特殊性,因为除了共同性的课程如"科学探究方法""实验基本要求""社会调查方法"以外,更需要的是个别指导。这对科创实验班教师团队是一个挑战,需要不断地"跨界"学习。"人文实验班"的课程建构则重视了中华优秀传统文化和国外优秀文学,构建了很多社会调查、社会实践类的活动课程,以扩大学生的文化视野。"国际课程班"必须在完成国内的高中基础课程学业的同时,还要适应国外大学入学考试的需要,开设 AP 课程,如"微积分""统计数学""美国历史""人文地理"。这个课程团队的教师运用 AP 教材进行教学,对国外课程教材有深入研究的机会,也提高了他们的课程视野。

  课程改革中出现一些新问题,教师也会因"问题"而聚集共同研究。例如,当"慕课""微课"的新课程形态出现后,一部分教师特别是青年教师自发参与,在学校支持下开展了"慕课""微课"的课程设计。在运用 iPad 进行课堂教学中,学校也组建了以青年教师为主的团队进行实验教学,一名地理教师运用 iPad 上了《板块运动》被评为上海市青年教师教学大奖赛的一等奖。学校努力推行的"六个百分百"的育人模式,也需要构建课程。在部分教师的团队努力下,编写出《100 个必做实验指南》《志愿者活动指南》《社团活动指南》等课程指导文本。这些成果的背后,都是一个个教师团队辛勤工作的结晶。

  学校中课程犹如一棵大树,它枝叶繁茂,从主干分枝,纵横交叉。如果把基础课程比作"生命树"的根基和主干,那枝干就是众多可选择的课程;课程大树中的浓密枝叶和斑斓花朵则满足了学生多彩的课程需求;依附着大树的藤蔓和树荫下的草坪,也象征着校外的课程资源。它们组成为一个生机盎然的课程大树的生态系统,为培养学生提供最好的环境,同时也为教师团队的发展提供着良机。

三、名师指导团队

  华东师大二附中历来重视名师的培养,重视发挥名师的指导引领作用。在 60

年的办学实践中,学校能持续发展,其主要的原因就是始终拥有一批各学科的优秀教师。二附中还特别重视名师团队的建设,让名师在团队合作中更加自觉地发挥应有的作用。

2000年,二附中评选了首批八位首席教师,组建了名师团队。这个团队明确自己的使命,即为全校教师做出示范榜样。他们欣然接受任何老师在任何时间都能推门听课,这项规定也迫使首席教师必须兢兢业业地上好每一堂课。由此,一种珍视课堂生命和关注教学质量的氛围在学校中弥漫。教师们的身边就有"名师",使得大家感觉到名师不仅"可学",而且名师也是"可做"的。不可否认,学校自行命名"名师"也会有一些不同的意见,名师们需要自我提高。而且,二附中的领导也很有气度和担当,2008年在二附中50周年校庆前夕,二附中领导班子决定为八位首席教师举行八场教学思想研讨会。这不仅是对首席教师的一种尊重,更是对他们的鞭策。每场教学思想研讨会都面向全市,以学校名义邀请华东师大等上海市高校专家教授、上海市教委和各区有关教研员以及上海其他学校的名师参与,嘉宾云集、场面隆重、气氛热烈,把二附中的名师团队推向全市的教育平台。事实证明,首席教师团队的组建,既发挥了名师的作用,也促进了名师的继续成长。

目前,学校教师队伍由10%的首席教师和特级教师组成的名师团队、40%的各学科骨干教师、50%的青年教师组成的金字塔梯队结构构成。数十位教师被授予市、区级"名师"称号,获得全国、市级、区级园丁奖或优秀科技辅导老师等荣誉。

二附中支持本校名师担任市、区的名师培养基地的主持人和市、区的学科德育实训基地的主持人。担任这项任务的教师必须承担面向全市或全区的骨干教师的培养任务,但是二附中领导很支持他们担当这项任务。学校领导相信自己学校的名师担任此项任务,必然会对他们的业务水平有很大的提升,也会在学校中更好地引领自己的团队。校级领导也担当了培训基地的主持人。

现在二附中形成一种"校门大开"的局面,几乎每天都有基地团队的活动,有全市各校前来参加培训的教师。通过与各校教师的联系,二附中的教师也得以开拓视野、获益匪浅。

在培养名师团队上,二附中还支持教师参加上海市或浦东新区的命题、参加市级的教材编写与审查、支持名师参加教育部和上海市的课程标准的制定、支持名师参加各种评审活动等工作,以及担当华东师大、上海师大的研究生培养工作和浦东新区新入职教师的指导工作,从而极大地提升了名师团队的学术视野和学术水平。

2015年二附中还组建了教育教学指导委员会,这个团队包括所有特级教师、首席教师,属于校级学术核心团队,其任务是发挥名师作用、共谋学校大计,推动学校卓越教育发展。这些名师团队在引领二附中教师专业发展中发挥着独特作用。

四、奥赛指导团队

1991年,二附中学生首次在国际中学生物理奥林匹克竞赛中获得金牌,随后,积极培养理科见长的学生并且参与奥林匹克竞赛成为学校的特色之一。1994年原国家教委在北大附中、清华附中、北师大附中、华东师大二附中等四所部属重点中学试办面向全国招生的三年制高中理科实验班,集中在全国数理化竞赛中有突出表现的应届初中毕业生,给予特殊培养政策进行教改试验,并且明确了三个目标:探索对理科学习成绩优异的学生进行教育培养的规律;研究高中与大学教育衔接的有关问题;深化普通高中教育教学改革,为国家培养德智体全面发展和在理科方面具有突出特长的优秀高中毕业生做出贡献。在以理科实验班为重点的教育教学探索过程中,二附中形成了"科技教育与人文教育相结合""学科课程与活动课程相结合""统一要求和个性特长相结合"的特色,努力把高中理科实验班学生培养成为综合素质优秀、理科特别突出的优异人才。

自20世纪90年代以来,二附中成立了奥赛指导团队,汇聚校内一批优秀理科教师,以合作的教师团队为载体,以培训课程构建为平台,涵盖了数学、物理、化学、生物、信息五大理科竞赛学科。这支奥赛指导团队,具有明确的团队目标和以团队荣誉为己任的合作精神,是共同承担责任的教师集合体。奥赛指导团队首先提出了"金牌精神",他们认为金牌固然重要,但是"金牌精神"更重要;无私奉献、团结协作、艰苦创业、自强不息的"金牌精神"不仅成为二附中奥赛的一面旗帜,更成为整个团队锐意进取、昂首前进的精神动力。

五、科创指导团队

二附中在普通高中领先开展创新教育,在创新人才培养过程中,学校对普通高中阶段创新人才培养的关键环节和核心因素作了系统研究,结合对以往创新人才成长和发展的特点与规律的调查,提出学校要真正做好"育人为本、德育为先",必须真正解决创新人格培育这一创新人才培养的"灵魂"问题,即"以德育引领创新"。2008年经上海市教委批准正式创建科技创新实验班,科创班的培养目标为"起点高、基础宽、能力强、会研究、努力培养创造欲"。自2000年起,二附中始终有学生入选中国代表队参加在美国举办的英特尔国际中学生科学与工程大赛(简称ISEF)并不断取得佳绩,先后有多位师生因ISEF大赛的优异成绩获得小行星命名的荣耀。冉冉升起的科技之星成为这阶段二附中人才培养的鲜明特征。

二附中的科创指导教师队伍首先是依靠自身师资力量组建的。2002年为了适应培养创新型人才的需要,在学校试行百分百学生要完成一个小课题的基础上,需要一些教师志愿加入指导教师团队。最初的指导教师团队有十来位教师参加,其中有生物、劳技、地理、物理、化学教师包括实验员加入,探索如何指导学生完成研究课题。后来,学校加强对科技指导教师的培养,支持娄维义老师在职完成了华东师大生命科学学院博士学位的学习,成为这个团队的领头人。同时学校还引进一些专职的科技指导教师,建立了一支专兼结合、校内外结合的科创指导教师队伍,既鼓励任课教师担任学生的课题指导老师,又广邀高校、企业和科研院所的专家担任学生的兼职导师,形成外延宽泛的创新指导教师团队。为保障创新人才培养方向,学校在"科创实验班"试行双导师制(人生导师+课题导师)。人生导师负责学生人生发展方面的教育引导和服务,特别是负责学生在思想政治、心理等领域的教育,保证创新人才培养的价值导向、人格基础和心理健康。课题导师主要由本校的科技教师团队担当,学生在课题导师的指导下开展课题研究,要求学生三年内完成一至两个科学研究课题,让学生在科学研究中培育创新意识,获得创新体验,提高创新能力。这个团队已经成为华东师大二附中的特色团队,承担着培养具有科技创新能力和实践能力的学生的重任,支撑着学校科技创新特色的形成。

六、人文教育团队

随着华东师大二附中卓越学院的成立,"人文实验班"同样得到教师、学生和家长的认同。人文教育不仅体现在语文、外语、政治、历史、地理、美术、音乐和体育这些课程中,数学、物理、化学、生命科学、信息技术等这些课程也闪烁着人文精神的光芒。二附中也组建了人文学科领域的教师团队。

由"人文实验班"的任课教师组成的人文教育的教师团队,以"人文实验班"的班主任为核心,共同探讨如何培养学生的个人修养、社会关爱、家国情怀,引导着学生对人的生命存在和人的尊严、价值、意义的理解和把握,对"真、善、美"以及对价值理想的执着追求。他们积极开拓课程资源,邀请大学教授加盟,并且打通语文、外语、历史、政治、地理等文科的壁垒,构建起文科多学科交叉的课程,还定期邀请具备深厚人文素养的著名学者、专家开展系列的人文讲座,既为学生增添人文修养,也提升了教师的人文知识。

人文教育团队对全校其他课程进行了统整,构建了人文综合课程、活动体验课程、文化浸润课程三大课程体系。其以国家课程为主导,夯实知识基础,形成系统的知识体系;以拓展课程为补充,重在解读、赏析中外文学经典名著、现代文学作品,掌握中英文阅读技能;以活动课程为重点,开展以活动为载体的实践和体验课程,通过数字语音实验室、学生自主学习平台、人机互动平台和各种学生社团,开展学科实践活动,让学生在经历和感受中获取知识、运用知识,以达到知识的内化和生成。

七、社团指导团队

丰富多彩的社团活动传承了华东师大二附中长期形成的文化积淀、办学理念和人文精神,给校园文化建设带来了生机和活力,促进了校园文化多渠道、多层次、高质量的发展。学生社团活动有利于把学生吸引到自主发展的道路上,培养他们健康向上的精神风貌。社团的建设是强有力的群体力量,处于社团之中的学生,在社团的成立、发展过程中,关注身边的人、事、物,形成群体团队意识,促进学生在走入社会前,在校园生活中体验与他人的交往和联系,为他们成为"卓然独立"的精英人才打下扎实的基础。

以团委为核心的社团指导团队秉承了二附中多年的优秀传统,在社团活动时间积极为社团进行指导,锻炼学生能力,打造一个个过得硬的品牌学生社团,涉及了科技创新类、学习研究类、文艺体育类、社会实践类等各个领域,如模拟联合国、赛智、JA公司、方舟文学社。与其他团队不同的是,社团指导教师是由学生聘请,而不是由学校指定的,也不是教师自我决定的。学生在组建社团时,会邀请他们认为合适的指导教师,有的指导教师的学科特长是被学生充分了解的,例如哪位教师在古文阅读方面非常有造诣、哪些教师在理化实验方面很有研究、哪位教师擅长天文观星、哪位教师旅游经历见多识广,他们都可能成为学生社团的指导教师;还有一些教师有爱好特长,例如擅长书法、篆刻、油画、太极拳的老师也会被邀请为学生社团的指导教师。这些教师"受命"于学生,扮演着学生"同伴"的角色,成为一支很独特的社团指导团队。在学生社团节到来之时,教师们也参与其中,展示学生社团的成果和风貌。

八、国际教育团队

华东师大二附中的国际部创建于1999年,是经上海市教委批准设立的招收12到18周岁的外籍学生进行初中、高中学历教育的五所公办国际部之一。二附中国际部不仅是国家汉办(全称国家汉语国际推广领导小组办公室)的汉语国际推广基地、HSK考试基地、国务院侨办下属的华文教育基地,同时也是AP学校、SSAT考点、剑桥大学优秀生源遴选基地等。2015年,二附中国际部紫竹校区正式招生,实现了"一部两区"跨越式发展。

以国际部为核心的国际教育教学研究团队,集合了国际部和本部国际课程班的优秀师资,他们致力于构建中外交融的课程体系,既保留了二附中教学的传统特色,又引入了国际先进的教育教学理念,促进学生国际竞争力的提升。国际部以"中西合璧"的课程和教学为特点,注重学生综合素质、基础知识、外语能力、创新能力协同发展,旨在培养立足中国、具有国际视野的未来领袖人才。

首先是注重在本校课程中融入国际教育元素,充分发挥二附中在多年办学过程中积累的课程建设优势。尤其是对照国外相当于高中程度的理科课程,为改进本校理科教学提供了一些参考性的思路。其次是努力融合国际IB课程、美国AP课程,构建较完善的国际课程体系,运用于"国际课程班"的教学。2017年"国际课程班"的学生全部进入美国等地的名校。

学校对这支教师团队加强了海外研修,组织教师参与美国大学理事会(College Board)主办的AP管理教师和学科教师培训,开展与发达国家和地区国际课程教师的深度合作,使一批中青年教师逐渐成长为通晓中外文化、能进行国际教育实验的生力军,为国际课程教育体系的建设提供有力支撑。

这支教师团队在学校的对外文化交流中起了重要的作用。一是在国际部教学中加强中华民族文化的教育,除了开设有关课程以外,还经常组织外籍学生外出游学、参观访问,让这些在中国长大的外籍孩子对中国和上海拥有完整美好的印象。

二是完成每年暑假或寒假由国家汉办、侨办安排的外国学生的短期访学项目,累计接待了几十批近两千名学生。三是完成各类 SHK 考试,为参加考试的各位外籍人士提供良好服务。四是加强本校学生的国际理解教育,组织好本校学生接待好外国朋友参观访问与对外交流。

纵观这八大教师团队有以下特点:

一是教师团队依据任务而生成。课程教学改革越深入、学校教育职能越丰富,所需要的教师团队便应势而生。所以,教师团队的构成反映了一所学校卓越发展的程度。

二是有的教师团队的构成呈现出"团队群"的现象。例如"德育教师团队"会根据不同时期的不同任务重点派生出新任务下的新的团队。"课程建设团队"同样也是随着学校长期不断深化的任务而调整,在不同部门或不同时期,会有不同的团队承担不同的任务。

三是教师团队之间不仅人员会有重复,任务也会有交叉。例如"国际教育团队"也具有"课程建设"的任务。在学校的团队中,有不少教师是参加多个团队,表明教师的责任与任务也多是多元的,教师的教育经历丰富更有利于促进他们的专业成长。

以上八大团队尚未包含常规的"教研组团队"和"年级组团队",也还有一些团队并没有列入其中,例如"科研教师团队",因为科研任务都是与教育教学任务相关联的。这些团队是共同成长于二附中这个教育发展共同体中的"细胞",他们相互依存、相互促进、共同成长,这无疑是一种教育生态的共生关系:一方为另一方提供有利于生存发展的帮助,同时也获得对方的协同支持。从生态系统视角而言,任何有机体与新的生物群体的融合共生是地球上发生的进化过程中最重要的创新来源,形成了一种相互依存、和谐统一的命运关系。二附中这一教育发展共同体各群体之间正是这样一种共生关系,其各群体内部也不断发生着类似于生物进化般的更新与发展。教师团队的发展,促进了学校的教育生态共同体内部的共生关系,这些教师团队之间相互联系、彼此影响,同呼吸、共命运,共同营造了这个充满魅力的教育文化气场。

第七章 卓越教师团队的建设

> 本章重点阐述教师团队"如何建设"的问题,亦即教师团队的"打造方式",从团队建设的需求、机制、动力等因素阐述一所学校建设一支"卓越教师团队"的可能性,并且从"教师团队""卓越教师团队""二附中卓越教师团队"三个梯度分层递进地来分析打造方式。

第一节 教师团队的基本建设

学校是教师成长与发展的场所,教师团队建设是学校发展的基石,团队建设中所产生的向心力、凝聚力更是学校发展的原动力。团队建设能促进成员的合作意识和能力的发展,达到学校整体与教师个体"双赢共好"的效果。

一、以校为本做好规划

教师是学校发展的第一资源,只有教师的可持续发展,才能打造可持续发展的学校,进而促进学生的可持续发展,真正发挥教育的内在价值。一所学校根据发展所面临的多项任务,需要建立不同的教师团队,在完成任务的过程中形成和推动团队建设,让团队的教师在学校发展的同时,也实现自身的职业价值。

学校的发展需要团队建设,促进教师专业成长是团队建设的目标之一。所以,许多学校都会制订教师专业发展规划,根据学校发展的需求与师资队伍的现状基础,以校为本、以师为本地做好未来3—5年的教师专业发展规划,将教师专业发展和教师团队建设纳入有目标、有计划、有措施、有评估的规划之中。学校的教师专业发展规划一般包括基础分析、指导思想、发展目标、任务与举措、保障措施。基础分析包括工作回顾与现状分析(师资队伍建设、研修组织建设、研修制度建设与实施、课程建设与实施、示范辐射)、总结与反思(优势与经验总结、问题与改进思路);发展目标包括总目标和分年度目标;任务与举措包括年级组、教研组及青年教师等团队的常规任务与特殊任务、长期任务与短期任务;保障措施包括组织保障、制度保障、专业保障、经费保障。这样,就把教师团队建设纳入学校发展的重要部署中。

二、基于管理、超越管理,引导团队合作

团队建设需要学校通过管理来规范,但是,在注重制度管理的同时,还需要建立团队之间以及团队内部教师之间相互支持、相互配合的机制。一方面通过制度规范团队发展的行为,另一方面要积极创设条件营造教师团队自我发展的良好氛围,促进各个团队之间的配合,发挥团队建设对教师专业成长的引导作用。

学校的管理需规定教师团队的职责和权利。教师之间的合作是团队存在的基础,而团队之间的配合则成为学校工作的保证。学校管理应该逐步从制度管理引导教师走向自觉合作,构建共享机制并促进机制的运行,在必要的制度规约下,教师在共享的机制中不断实践,达成合作价值的认同,将合作关系内化为责任与精神。这样的合作,使自上而下的组织管理转化为教师自主自觉的行为,让教师通过自身的切身感受,产生对本职工作的自豪感和使命感,对团队的认同感和归属感,愿意把自己的思想、感情、行为与整个团队联系起来,从而使团队产生强大的向心力和凝聚力,发挥团队的整体效应。

三、聚焦学科素养的提升

在教育综合改革的背景下,各门学科的教学理念、教学内容、教学方式、教学手段都在不断变革中,这就推动了整个学科教学的发展。学科发展也驱动了教学团队建设,不同层次的教师需要依靠团队这个平台相互学习、相互探讨、互相借鉴。例如,很多教师团队由此形成了诸如青年教师导师制、集中备课制、教学观摩活动及经验交流等活动形式,这些团队的活动有力地推动了团队建设,促进了团队中的

教师共同研究、不断创新教学,从而推动教学内容与教学方法的改革,促进教学研讨和教学经验的交流。教师在与同伴的合作互动、实践反思的过程中进一步开展课题研修,得以充分发挥团队相互启发、相互督促、相互激励的优势,拓展教师的视野,丰富教师的教学体验,从而促进教师专业水平的进一步提高。

上述三个方面,是所有学校都面临的共同需求,即教师团队在任何学校都有必要存在。

【案例十一】 青年教师 扣好第一粒扣子

> 华东师大二附中现有专任教师133人,其中35岁以下青年教师66人,占全校教师的49.6%。青年教师决定了未来整个学校的发展走向。抓好青年教师的教育教学观养成十分重要,学校要指导他们扣好教育生涯的"第一粒扣子"。
>
> 本着"高端定位、深化落实、严格要求"的指导思想,二附中已形成规范化培训团队与课程体系,积极有序地开展形式多样的课程建设活动,侧重培训工作的操作性、实践性和综合评价,夯实青年教师教学基本功。

(一)健全组织机构

华东师大二附中坚持"教师第一"的学校发展观,高度重视青年教师队伍的建设,成立了以校长领衔的教师专业发展小组,制定了《华东师大二附中青年教师培训方案》,入职五年内的青年教师均配备学科指导教师和班主任带教导师。

(二)制定培训方案

1. 培训方式多样

培训主要采取集中培训、个别指导、岗位实践、网群交流四种形式。集中培训:学校根据培训模块内容,安排相应主题,注重通识教育,每月以集中培训与分块研讨相结合,使新进教师尽快融入二附中文化,加强彼此间的交流与学习,锻造职业精神。个别指导:学校选派师德高尚、业务过硬、知识渊博、经验丰富的区级骨干教师和优秀校级骨干教师与入职五年内的教师结成师徒对子,明确责任、制订计划、落实方案,每学期有总结有交流,在导师的指导下,认真完成岗位职责,积极观摩优秀教师的教学活动,并做好相关记录和学生评价,使青年教师尽快缩短"适应期",加快"成长期"。岗位实践:使新进教师了解岗位要求,探讨新教师共同关注的问题,提升教育教学技能。网群交流:以微信群为环境载体,以微课程为核心构建教师培训体系,不仅可以使教师能够随时随地地利用碎片时间进行自主学习,而且还能使教师与其他学员和培训组织者随时讨论互动,大大增强了教师培训的吸引力和感染力,并且及时的信息反馈可以让培训组织机构及时掌握培训的效果,发现培训的问题和不足,不断更新课程资源。

2. 培训内容规范

培训内容包括四个模块:职业感悟与师德修养、课堂经历与教学实践、班级工作与育德体验、教学研究与专业发展。四个模块目标明确,逐步让青年教师掌握各项工作的基本程序与行为规范,从而能够较好地胜任并独立完成工作。

3. 培训考核严格

听课评课制度化,要求青年教师每周至少听导师两节课,要求导师每月至少听学员两次课,对岗位实践、教学观摩活动进行记录,及时开展评课交流会,对教学过程中出现的问题对症下药,因势利导,对青年教师的学习态度、参与度、展示效果等予以评定,根据阶段总结进行评优。

(三) 方案实施到位

四个模块课程体系均有主题、内容、时间、地点、主讲人,并且构建了培训课程。

1. 职业感悟与师德修养

培训课程包括诠释二附中的文化,激发青年教师的自主发展;回顾二附中发展历史,勉励青年教师努力传承"卓然独立、越而胜己"的品质追求,站稳课堂,不断提升自己;提出二附中优秀教师的具体要求,激发青年教师对二附中的认同感和归属感;提出了"创世界一流高中"的发展愿景,强调青年教师应该继承二附中的理念和价值观;每位教师要为学生的一辈子负责,为他们的终身幸福奠定基础;每位教师要为社会负责,为民族复兴和人类进步培育领袖人才;要求青年教师积极主动地向带教导师学习教书育人的思想与方法,虚心接受导师的批评与建议,以导师为榜样,不断提高教育教学水平,努力做到青出于蓝而胜于蓝。

2. 课堂经历与教学实践

定期观摩二附中优秀教师的展示课,课后授课教师与青年教师进行交流互动,讲述磨课的过程和细节,如何严谨有效地设计一堂课,分享自己的心得体会,感染青年教师,激励青年教师要有目标与教育追求。定期举办青年教师汇报课,组织专家对青年教师的汇报课及随堂课情况进行总结、反馈与交流。要求从学生角度设计教学内容与方法,引导学生积极思维,营造活跃的课堂氛围;抓好教学常规和教学规范管理;有针对性地开展教学设计、板书设计、学案设计、试题设计、合理使用现代信息技术等专题研讨;组织中青年教师观课评课,尤其是要加强备课组或教研组的观课评课活动;完善教研组与备课组的考核机制。

3. 班级工作与育德体验

定期召开班主任及学科团队的班级工作与育德体验交流会和专家讲座会,要求每一个老师都应该将学科核心素养落实到位。授课绝不仅仅是知识的传递,更是人格"润物细无声"的感染。要求青年教师掌握学科德育的要求和德育能力。

4. 教学研究与专业发展

定期举办主题论坛,如"说课与教学的有效性",对课程标准和教材的理解、对学情的分析、对教学立意和教学目标的设计、对课堂程序的规划、对学习方式的选择、对教学手段的运用进行了详细的分析,解读说课的过程实际上就是教学立意明晰的过程;"如何听课、评课",精心选取了公开课视频,结合教学实例,细致入微地对视频进行分段讲解与点评,理论与实践并重;"关于教学设计的撰写",精选教学设计做案例,进行详细的点评,从教材分析、学情分析、教学目标、教学重难点、教学设计总体思路和意图以及教学过程进行说明和分析;"如何命制一份高质量的试题",引入大量经典案例,了解测试的性质、重温课标和教材、制定"命题双向细目表"、按照双向细目表命题、试答全部试题、调整完善试题、制定评分标准与参考答案、确定给分尺度、做好试卷版面规划、积累实测数据;"如何做一名二附中好教师",基于青年教师的汇报课及随堂课情况,分学科、分类别地进行了细致入微的总结,结合翔实的课程实例,指出青年教师在教育教学中存在的一些问题,并分别提出富有针对性、可操作性的改进建议。

(四)校本培训特色

1. 课程系统化

二附中见习培训包括三类课程:第一类是通识课程,包括教学设计、课堂教学、课堂教学评价与教学观察、教师角色转换、班主任的职责与任务等教学与德育课程;第二类是学科专业课程,如学科知识与技能的培训课程,包括学术指导报告和讨论会;第三类是实践课程,结合通识培训课程,落实基本功训练,推进实践活动的主题化。

2. 主题系列化

卓越教育作为二附中的品牌,二附中拥有"八大卓越教师团队",根据见习教师规范化培训目标主题,设计表格,分成若干个子题目,遴选二附中卓越教师团队特长教师,充分发挥卓越教师的积极性与主动性,采取自选优势项目主讲,形成讲座系列,系统进行培训,促进见习教师综合素质的提高,使见习教师尽快从幼稚走向成熟,从感性走向理性。

3. 培训多样化

(1)名师引领,由二附中教学指导委员会组成的校内专家团,结合校外专家,根据见习教师成长节点,在最恰当的时间做最合适的专题培训,系统介绍教育教学理论、教师急需解决的教育教学问题,帮助见习教师站稳课堂,走好教育生涯第一步。(2)"青椒论坛",让优秀青年教师走上讲台,阐述教学理念,分享教学经验以起到辐射和传递的作用。引发见习教师对一些问题的深度思考,在交流中共勉,在切磋中提高,激活学校的学术气氛,激活教师的专业思考。(3)教师沙龙,本着"聚集体智慧,扬个人风采"的宗旨定期开展,围绕"专家引领""青椒论坛""自主学习"所确定的主题畅所欲言,共同探讨,各抒己见,在互动交流中,感受集体智慧的力量,感受到互助合作的团队精神。每次开展教师沙龙活动,详细记录活动的全过程,活动结束后,全面整理研讨的主要问题、教师们提出的各种解决办法、最后达成的共识、还需要解决的问题等,为以后的活动提供借鉴,成为最实用、最生动的"教科书"。(4)教学比赛,定期举办中青年教学比赛,旨在创新课堂教学和激发中青年教师爱岗敬业的热情,造就一支业务精湛、结构合理、充满活力的高素质专业化教师队伍,提高学校教育教学质量和整体办学水平。(5)联谊活动,为了增强青年教师的凝聚力,学校开展丰富多彩的活动,组织青年教师包饺子、听音乐会、观看话剧、与兄弟学校青年教师开展联谊活动。青年教师在一起交流思想,增进友谊,大大地调动了见习教师学习的积极性和主动性。

4. 经验共享化

为了促进对青年教师提供科学有效的指导,定期开展青年教师导师培训交流会,回顾培训中出现的问题,共享经验,互相培训。对某些做法、问题、困难及经验定期交流、诊断与研讨，集思广益，共商对策，互相借鉴，及时采取解决方案，传承好的经验，及时弥补不足。

5. 管理精细化

二附中对导师的培训和青年教师的培训双管齐下，将捆绑式和浸润式培训有机结合，对导师履职情况与学员作了交流，互相监督、互相促进，查缺补漏，使他们在工作中能够按照方案和规划踏实进行，坚持听课、及时点拨。在班主任工作的实践培养方面，学员们能够深入班级了解学生，向班主任导师学习。

总之，二附中青年教师各项培训工作力求做实、做细、做规范，有目的、有计划地对本校师训工作不断地进行批判性的思考，及时调整课程体系、培训计划，提升以往的经验，创设具有二附中特色的、科学的、先进的、有效的对全市具有引领示范与辐射作用的培训课程系统，让青年教师扣好教育生涯的第一粒扣子。

（李环宇）

第二节　卓越教师团队的建设

作为师德高尚、专业基础扎实、教育教学能力和自我发展能力突出的高素质专业化教师，卓越教师的团队建设不仅仅是培养优秀的教学能手，而是要培养"有思想、有见解、会教育、会创新"的教师。这是与一般教师团队的区别。因此，卓越教师团队的建设还有更深广的需求。

一、顺应课程改革发展的需要

卓越教师及其团队的形成与发展都与我国基础教育持续全面深化改革的背景密切相关。自20世纪80年代以来，我国基础教育发展过程就是一个不断深化课程与教学改革的过程。尤其是2000年前后，教育部明确提出加强实施素质教育，启动编制基础教育课程方案和各门学科课程标准的工程，并且根据课程标准编写教材，形成"一纲多本"的格局，出版了多版教材供地方和学校选用，全面推动了基础教育的课程与教学改革。在新课改中还构建了"三级课程"的管理体制，在课堂教学中又凝练了"三维目标"，同时积极推进学生的研究性学习，并且通过教学方式的改革,提出教师角色转变的任务。21世纪以来的我国基础教育的课程改革前所未有地全面推动了素质教育的实施,是中华人民共和国成立以来最为深刻的教育变革。2016年教育部又组织专家对课程标准进行修订,并发布了"中国学生发展核心素养"总体框架,以"立德树人"为教育的根本任务,继续全面深化教育改革,促使学生核心素养的提升。在此背景下,对教师队伍建设提出了一系列新的要求,尤其是中共中央和国务院于2018年1月颁布的《关于全面深化新时代教师队伍建设改革的意见》,对教师团队建设提出了更高的要求。

卓越教师团队的建设必须与时俱进地以国家教育改革的规划与目标为导向,要顺应课改理念、育人模式、教学方式、教育技术的改革潮流。卓越教师团队不仅要明确在教学中"做什么""如何做",还要基于系统的理论思考,能回应"为什么要这样做""怎样做得更好",在课程教学的改革中成为自觉、主动的参与者。卓越教师团队应该有一套教育教学的实践体系,并取得教书育人的有效成果。顺应教育改革的趋势,通过学习理论、转变观念、实践改进,再到提升理念的过程,就是卓越团队的建设过程。

二、适应教师个人发展的需要

卓越教师团队是一个能促进所有教师都获得成长的联合体。团队中不同年龄、不同专业背景、不同发展程度的教师都能实现个人发展目标,从而也促进了团队的建设。缺少团队共同成长的条件,教师个体很难达到卓越水平。卓越教师团队建设,既要关注青年教师的成长,为他们设定分层的专业发展目标;同时也要关心成熟教师的继续成长,为他们建立分类的专业发展平台。

(一) 青年教师的分层成长

对于入职第一年的新教师,其培养目标是"站稳讲台"。即要求新教师通过适应期的岗位培训,初步形成良好的师德,树立育人为本的教育思想和素质教育的理念,学会分析教材内容,初步掌握有效的教学技能,成为合格的教师。专业发展平台以专家指导、课例讨论、交流观摩、上课实践等方式为主,通过小组合作、探究问题、研修反思、撰写总结等形式完成。在发展机制上,"师徒结对、团队协同"是主要形式。

针对2—5年教龄的青年教师,培养目标是"胜任课堂"。即通过培训,使青年教师提升师德修养,增长教学经验,能基本独立地开展班主任工作,课堂教学逐步走向成熟。专业发展平台主要是公开展示、反思研讨、承担重任、参加科研等。学校和团队要为成长期的青年教师的发展搭建展示型的平台,并创造机会促进同伴交流与互助,不断提升其教育教学水平,达到胜任课程教学的目标。

针对 5 年以上教龄的青年教师,培养目标是"展示才华"。即通过外部引领和自我研修提升专业境界、促进专业成熟,使他们对学科的整体把握、对学生的研究、对教育教学的理解都能有质的提升。专业发展平台主要是"他培"及"自培"相结合。"他培"的主要任务是接受更高层级的骨干培训,逐步成长为骨干教师。"自培"则要能针对自己的发展目标进行自觉的学习和研究,在参与课题研究中逐步提升理论水平,能把自己对教育教学工作的所思所得通过各种方式表达展示出来。

(二) 成熟教师的分类发展

对于有多年教龄的成熟教师,其培养目标是"走向专长"。即要促进他们成为骨干教师,初步形成较为系统的个人的教学思想和教学风格,让教学从经验趋于理性,具有更强的专业自觉。专业发展也应该形成自己的特点,有多种分类发展的可能。例如,有的教师形成班主任工作的特色,有的形成学科教学中的各种特长(例如运用信息技术、开发课程资源、指导研究性学习),有的形成在学科竞赛和科技指导方面的优势,另外在校本课程开发、课外实践活动、教学科研等方面都可以形成自己的特长,在学校各个方面都能起到骨干的作用。

对于学校的资深教师,要促使他们"形成风格",成为团队中的引领者,负有带领团队其他教师共同成长的使命。这些教师积累了丰富的经验,享有一定的威望,是团队的核心力量,但是如果没有对其丰富的经验进行理论性总结,不易形成辐射作用。资深教师在长期实践中形成的独特的教学风格和教学特长,是一个教师团队共同的财富,需要共同开发与挖掘。通过对这些教师的教学经验开展研讨和展示,青年教师可以协同资深教师共同提高。

三、响应教育走向未来的需要

当今世界已经进入信息时代,信息技术对教育改革产生着革命性的影响。伴随着大数据、云计算、互联网、物联网技术在教育评价与管理中的运用,以及翻转课堂、微课程、在线教育等以网络信息技术应用为支撑的新教育模式在中小学的大量运用,促进了学习的个性化与终身化,也实现了诸如 STEM 的跨学科的项目学习,以及促使国际课程的交融等,这些已经影响和改变了我们的教育。原先学生需要依赖教师的很多学习行动,现在都可以借助于网络去实现,从而使学校教育和课堂教学可以超越时空的局限,走向更加广阔的天地。如果学校和教师没有主动改造自身教育教学系统和管理系统的意识,注定在不远的将来,由于碌碌无为而走向平庸。

这就需要学校拥有一批具有强大技术理解力的卓越教师和卓越团队,以共同支撑起未来学校课程模式的变革、教育方式的转变、课堂技术的更新和管理方法的创新。教师可以通过大数据分析学生的各个知识点的学习结果,自动生成个别化的辅导方案,并由计算机辅助教师进行全面的个别化施教。教师基于大数据,还可以建立学习者能力水平、认知结构、学习动机、态度、风格、行为模型,以及教师教学能力、风格、态度、创新能力模型,分析每个学生的学习潜质、学业发展、品德以及行为习惯、心理素质等智力的、非智力的发展现状,以采取更加有效的教育对策。卓越教师必然会正视未来教育的走向,而且勇于尝试新技术的应用,对未来教育做出积极响应。

【案例十二】 不忘初心 党建团队的使命[①]

> 华东师大二附中还有一支特殊的教师团队——学生党建工作团队,这是由学校一批教师党员组成的。其中有分管学生工作的党委副书记蒋建国、党员老教师胡立敏等,还有分工联系要求入党的学生的一批党员教师。他们不忘初心、牢记使命,长期坚持对高中学生进行党建教育,而且是让学生通过社会实践和自主调查进行自我教育。
>
> 二附中的学生党建工作始于1985年,当时二附中的第一位学生党员林在勇,曾任华东师范大学党委副书记、现任上海音乐学院党委书记兼院长。30多年来,二附中累计发展了学生党员140余名。晨晖党章学习社团通过信函向中共上海市委领导汇报自己对党的认识,也非常荣幸地收到过多任上海市委书记的来函,他们对二附中学生思考马克思主义的理想信念表示亲切关怀与极大鼓励。

---

① 本文原为《党旗映"晨晖"》的序言,由李志聪、蒋建国撰写。

华东师大二附中是一所教育部直属、上海市教委领导、华东师大和浦东新区政府共建共管的实验性示范性高中，位列沪上高中"四大名校"，青年才俊荟萃。

华东师大二附中门前有一条路，叫晨晖路。华东师大二附中校园里有一个赫赫有名的社团，叫作晨晖党章学习社团。

说起晨晖党章学习社团，还得从学校的育人环境说起。

在进入21世纪、全面推进素质教育的新时期，二附中人一直在思考并力求破解两个难题：第一，怎样创新素质教育的模式，为国家培养拔尖创新人才奠基；第二，如何体现素质教育中德育的核心地位，使资优学生"德"也优。

对于第一个问题，经过多年的实践，学校创造性地探索了基于全面落实素质教育的人才培养模式，具体做法后来被叫作"六个百分百"，也就是100%的二附中学生入学三年必做六件事：即100%的学生做100个课时的志愿者，落实以德育为核心的素质教育；100%的学生参与"小课题研究"，培养学生的创新精神；100%的学生参加社团活动，锻炼学生的实践能力；100%的学生学会游泳，强健学生的体魄；100%的学生做100个实验，增强学生的动手能力；100%的学生选修100余门学校课程，开拓学生的视野，发展学生的特长。

全面落实素质教育，这是为学生的终身发展负责。与此同时，得天下英才而育之的二附中老师们还牢记着"把好钢真正锻造成擎天栋梁，对党和国家的千秋大业负责"的历史使命。为了使学生"品学兼优""德才兼备"，我们认真贯彻中央的指示精神，同时紧密结合学校实际，在加强学生的思想道德建设中，探索并实践把党建工作作为素质教育以及道德教育的核心和灵魂来抓，为培养青年马克思主义者育苗。于是，二附中晨晖党章学习社团应运而生、茁壮成长。华东师大二附中晨晖党章学习社团最初叫作党章学习小组，成立于2006年，成员仅是一个班的几位同学，如今已经发展成以二附中优秀学生为主体的党章学习社团，成员以高三学生为主，每期30人左右。社团由学校党委委派指导老师，实行学生总联络员负责制。

晨晖党章学习社团围绕引导优秀高中生树立马克思主义的世界观、人生观、价值观的宗旨，以贴近时代、贴近社会、贴近青年学生的专题调查研究为主要载体，开展生动丰富、形式多样的社会实践活动，帮助同学树立和坚定理想信念，努力成为追求卓越、志存高远的一流人才，成为中国特色社会主义事业的传承者和接班人。

"晨晖"是一个硕果累累的社团。2006届晨晖党章学习小组社会调查的关注点首先对准了他们的同龄人——农民工子弟,写出了《关注城乡接合部学校外来务工者的子女》的调查报告。2008届"晨晖人"为迎接党的十七大,走访社会的各个层面,完成了《重视建设培养青年马克思主义者的创新型环境》的课题报告。2009届"晨晖人"通过对改革开放30周年中成功、受挫与有争议的人物的访问,以独到的视角,阐述了当代青年人眼中的改革开放,撰写出《对改革开放30年若干社会现象的思考》的课题报告。2010届"晨晖人"则开展了"'90后'一代主体价值观探究"的课题实践活动,该届成员均为"90后",报告力图从"90后"看"90后"这一角度,探索对"90后"价值观的新认识。2012届"晨晖人"写出了题为《向党的十八大致敬》的课题报告,从青年学生独特的视角和眼界入手,研究以党的建设、民生问题的解决和青年的成长问题为代表的当代中国的现状与成就的方方面面,并在此基础上,究其内部联系给出建议和思考,向即将召开的十八大献礼。

说到晨晖党章学习社团,还必须说到一位有着多年党龄的老教师——胡立敏同志。他创建了晨晖党章学习社团。

胡立敏同志2005年接手高二(10)班,并担任班主任。那时他就积极鼓励并动员班级优秀学生参加党校学习、递交入党申请书,并组织班内入党积极分子发起成立全校第一个以班级为单位的晨晖党章学习小组,在班级起到了核心带头作用。在胡立敏同志的积极工作下,他所带的班级最终发展培养了四名中共预备党员,成立了二附中首个建在班级里的高中生党支部。就此,胡立敏同志总结成论文《高中生党建工作的可作为因素研究》,探索在高中生中培养青年马克思主义者的可行性。他还写出《晨晖是什么颜色》一书,回顾思考"晨晖"的成长和发展。此书列入二附中校庆50周年校本课程系列丛书,由华东师范大学出版社出版。

胡立敏同志送走了自己的毕业班后,他所创建的班级晨晖党章学习小组变成了学校的晨晖党章学习社团,他则被学校党委委派担任了社团的指导教师,一做就是六个年头。胡立敏同志从事教育事业数十年,敬业爱岗,人品高尚,业务精湛,极具人格魅力。他堪称是一位具有高度事业心和强烈责任感、竭心尽力在本职岗位上为党的事业教书育人、无私奉献的既平凡又优秀的共产党员。

晨晖党章学习社团的成长和青年学生的进步,得到了各级领导的亲切关怀和热情鼓励。2007年8月,时任上海市委书记的习近平同志嘱咐办公厅同志来信表示:"近平同志认为你们积极学习党章和党的理论、立志成为青年马克思主义者很有意义,值得肯定。"

如今的华东师大二附中,"晨晖"是一道亮丽的风景,"晨晖人"是一个个标杆。在晨晖党章学习社团的带动下,二附中优"德"育"苗"的工作开创了新局面,学生党建工作上了一个新平台。从1985年二附中创办学生党校迄今,学校已经举办了40多期青年学生党校,参加学习的学生达3000多人。一大批入党积极分子与学生党员成为学校学生"示范群体"中的榜样,先后有近一百多名"晨晖"学员光荣加入了党组织。积极要求加入党组织,立志做一名青年马克思主义者,已经在华东师大二附中蔚然成风。

从晨晖党章学习小组成立以来,只不过是十多年,"晨晖"路还长,"晨晖人"的路也还长。我们相信,在实现中华民族伟大复兴的征程上,在建设中国特色社会主义的壮丽事业中,今天的霭霭晨晖,明天一定会如日中天、光照华夏。

第三节 卓越教师团队建设的校本路径

60年来,经过几代师生的辛勤耕耘和积极探索,二附中形成了先进的办学理念,并取得了优异的教育教学成果,赢得了良好的社会声誉,也促进了卓越教师团队的建设。二附中卓越团队建设的背景包括以下三个方面:一是"高蹈奠基",即高屋建瓴地奠定团队建设的高度;二是"远行襄助",即开拓视野地拓展团队建设的广度;三是"新境托举",即与时俱进地推进团队发展的深度。

一、高蹈奠基

(一) 以卓越文化引领团队建设

文化精神是一所学校得以持续发展的命脉,"卓越文化"是二附中60年的办学历史和几代师生共同努力形成的独特而丰富的办学经验的写照。1991年,二附中学生在国际奥林匹克物理、化学竞赛中首获金牌,以后在物理、化学、数学、生物、计算机国际奥赛中先后获得26枚金牌、4枚银牌和1枚铜牌(截至2018年),在社会上获得了"金牌学校"的声誉。在这个过程中,学校、教师和学生都认为"金牌虽然重要,但是金牌精神比金牌更重要",大家将二附中学生在国际上不畏强手、顽强拼搏、勇攀高峰、为国争光所铸造的金牌精神归纳为"奉献、超越、合作、参与、拼搏",成为全校师生勇于进取、不断创新的精神财富。"金牌精神"对教师的卓越成长、对教师团队的卓越转型起到了非常重要的影响。

20世纪90年代以后,二附中进一步把"追求卓越"定位为学校追求的文化精神,强调"卓然独立、越而胜己"的价值取向。"卓越文化"的核心理念是让每一位学生的潜能得到充分发展,让每一位教师享受事业成功的幸福,让学校持续发展成为世界一流高中学校。其具体内涵包括"德育引领,促进学生全面发展""建设多元化课程体系,为创新人才培养奠基""倡导创新文化,培育学生追求卓越的品质""赋予学生发展的选择权,促进潜能开发和个性成长""树立教师是学校第一资源的观念,打造卓越教师团队"。

二附中在学校的《教育改革与发展规划纲要(2010—2020年)》中对"卓越教育"的培养目标要求作了清晰说明。通过卓越教育,使学生具有:积极向上的人生态度和健全人格;强烈的民族使命感和社会责任感;对客观世界充满好奇及质疑、挑战、探究和开拓精神;自觉、自主发展的意愿和能力;开阔的国际视野和强烈的家国情感。"卓越教育"的育人目标是"为全面发展的卓越人才奠基"。为实现这一培养目标,建设一支卓越的教师团队至关重要。卓越的教师团队既要有高远目标,又必须立足基础。二附中的学校文化与办学理念是建设卓越团队的重要引导。当"追求卓越、崇尚创新"的学校文化成为教师专业发展的价值追求,就能使教师发展具有了强大的内在动力。正如学校一位首席教师所说:"每当走进教室,我是快乐的;每当谈论数学,我是喜悦的;每次面对学生,我是幸福的!"二附中的卓越教师团队的建设始终是在学校的卓越文化和办学目标的引领之下获得发展的。

(二) 以卓越管理服务团队建设

华东师大二附中确立了"管理即服务"的理念,树立了学校管理就是为师生发展提供服务的指导思想,由此营造了全体师生宽松和谐的发展环境。以"服务"为核心的学校管理,对教师而言,就是为教师的专业成长和发展提供适宜的条件,注重发挥教师的特长和能力,给教师专业成长提供多样化、个性化的平台,保障教师专业发展的自主权,使教师能够在学校工作中充分地调动与发挥积极性、主动性和创造性,为实现学校发展目标做出最大的贡献。以"服务"为核心的学校管理对学生而言,就是树立多样化的成才观,从学生的个性、兴趣、爱好出发,尊重每一个学生的发展需求,通过多元化的课程建设、多样化的社会实践,满足不同学生的发展需要,即赋予学生发展的选择权。学校当然不可缺少必要的管理制度,但是更多地应该尊重教师和学生的个性,使教师和学生都能从自我发展的愿望出发,自主地选择发展的方向。这也是对"卓然独立"的注解。

学校在管理机构设置上,为了转变管理功能、体现服务的理念,对学校部门进行重新规划,通过集成功能、提升效能,为实现特色学校的建设目标奠定了有利基础。通过推进管理模式转型,凸显现代学校管理的服务效能。学校的根本任务是为学生的终身发展服务,为教师的专业发展服务,为全体员工的共同发展服务,而不是实施具有行政色彩的管理。因此二附中努力推进三个转变,即从"管理"向"服务"转变,从"行政"向"专业"转变,从"监管"向"指导"转变。在该体制下,教师卓越团队获得自主建构、自由发挥、自动发展的良好环境。

(三) 以课程开发驱动团队建设

多年来,二附中始终以课程为核心开展教育教学改革。对课程的思考是教育改革最本质的核心。作为一个普通教师,大多在思考"怎样教"和"教得怎样"的问题,但是卓越教师还要思考"为什么教"和"教什么"的问题,也就是能够在课程层面对教学的目标、内容、方法、评价有整体的认识与把握。课程意识和课程改革的能力是卓越教师和卓越教师团队的一种标志。二附中的历次课程改革(包括20世纪80年代学校自发进行的课程教材改革、90年代参加上海市一期课程改革、21世纪以来参加的上海市二期课程改革)都有力地促进了卓越教师团队的建设和发展。

例如,20世纪80年代学校自发地进行课程教学改革,对语文、英语课程教材做了大幅度的改革,对数、理、化等学科也进行了卓有成效的教学改革;20世纪90年代起二附中受国家教育部和上海市教委的委托,为理科特长学生开办全国理科实验班和上海理科实验班的过程中,针对理科特长生的培养,建构了特色课程和校本教材,使得这些学生的理科特长获得极大发展,在国际国内比赛中屡获大奖。同时也造就了卓越的教研组团队,形成了一批卓越的理科教师。

二附中在上海市一期课程改革中开发了必修课、选修课和活动课三类课程;在上海市二期课程改革中,几乎全校教师都参与校本课程的开发,至今累计开发了500余门校本拓展型课程。同时,许多教师都参与小课题研究、社团活动和志愿者服务等实践课程的指导,并且逐渐形成了科创指导教师团队、社团指导教师团队等。特别是在二附中的德育教师团队中,学生党建工作的教师团队秉承"不忘初心"的使命,持续开展学生党建工作,自1985年以来发展140余名学生党员,产生了良好的社会影响。这支有独特使命的教师团队无愧于卓越教师团队的称号。

2004年二附中开始对所有基础型课程进行了校本再开发,经过各个教研组团队的研究,根据本校学生的学情,编写制定了各科的校本教学纲要。2008年数学学科首先试行分层教学;2010年物理、化学学科也开始分层教学试点。继而又编写了二附中的高中数学、物理、化学三门学科的自编教材,由上海教育出版社出版。这套教材被社会高度认可,成为畅销的参考教材,经过不断修订与完善,多次再版印刷。这样,二附中教师团队在深入课程与教材领域的改革实践中,实现了团队的卓越转型。

(四) 以育人模式创新促进团队建设

二附中经过多年探索和实践,逐步构建了"六个百分百"育人模式。"六个百分百"育人模式是二附中"卓越教育"的重要内涵,是面向全体学生素质发展的办学理念的体现,是为每一位学生的终身发展奠定基础。

这"六个百分百"是在教育实践中逐渐形成的。在推行过程中,有许多教师团队积极投入,担当育人模式的全新实践。

"六个百分百"育人模式的内容由以下六个板块组成。第一,百分百的学生做100个课时的志愿者,体现为德育引领,培养学生的国家意识和对社会的责任感以及服务社会的能力。要求全体学生在校三年期间,利用寒暑假和节假日自主在社会上完成100个课时的志愿者服务,由学生处和班主任团队参与联系及指导。第二,百分百的学生参与小课题研究,激发研究兴趣,培养科学态度、科学方法和科学精神。在每一位学生进行小课题研究中,都有教师或教师团队在背后指导,帮助学生破解研究过程中的许多难题。第三,百分百的学生选修校本选修课程,培养学生的综合素质,实现个性和潜能发展,促进多样化发展。学校"课程超市"提供的校本课程累计300多门,都是教师团队合作开发的成果,在校本课程开发过程中,教师的课程意识和课程开发能力获得长足的进步。此外,二附中在上海率先推出大学先修课程,探索高中和大学教育相互衔接、合作育人的途径,也锻造了一支能胜任大学基础课程的教师团队。第四,百分百的学生参与社团活动,使学生能够根据自身的特点,形成自我发展的目标,培养领导能力和团队合作能力,推动学生自主发展。由此也形成了社团指导教师团队。第五,百分百的学生完成100个实验,着力解决学生动手能力、培养探究精神,还要求学生自主设计实验,有很多教师在这个过程中督促和帮助学生完成小课题研究项目。第六,百分百的学生学会游泳,通过游泳学会健身与救生的本领,并且培养学生增强体魄和战胜困难的顽强意志,促进他们身心健康和谐的发展。这项活动的全面推进,依靠体育组齐心协力、分工合作,重新设计体育课程方案。因此,体育教研组的各位老师也都逐渐形成了自己的特长项目,如太极拳、艺术体操、"三大球"和乒乓球、羽毛球,为满足学生因人而异的体育爱好提供服务和指导。

作为一种育人模式,"六个百分百"实践不仅促进了学生的发展,也锤炼了教师团队的成长,提升了全体教师全员育人的理念。

(五) 以探索创新提升团队建设

二附中一直坚持科技创新教育理念,通过形式多样的科技创新教育培养学生的实践能力和创新精神,多年来的科技创新教育取得丰硕成果。早于20世纪80年代,学校就积极开展课外科技活动,当时的地理特级教师曹康绥老师组织一批爱好地理天文的学生组成课外兴趣小组,到野外观测星空、测量气象数据、采集矿物岩石标本等,还组织部分学生参加华东师大地理系周淑贞教授的城市气候研究项目,在上海市区许多观测点同步测定气温,并且描绘出气温分布图,以实测数据为城市"热岛"提供了证据。周教授的研究项目在国际气象学界获得重视,曹康绥老师也获得"全国优秀科技辅导员"称号。

20世纪90年代,二附中大力推进科技创新活动,规定每一位学生必须完成一个小课题研究,2008年起经上海市教委批准成立科创实验班,探索科技教育的系统化和科创项目指导的个别化。因此,学校成立的科创指导教师团队要构建科技教育的课程体系,要具体指导每一位学生设计的科创项目,要追踪学生进行科学实验或社会调查中出现的各种问题,给这支科创指导教师团队很大的压力、很重的担子。但是,经过十多年的磨炼,二附中的学生科创项目在上海市乃至全国的青少年创新大赛上,连连获得优秀成绩,获奖数量居于全国和上海市的前列,并且连续18年都有学生项目被选拔参加有中学生科技竞赛世界杯之称的英特尔国际青少年科学与工程大奖赛(ISEF),共荣获20多个奖项,名列全国第一。学生顾宇洲和白雪霏的科创项目获得ISEF学科一等奖,尤其是樊悦阳同学在第69届英特尔国际科学与工程大奖赛中获得历史最佳成绩,荣获植物学科最佳奖(植物学科一等奖第一名),而且分别获得以他们的姓名命名小行星的殊荣。我校在2010年被评为首批全国科技创新教育十佳学校,这是中国科协和教育部对我校科技创新教育的肯定。在指导学生科技创新活动的过程中,二附中的科技创新指导教师团队成为一支名副其实的卓越教师团队。副校长、科技首席教师、特级教师娄维义博士指导学生上百人获奖,还荣获美国斯坦福大学工学院"弗雷德里克-特曼学术奖"。他们团队共有专职科技指导教师6人,其中专业博士3人、硕士3人,还有学校中兼职的科技指导教师50人左右,再聘请大学或研究院所的科技人员担任兼职的科技指导教师,形成了一支校内外结合、专兼职配合的卓越的科技指导教师团队,并且通过他们的努力,形成了学校科技创新教育的鲜明特色。

(六) 以教学改革培育团队建设

课堂教学始终是教学改革的核心,是直接影响教育质量的环节。二附中长期坚持课堂教学改革,"向教学改革要质量"是学校长期坚持的优良传统。20世纪80年代,二附中在进行课程教材改革的同时,也在课堂教学中坚持教学方法的改革,并且总结了三条经验:在"精"字上下功夫(即要精心备课、精讲精练、精选例题、精留作业),在"点"字上做文章(要抓住难点、突出重点、落实知识点),在"能力"上找出路(即培养学生的自学能力、动手能力和逻辑思维能力)。

20世纪90年代后期,课堂教学中如何推进研究性学习是二附中各个教研组团队都在自觉开展探索的课题。为转变学生学习方式、提高课堂教学效益,各学科团队教师结合学科特点,形成了具有学科特点的研究性教学方法,如物理教学中的"溯源法",语文教学中的"感悟法",英语教学中的"自主学习法",数学教学中的"生活问题解决法"和"多元解题法",地理教学中的"思维冲突法",思想政治课教学中的"参与教学法"和"学生导读法",劳动技术课中的"实践探究法"。二附中的语文教研组团队在首席教师、特级教师魏国良的引领下,开展了"规定动作+自选动作"的语文研究性学习。"规定动作"指的是基于语文教材的学习,奠定语文素养基础,属于共通性、基础性学习;"自选动作"学习是基于自身发展需要的学习,属于个性化、发展性学习。这一语文教改,引起全市语文教育界的高度重视。

(七) 以卓越教师引领团队建设

"名师催生了名校"还是"名校培育了名师",这是个类似"先有鸡还是先有蛋"的互为因果的命题。其实,名师与名校是共生共育的关系。具有卓越品质的优秀教师是学校中最宝贵的人才资源。卓越教师的出现,自然会产生辐射影响与引领作用。

二附中在上海基础教育领域首创了"首席教师制"。首席教师都是在上海市有一定影响的教学专家,在政治思想与师德、学科理论与教学实绩、教育科研与教学示范以及学科领导能力方面都有相应的水平,他们如同一支乐队的首席演奏一样,在各门课程教学改革中发挥"定音"作用。同时,首席教师还要作为指导教师,担负起培养和指导青年教师的责任。

2003年起浦东新区教育局首创以教师个人命名的名师培养基地,二附中有五位教师被任命为区级培养基地的导师。之后上海市教委建立了基础教育"双名工程"("名校长""名师")的培养基地,二附中又有四位教师入选为市级基地主持人。后来上海市教委又建立了学科德育实训基地,二附中的几任校长何晓文、戴立益、李志聪和其他名师娄维义、周靖、周敬山、陈胜庆等也都担当了市级学科德育实训基地的主持人,还有首席班主任瞿平老师主持了上海市中小学班主任工作室。

二附中的学校领导支持本校的优秀教师担任各种培训任务。学校中还有十几位优秀教师担任华东师大教育硕士和免费师范生的实习指导教师,或者担任浦东新区新入职教师的指导教师。二附中的特级教师和首席教师经常被邀请到华东师大、上海师大为研究生、本科生讲课,或者被邀请到外省市学校去讲学,或者参加市教委组织的命题、评审职称、编写与审查教材等工作。卓越教师通过参与这些工作,开阔了他们的视野,提升了他们的眼界,活跃了他们的思想,提高了他们的指导能力。

在卓越教师的示范、引领、带动和辐射下,二附中合力打造了集科研、师训、课改功能于一体的教师团队,充分利用各种教师专业发展平台,着力培养学者型、研究型、专家型教师,给全校教师的专业发展注入了新的动力,大大带动了青年教师的成长。对于卓越教师而言,这更是一种挑战和责任,促使他们不能满足于已有的成绩和荣誉,必须不断努力创新,在教育教学和科研方面最大限度地发挥自身的潜力,去攀登新的高峰。

(八) 以教育研究推进团队建设

教育研究是卓越教师团队建设的重要推动力。从一般的教师团队发展成为卓越的教师团队,必须把教育研究作为台阶。华东师大二附中长期以来有很多研究课题来自教育部、上海市教委以及华东师大,学校组织教师承担教育研究任务,由此也锤炼了一支卓越的教师队伍。

学校的研究课题既来自上级教育部门下达的任务,也包括来自校内的教育科研任务,还包括教师自发的研究课题。对于这三类不同类型的教育研究任务,关键是要提升教师的科研意识和科研能力。对于普通教师而言,他们往往把全部精力集中在教学方面,而且习惯于按部就班地工作,较少思考和研究一些教育教学问题。二附中在培养卓越教师、推进卓越团队建设的过程中,运用多种方式,对不同年龄层次、不同教学经历的教师提出不同的教育研究任务。例如,青年教师的教育研究任务往往集中在教育技术方面,班主任的教育研究任务集中在班级管理和德育研究方面,而首席教师和特级教师则要求他们在教学思想和教学特色方面进行总结提高。同时,学校经常举办教育论坛,为教师的研究成果提供展示的平台。学校在一定时期围绕中心工作,通过一个主课题引领全校教师提升教育理念。例如2009年二附中申请"全国教育科学规划特色高中研究课题",组织学校内的力量进行以"卓越教育"为主题的研究。在三年时间内通过理论研究和实践探索,厘清了

"卓越教育"的核心内涵,建构了"卓越教育"的体系,并且从"卓越的领导与管理""卓越的课程与教学""卓越的教师与学生""卓越的合作与交流"四个层面阐述了"卓越教育"的实现途径,为学校建设成为国际一流中学提供了目标和蓝图。该课题报告20余万字,以《卓越教育的理论与实践研究》为书名,由华东师范大学出版社出版。这一项成果成为华东师大二附中教师团队的共同心声和努力方向。

二、远行襄助

(一) 加强国际交流,开阔国际视野

早在1982年,华东师大把四位刚刚获得我国第一届硕士学位的年轻教师陈心田、王运生、曹磊、郑庭曜派到二附中任职,随后这四位硕士又被派到美国、英国、日本去访学一年。这在当时引起了很大反响。四位教师在回国回校后,确实为学校发展带来了许多先进的教育观念。之后,二附中成为联合国教科文组织APEID的成员学校,开始了国际交流活动。1986年上海市教委批准二附中成为首批接收留学生的中学之一。

20世纪90年代以后,特别是21世纪以来,随着国家的进一步开放,学校的国际交流越来越频繁。二附中将教师队伍建设置于国际视野下,并实施了国际名校教师培养计划,利用海外培训打造国际水准的教师团队,分期分批选送优秀教师到国外研修学习和交流。每年送出3—5名教师出国学习交流,在交流时间上,短的是2—3个星期的访学,长的达几个月或一学期,也有长达一年的交流。至2020年,学校计划全校教师中有相当部分要具有在海外(主要是发达国家)访学、游学的经历,以瞄准世界教育先进水平、开阔教师国际视野、提升教师国际化教育能力的需要。这不仅激发了优秀教师的专业发展动力,也提升了教师的专业素质和专业追求。建设国际一流高中既是社会和家长对二附中发展的期许,也是学校全体师生员工的自我鞭策。

"他山之石,可以攻玉。"二附中与国内外众多知名中学保持着良好的合作和紧密的交流。位于美国新泽西州的培德中学是一所著名的历史悠久的私立寄宿制中学。该校成立于1863年,距今已有150多年的历史。华东师大二附中和培德中学于2008年建立了姊妹学校关系。培德中学拥有卓越的历史和教育制度,被认为

是全美最好的中学之一。二附中集传统与创新于一体,旨在以学生的学习发展为重心,激发学生的学习热忱,提高其个人能力。同时,学校看重每个学生的个人尊严和价值,非常注重学生的个人思想成长,包括道德成长。通过各种课程与活动,从这里毕业的学生,不仅为升入高水平大学做好了准备,同时也成为高素质的社会公民。培德中学与二附中的办学理念、育人模式有诸多相近之处,两所学校的交流合作可谓"如鱼得水"。

十多年来,二附中和培德中学开启了全方位、多层次的交流,双方共计有140位学生、44位教师成为友好使者,为两校的对外交流和学校发展开启了新的篇章,大力推动了二附中卓越教育的国际化。

(二) 建立合作伙伴,发挥辐射功能

华东师大二附中张江校区与闵行校区实行一校两区统一管理。此外,二附中派出管理团队,承办了华二初中、二附中附属初中、华二浦东实验学校、华二紫竹双语学校、华二宝山实验学校、华二前滩学校以及位于海南省的华二乐东黄流中学等七校,形成了一个发展共同体,共同打造二附中品牌,共享卓越文化。原来在二附中工作的一些优秀教师分别出任了这些学校的校长,一批优秀教师作为骨干力量赴这些学校任教,他们都肩负着弘扬"追求卓越、崇尚创新"的使命。

其中,位于海南省的乐东黎族自治县的黄流中学原来是一所薄弱的完全中学,经海南省教育厅和华东师范大学签订的合作协议,由华东师大二附中承办,改名为华东师大二附中乐东黄流中学,在2016年9月正式挂牌成立。二附中派出校长,传承卓越文化,努力建设卓越教师队伍,建校一年来取得显著的进步。

二附中还先后与西藏拉萨中学、云南楚雄中学、西藏民族学院附中等校结对,送教上门,承担合作学校教师的培训任务。2007年华东师大与浦东新区达成协议,由二附中托管张江中学历时六年,取得很好的办学成果。

二附中与青岛实验高中、浙江平湖中学、浙江嘉善中学、上海崇明中学、上海天山中学等学校开展项目合作,在学科发展、课程建设、校园文化建设、教师专业发展、创新人才培养等方面深入交流。校际合作为二附中的卓越教师和卓越教师团队提供了交流、辐射和提高的机遇,在各校教师的互动合作中,对二附中教师的成长和团队的建设都起到了促进与推动的作用。

(三) 加强卓越研究，提升理论素养

为推进卓越教育的理论和实践研究，加快卓越教育特色学校建设，华东师范大学于 2009 年正式成立了"卓越教育研究所"，挂靠华东师大二附中，华东师范大学叶澜教授为名誉所长，学校特级、首席教师为该所的研究人员，积极开展卓越教育的理论研究。

卓越教育研究所成立了"卓越教育"研究课题组，在叶澜教授的指导下，挖掘和发挥二附中团队的智慧，共同研究，共同探讨，以"卓然独立、越而胜己"诠释定位学校追求的文化精神及形成的文化特质，使卓越教育的内涵、目标、方法及实施措施得以明晰化且具可操作性，提高了卓越教育的系统性、科学性、针对性。

卓越教育研究所把"卓越教育"作为研究目标，全面从理论与实践两个方面、从国内和国际两个视角，对"卓越教育"的核心内涵和体系建设做出了较全面深刻的阐述，并在"卓越的领导与管理""卓越的课程与教学""卓越的教师和学生""卓越的交流和合作"四个方面系统提出了目标、任务、措施与方法，既是对前期探索的总结，也是对今后发展的规划。该项成果被立项为"全国教育科学规划 2009 年度特色高中研究课题"，于 2013 年结题并且出版了成果集《卓越教育的理论与实践研究》。

(四) 利用校外资源，助推团队建设

华东师大二附中两个校区分别坐落于上海的两个国家级高新技术产业开发区内，一是上海张江高新技术产业开发区，二是上海紫竹高新技术产业开发区。两个校区的地理区位极具优势，周边都是国家级的高新科技企业、国家级重点实验室和中国科学院、上海科学院的研究所，世界 500 强的企业也有很多入驻于此。这样充满创新活力和创新氛围的环境，对学校的发展、教师的成长、团队的建设产生着深刻的影响。

二附中主动与周边的高科技单位取得联系，运用科技人员的优势提高学生和教师的科技素养与人文素养。学校几乎每周都有外聘专家在学校晨晖讲坛为师生开设讲座。附近的上海药物研究所、中科院上海硅酸盐研究所、上海应用物理研究所、上海极地研究中心、浦东环境检测中心等单位都与二附中签订长期合作协议，协助学校培养学生的科技创新项目，并有很多科技单位和大学的实验室为二附中

学生开放。学校还与上海各高校(如华东师大、复旦大学、上海交大、上海中医药大学)建立合作关系,获得大学专家的指导与帮助。

二附中非常重视学生的实践活动,大力组织学生通过参观访问,了解社会变化和科技发展。上海科技馆、上海博物馆、上海"一大会址"、上海浦东干部学院、上海市东方绿舟青少年活动中心等场所都是开拓学生眼界的校外场馆。同时学校也组织教师参观访问,开阔教师的视野。教师团队建设不仅靠校内"单引擎"驱动,而且还通过校内外结合实现"双翼齐飞"。

三、新境托举

卓越教师团队的建设是一个长期的任务,一个与时俱进的过程。在教育改革潮流中,教师队伍建设逆水行舟、不进则退,所以要不断地为教师队伍的发展提供新的背景、新的动机、新的目标和新的任务。

(一) 目标高远

要促进卓越教师和卓越教师团队的持续不断发展,必须有高远目标的引领。华东师大二附中提出的"追求卓越、崇尚创新"的学校文化精神,就是一种不断超越自我的精神,而不断地自我超越,必须依靠高远目标的引领。

那么,团队的发展如何能达到高远目标呢? 无论是学校的领导团,还是卓越的教师团队,都要有高瞻远瞩的眼光审时度势,把握我国基础教育全面深化改革的动态和趋势,了解世界教育关注的重要议题,从而寻找超越自我的发展方向。

不少工作在教学一线的教师由于长期忙于教学事务,很少"抬头"观望基础教育的"星空",也很少关注我国基础教育发展中面临的深层问题,对于国家层面推进的一系列重大课程教学改革的初衷也缺乏深刻的理解。一些教师处在陷于事务、忙于工作、疲于奔命的状态,很少对教育的本质进行思考。而卓越教师团队既能仰望星空,又能脚踏实地,能把握基础教育课程教学改革的方向,能理解教育本质的真谛,对不同时期的教育改革都有一种认同感和使命感,从而找到个人和团队发展的努力方向。

卓越教师团队建设还需要广阔的教育视野,关注世界各国教育改革的动态,包括现代教育信息技术的发展也为教师团队提出了专攻方向。经合组织(OECD)举行的 PISA 考试以及他们对 PISA 考试的分析报告，反映了当前国际上对各国基础教育现状的基本分析，其中很多有深远意义和现实价值的内容，可以成为卓越教师团队的研究内容和制定自己任务的参考。又如，自 21 世纪以来，欧美发达国家都加强了 STEM 教育的研究和实践，提倡跨学科的、以项目引领的学生创新的实践活动，这对我国正在开展的学生科技创新活动有很大的参考价值。总而言之，卓越教师团队的持续发展，必须高瞻远瞩、开阔视野，从而建立不断超越的高远目标。

（二）项目引领

学校发展的项目是学校在一定阶段的专项任务，具有实践性、探索性、综合性、时限性等特征。学校的发展项目往往在学校发展规划中有所制定。例如，有的学校计划推进"课堂教学改进"项目，有的学校提出"学校课程建设"项目，有的学校实施"推进教育技术"项目等，一般在规划中还有明确的内涵、要求、措施、展示与评估等具体安排。学校发展项目是学校实现办学目标的具体措施与手段，必须由全校教师共同参与，而卓越教师团队就是其中的重要力量。项目引领是团队发展在一个阶段中的方向。

2012 年，二附中正式提出创建卓越学院的重大项目，学校集全校之力，在学校文化建设、课程建设、师资队伍建设、管理制度建设等方面，提出了一系列目标和措施，例如举办四个特色实验班、为全体学生配备导师、加强卓越课程建设。2013 年，学校成立卓越学院，其突出以培养学生的创新精神和实践能力为核心，注重学生的学习能力和科研能力的提高。卓越学院成为二附中追求卓越教育的优质平台和培养特长生的重要基地。卓越学院试行配备三个系列的辅导团队，对有特长的学生进行多样化培养和个性化指导。其中，最具亮点的是核心基础课程的改革，学院提供高选择性组合课程和个性化课表，并建立学生科创实验中心，鼓励学生进行体验式、研讨式、探究式学习，真正实现课内外的融通教学和个性化的"定制培养"。

二附中是一个提倡开放和包容的环境，更是一个提倡分享与共赢的环境。学校提倡集体备课、共同分享，不同学科、不同年级之间的互动与交流随时进行，这期间有创意的思想往往得到激发，彼此也可以取长补短、共同进步。卓越学院项目成立并没有使学校大规模招人，而是利用现有的卓越教师团队完成学院的课程建设与管理。由此可见，二附中的卓越教师团队的文化拥有"不畏难、不怕新"的内核，这正是二附中教师团队的卓越性所在,也铸就了二附中卓越学院的今天。

(三)聚焦任务

任务与项目都是推动学校发展的动力和目标。与项目相比,任务更具有目标单一化、工作具体化的特点。对于教师来说,学校下达的任务就是自己的工作职责,但是除了常规性的任务以外,学校还有一些研究性、试验性、开创性的非常规的任务需要部分教师或者教师团队去完成。这就成了促进教师团队建设的推动力。

常规性的任务主要指教学任务和管理任务,例如担任某一教学任务、班主任。非常规性的任务有进行教育科研、尝试教育技术、指导学生活动、设计实践方案等。一所学校的非常规的任务越多,对教师个体或者教师团队的锻炼培养的力度越大。

就科研任务而言,有上级下达的科研任务,也有学校自行制定的科研任务,需要教师个体或教师团队参与,组成课题组,对课题任务进行研究和分工,定期讨论,最终按期完成研究报告,接受课题审核。这是教师获得理论与实践成长的过程。但是,具备科研能力的教师在教师群体中所占比例不高,有不少教师对于教育科研有畏惧情绪。因此,完成课题研究的任务是打造卓越教师团队的重要举措。

现代教育技术的发展日新月异、方兴未艾,特别是信息技术在教学中的应用前景广阔,但是,一些年龄偏大的教师对于掌握教育信息技术有一定的困难,对信息技术的应用效果也抱有怀疑态度。因此,学校把这样的任务交给青年教师,获得任务的青年教师一般都会感觉到是体现自身价值的机会,会投入精力完成任务,从而也会促进青年教师团队的成长。

因此,学校领导要重视通过任务驱动,来打造教师队伍,促进教师专业成长;同时,也要关注对不同特点的教师下达不同的任务,以此来促进教师特长的培养,提升他们对专业成长的信心。

华东师大二附中的领导班子非常重视通过项目引领与任务驱动来推动学校的各项工作,由此促进教师的专业成长和教师团队的卓越发展。作为一所以"追求卓越"为办学理念的学校,二附中始终是接二连三地向教师提出需要完成的项目和任务,学校中的很多教师团队都在项目引领和任务驱动中得以发展。在这个过程中,学校的领导班子充分信任并积极鼓励教师团队,对于项目实施的方案和任务完成的途径,都由教师团队自行研究制定。学校领导常常以教师团队中一员的身份,与教师们平等相待、共同协商，一起完成团队任务。凡是理科特长学生的培养、学生科创项目的指导、学校课程的开发、晨晖讲坛的报告、科研课题的参与、实践活动的组织以及高三毕业班的教学等各个领域，都可以看到学校领导的身影。他们的参与是无言的导向，既对团队发展给予了支持，也为青年教师提供了榜样。

【案例十三】 教育创新 培养创新型人才

> 华东师大二附中在上海的高中学校中领先开展创新教育，即以课题研究为载体培养高中新生的创新意识和实践能力。这一以问题为导向、以个性化指导为方法的全新的育人模式，改变了传统的课堂教学。鉴于二附中长期在创新人才培养方面所做出的努力，上海市教委在2008年批准二附中创建科技创新实验班。科创班的培养目标为"起点高、基础宽、能力强、会研究、努力培养创造欲"。从2000年起，二附中每年都有学生入选中国代表队参加在美国举办的英特尔国际科学与工程大赛（简称ISEF）并且获奖，学校还获得首批"全国科技教育创新十佳学校"的称号。
>
> 在这些引人注目的成绩背后，活跃着一支科技创新指导教师团队，他们的教育创新促进了创新教育在二附中校园中开花结果。

早在二十世纪八九十年代，华东师大二附中的一些理科教师就尝试通过课外活动的形式，让学生做一些科学研究课题，这些科研课题的成果证明了高中学生是具有一定创造潜能的。

进入21世纪以来，上海市的课程改革方案针对传统的课程教学存在的弊端，提出了构建基础型、拓展型和研究型三类课程，正式把学生开展研究性学习安排在教学中。二附中的领导敏感地意识到，要让每一位学生有研究性学习的经历，必须百分百的学生都要完成一个小课题研究，但是如何实施这种新的教学模式呢？这给老师们带来了一个新的挑战。

最初的课题指导教师队伍由十来位教师主动参加，其中有生物、化学、劳技、数学、地理教师，也有理化实验员加入，他们组成团队共同探索如何指导学生完成研究课题。最初遇到的困难很多，这些老师虽然有带领学生开展科技课外兴趣小组的经验,但是要指导学生做小课题研究,是一个全新的挑战。小课题从哪里来?教师与学生共同寻找适合学生研究的"课题",有的是生活中发现的问题,有的是学习中发现的问题。2000年,一个以消除学校空调房中的异味气体的装置为题的研究课题在教师指导下完成了,其不仅在国内竞赛中获得好评,而且被选送到中国科协组成的国家队,参加了在美国举行的第51届英特尔国际科学与工程大奖赛(简称ISEF)并且获奖。后来,学生在长江口的长兴岛学农,面对宽阔的滩涂,他们对这些由长江泥沙堆积起来的土地很感兴趣。于是在老师的指导下,他们对上海沿海滩涂的淤涨规律作了系统的研究,收集资料并且在电脑上演示了700年来上海海岸线淤涨变迁的规律,还模拟出未来海岸线的位置。这个项目也获得了全国青少年科技创新大赛一等奖。在长期的探索中,这些指导老师也逐渐形成了自己的特长,有的专门指导学生研究植物生态,有的专长指导学生研究昆虫,有的擅长机器人设计制作,有的擅长指导环境项目,初步获得了指导学生进行小课题研究的经验,为学校进一步深入推进创新教育奠定了基础。

2008年上海市教委正式批准二附中成立"科技创新实验班",承担"探索建立拔尖创新人才培养基地"的任务。特级教师娄维义老师担当了带领团队进行创新教育的重任。这个团队有力地推进了学校的科技创新教育。在2000年以后每年二附中都有优秀项目入选国家队赴美参加ISEF比赛,共获得20多个国际奖项(有的项目同时获得学科奖和专项奖等多项奖项)。在每年的上海市青少年创新大赛和全国青少年科技创新大赛中,二附中参赛的人数与获奖项目名列前茅,由此获得"上海市科技教育特色学校"和"全国科技教育创新十佳学校"的称号。

学校进一步健全了一支专职兼职、校内校外互相结合的科创指导教师团队,既鼓励校内各科教师担任学生的课题指导教师,又广邀高校、企业和科研院所的专家担任学生的兼职导师,形成外延宽泛的创新指导团队。

现在二附中的科创指导教师团队由三个"圆圈"组成:内圈为"专职团队",由六位专职的科创指导教师组成,其中拥有博士学位和硕士学位各三位。他们的主要任务是指导科创实验班的研究课题,要求必须参加市级以上的科技创新大赛并且获奖。中圈是"兼职团队",约由校内三五十位教师组成。他们在进行学科教学的同时,关心并指导学生的研究课题,承担百分百学生都要完成一个研究课题的全程指导任务。其中有相当多的课题也能在市级以上的科技创新大赛中摘金夺银,如分别于 2008 年 5 月和 2018 年 5 月在美国举行的第 59 届和第 69 届英特尔国际青少年科学与工程大赛中荣获植物组二等奖的顾宇洲和特等奖的樊悦阳同学的指导老师吕秀华，就是兼职的科技指导老师，她在教学之余关注与指导学生的课题研究。外圈是一个"外援团队"，主要由大学、科研院所的校友等其他专业人士组成。他们的支持主要是通过参观访问和科普报告来提高学生的科学素养和研究兴趣，有的还直接为学生的研究提供实验室设备以及咨询与信息，对推动学校的创新教育起到很大的作用。

这个团队必须摒弃传统的教师讲、学生听的课堂教学方式，要有一套创新教育的新方法，需要建立师生合作共同体，共同研究选题和查询资料、设计研究目标和技术路线、进行实验或社会调查、分析实验或调查结果，撰写出研究报告并接受专家的质疑。

在每学期开学前的暑假中，这个团队就举办科创实验班夏令营，开设"走近科学""走进科研""如何选题"等讲座，更多的时间是要针对每一位学生的课题特点进行个别化的指导，全程追踪学生课题研究的每一个阶段。在这样的过程中，指导教师需要不断关注社会和科技发展的前沿问题，不断学习提高自身的专业知识与指导能力。特别是学生在选题阶段，指导团队的教师们非常强调学生要自己发现问题，自己设计研究思路，及时调整研究方法。与此同时，这个指导团队的专职教师还要承担学校的选修课和社团指导任务，对广大学生进行普适性的课题研究的指导。钱峰老师曾在一家科技公司任职，但是他内心有一份教育的情怀，于是应聘到二附中成为专职的科技指导教师。面临这种全新的教育理念、全新的教学方式，他既兴奋不已又倍感压力，觉得自己找到了一片他心目中的理想的乐土——这样的学校不是让孩子死读书，而是在挖掘他们的创造潜能。于是，除了自己擅长的学术领域以外，他还不断地与学生一起学习探究。他指导的各种类型的课题也是硕果累累。

科技指导团队的老师们还非常重视学生课题研究的育人价值，包括对学生社会责任感的教育、对创新品格的培养、对科研实验的要求、对团队合作的态度，都是这个团队教师共同关注的问题。因为学生科研过程中确实存在很多意想不到的困难，所以对学生的关心鼓励以及疏导焦虑心理都是指导老师的责任。这个核心团队的指导老师每学期都要担当一二十个不同的课题，任务相当繁重，但是他们都在用创新的教育行为改变着传统教学,在用自己的心血在培养未来的创新人才,所以他们乐此不疲地与学生一起实现"创新教育"的重任。

与此同时,2008年开始组建的"科技创新实验班"在每年的毕业典礼上,也都交出了优秀的"答卷"。这些在二附中高中学习阶段有过特殊"研究"经历的学生,不仅在高考中取得良好成绩,而且在高校的"自主招生"中,他们在面试中向大学教授侃侃而谈自己的研究经历与收获,令教授们刮目相看,赢得教授们的充分肯定。这些学生进入大学后依然保持着强烈的研究欲望,受到高校的好评。

这支科技创新指导的教师团队和二附中参与学生课题指导的其他教师,共同打造了华东师大二附中创新教育的特色和品牌。

(陈胜庆)

第八章　卓越教师团队建设的策略

> 所谓策略,也称谋略,既是管理的手段,也是一种管理的艺术,是指为了实现任务、达成目标而采取的各种有效方法的集合。针对卓越教师个体和卓越教师群体的建设,显然有不同的策略设计,而华东师大二附中卓越教师队伍的建设,更是在长期探索过程中形成了不一样的策略。本章针对不同的学校教师团队建设,探讨了可以采取怎样的策略实现预期目标。

教师个体的发展与团队群体的建设,即使目标趋同,显然也不可能用同一策略,否则,其有效性会有差异;同样的卓越教师团队群体,也会因为校园文化的不同,呈现出不同的建设策略。

第一节　卓越教师个体性发展策略

卓越教师区别于一般的好教师,他们除了关注教学实践中的具体问题、出色地完成好教学任务以外,还善于在课程教学改革层面发现问题、研究问题,并能把研究转化为教学实践,最终还能形成研究成果,如完成课题报告、撰写论文甚至出版论著,起到带动其他教师的积极影响。而且,卓越教师会持续地关注专业发展,能把研究系统化,成为专业精深化的标志,从而形成自己的教育思想和教学风格。卓越教师个体发展是卓越教师团队建设的基础条件,没有卓越教师个体的引领作用,则难以形成卓越教师团队。所以,学校要高度重视卓越教师个体的培养策略,为卓越教师的脱颖而出搭建多样化的平台。

一、成果展现策略

重视卓越教师成果展现的策略,既扩大了卓越教师的学术影响,也提升了卓越教师成长的信心,是一项有成效的发展策略。其一般包括三种形式:基于课题研究的成果展现;基于项目管理的成果展现;基于学术自觉的成果展现。

(一) 基于课题研究的成果展现

中学教师的课题研究主要是围绕教育教学工作中需要解决的问题展开,目的是反思和改进教育教学工作。一般而言,其总是从自发或自觉的个体研究开始。某些教师在不断学习、反复研究和反思总结的过程中,专业化水平和能力得到很大的提高。其实绝大多数的中学教师都有良好的主观愿望:渴望成为一个优秀的教师,具有良好的专业素质,胜任教育教学工作,做一个深受学生爱戴尊重的优秀教师,乃至成长为名师。学校要激励教师树立这样的愿望,同时也要具有帮助教师实现自身追求的措施。鼓励教师通过教育教学研究提升自己的专业水平,并搭建课题成果展现的平台,这是一项有效的策略。

教师自发或自觉地进行课题研究,对于学校全面推进素质教育、深化课程改革、提高教学质量有重要意义。好学校要由一大批业务素质精湛的教师队伍来支撑,加强课题研究既有利于提升教师队伍整体素质,促进校本教研的深入发展,也有利于增强教育教学的有效性,促进学校教育质量的提高。然而,一般教师对课题研究普遍有畏难情绪,认为课题研究高不可攀,缺乏研究思路和方法,尤其是选题容易"大而空",课题研究处在一种"被动"和"无奈"之中。而卓越教师的专业敏感度和思维前瞻性,使得他们常常能够"小中见大",自发地、自觉地提出针对实际问题的课题,而且基于他们对专业的热爱,能在研究中得到乐趣,也能持之以恒地坚持下去。因此,学校不仅应该积极鼓励教师开展课题研究,调动教师参加教学研究的积极性,引导教师走上研究之路,尽快提高教师尤其是中青年教师的教学专业化水平和能力,而且更应该创设促进学校科研的氛围,为教师研究创造一个良好的环境和条件,从而加快教师专业化进程。常见的情况是,教师的科研成果一经发表,也只用于教师晋升职称,很多研究成果并没有得到推广。因此,学校搭建教学成果展示平台则不失为一种有效策略,使好教师的研究成果得以分享。

学校可以通过多种途径为教师建立发表研究成果的平台:可以通过学校的校园网,其中设置教育教学研究专栏,鼓励以各种正式的、非正式的形式发表见解;可以通过学校期刊的研究专栏,鼓励教师以论文形式发表卓见;可以通过开设教育教学沙龙,鼓励教师们交流;可以通过设置大型论坛,邀请市、区教育部门甚至扩大到全国范围内的一些学校参加,通过教师的研究成果弘扬先进的教育教学理念和教学范式等。与此同时,这也是对卓越教师专业成长最好的肯定与激励。教师拥有这样的平台,就能更积极地投身于教育科研中,在研究、交流、碰撞中,完成向卓越教师的转化。

(二) 基于项目管理的成果展现

项目管理这个称谓最早出现于企业管理中,是针对某一目标任务,通过整体规划、组织实施、有效监控下保障任务完成的系统管理方法。近年来在学校发展过程中,出现了许多改革性质的项目,这些项目的完成不仅形成了一些有价值的成果,而且也打造了卓越教师和他们的团队。

项目管理全过程需要分析任务性质、主客观条件和实施的理论依据与实践方法。一个项目的完成不仅需要对项目内涵进行剖析和研究,还需要很强的实际操作能力与专业管理水平。随着基础教育改革不断深化,学校面临的全新的项目任务越来越多:校本课程的开发、研究性学习的实施、学生社会实践活动、教师全员导师制等项目,都需要教师投入其过程。学校可以把项目实施作为培养卓越教师的策略之一,让他们在完成项目的同时,不断提高自身的教育教学水平和管理能力。

例如,有的学校提出开发"微课"的项目,有的学校推进运用 iPad 探索师生互动教学模式的项目,也有的学校开展学生"游学旅行"项目,都需要教师参与并担当起具体工作。项目执行过程也是对教师的培养与锻炼,而项目的成果也需要有展示的平台,例如全校的公开展示、专题的项目报告,对教师的成长是一个极大的激励。学校要明确项目成果的分享者,确认各位教师在项目中的具体责任与成果,这是对教师的付出所给予的必要肯定。

(三) 基于学术自觉的成果展现

提及学术成果,一般教师都习惯于仰望视之,感到高不可攀。就中小学教师而言,学术可以被理解为一种学识、一种主张、一种系统专门的学问或能力。学术成果虽然有大小之分,却没有限制进出的门槛。与之相应,学术成果的展现也呈现出多样化的平台,除了一般的专著以外,也还有创建微博、建立公众号、设立随笔专栏、编写校本教材,进而再著书立说等。

作为一名卓越教师,学术追求是必需的。民国时期北大校长蒋梦麟先生曾经这样讲过:"学术者,一国精神之所寄。学术衰,则精神怠;精神怠,则文明进步失主动力矣。故学术者,社会进化之基础也。"今天,我们仰而望之的许多大师都曾经是一名普通的中学教师,例如陶行知、朱自清、沈从文、叶圣陶、丰子恺,他们是经历中学教师才成为教育家、大文豪和艺术家的。

当今还是有一些教师努力地走在学术研究的路上,这可以被认为是卓越教师区别于普通教师的一个重要标志。他们眼界开阔,正因为开阔的眼界,才能敏锐地发现问题,抓住契机,从而主动参与和积极引领学校的教育改革;也正因为站在教育改革前沿,他们会对学校的发展和教师的成长产生良好的影响。当然,前提条件是他们都是学养丰厚、经验深厚的人群。

卓越教师更愿意接受新的理论,学习新的知识,且与他们的年龄多大无关。对他们而言,教书从来不是简单的重复、循环,每一天都有新发现,每一课都可以尝试新变化。最重要的是他们读书不倦、思考不怠、笔耕不辍,能时刻记录下自己的感悟、困惑、质疑……这样的学术自觉建立在对高远的教育理想的追求上。卓越教师从来不甘于做教书匠,他们厚积而薄发,最终,他们在长期的一线教学经历中积累了丰富的实践经验,又有先进的理论指导,在"教""养"的双重滋润下,完成学术专著只是水到渠成的结果。比如,华东师大二附中的语文首席教师魏国良,其专著《高中语文教材主要文本类型教学设计》,只利用一个月就完成了编撰。但是,这些教学设计却是魏老师长期致力于语文类属化学习的理论与实践研究的结果。对于卓越教师的学术成果,学校必须予以大力支持并且弘扬这种学术追求的精神。

二、品牌效应策略

品牌是一种识别标志、一种精神象征、一种价值理念,是品质优异的外在体现。培育和创造品牌的过程是不断创新的过程,学校有了创新的力量,才能在竞争中立于不败之地。毋庸置疑,卓越教师可以被视为学校层面的一个重要品牌。品牌具有社会效应,所以,作为卓越教师的品牌需要超越校内平台,学校要让自己的优秀教师在更大的范围内担当重要的教育任务,使之产生广泛的社会影响。

（一）担当各级名师培养基地的导师

上海市基础教育的名师培养基地始于2003年浦东新区教育局先行的一项举措,即为一些教有所长并且成果卓著的优秀教师授予以个人命名的名师培养基地,希望他们不仅在自己的学校影响深远,而且能指导和提升整个浦东新区的教师尤其是青年教师的专业成长。最初,浦东新区教育局任命华东师大二附中的语文、生物、数学、地理、物理等五个学科培训基地。之后,上海市教委建立了基础教育系统的"双名工程",即名校长、名教师培养基地,至今共举办了三届,同样突出导师的个人影响力进行系统性的培训,二附中又有四位教师担当重任。华东师大二附中的领导并不认为学校名师担任市级或区级的培训任务会影响他们的精力或者会影响他们的工作,恰恰相反,学校领导具有宽阔胸怀和远大目光,支持他们申报担当市级和区级培训基地的主持人(导师),这也是为教师卓越成长提供了校外平台。继而,上海市教委为了加强学科德育的研究,又组建了市级学科德育实训基地,其中二附中的主持人(导师)包括原校长何晓文、戴立益和现任校长李志聪在内的七位名师。在这些任务中,主持人需要深刻把握本学科教育改革的总体要求,了解国外教育改革动态,并针对基层学校教师的特点设计整体性、系统性的培训方案,循序渐进地指导那些经过选拔参加培训的学员,使他们不仅在课堂教学方面,还要在教育技术、课程开发、学科德育、活动设计等方面皆获得提高。最终,许多基地出版了专著或论文集,不仅为上海市和浦东新区培养了一大批骨干教师,同时也有力地促进了自己学校的卓越教师培养。

这种以个人命名的培训基地本身就是高度重视卓越教师的个人品牌,学校鼓励卓越教师担当重任,使得卓越教师对自身有更高的目标追求。

（二）建立名师工作室

这里所指的名师工作室有别于市、区的名师培训基地,主要是指一些学校自己任命挂牌的优秀教师工作室。名师的含义可以有不同的层级,有的名师是在省市级甚至在全国获得认可,有的名师是在区县级范围内有很大影响,也有更多的名师是在学校内为师生们所尊重,他们的教育思想和教学经验更多地适应本校特点,在校内具有重要的影响。所以,有很多学校为一些优秀教师或有特长的教师设立"名师工作室",提供其专业成长的条件,并且要求其在校内带好"徒弟",或者带领好一个教研组。

学校建立名师工作室,是对这些教师高尚的师德水平、出色的教学能力的充分认可,而且为校内教师树立了学习的榜样。他们因为与本校教师的距离非常接近而容易产生很大的"作用力",学校领导要善于发现、积极鼓励这样的优秀教师,勇于打出他们的"品牌"。各类不同的学校都要关注与培养自己学校的名师,并且采取各种措施打造他们的"品牌"。

(三) 培养名师的后备人选

无论是上海市教委建立"双名工程"的名校长、名教师的培养基地,还是各区教育局命名一批学科带头人或区级骨干教师,其目的就是要培养更多更优秀的教师,建立一支名师的后备力量,这已经成为上海市教师队伍建设的重大举措。培养名师的后备人选,也应该是每一所学校的战略性任务。学校一方面要积极鼓励中青年教师参加教师培训,另一方面也要为这些积极要求上进的中青年教师搭建专业平台,例如鼓励支持他们参加各级教学比赛、论文评比,对他们获得的成绩予以充分的肯定。只有长期坚持努力提高自己的专业水平,才能一步一步走向优秀教师的行列。21世纪以来,华东师大二附中的一些优秀中青年教师积极参与到名师培养基地,极大地提高了他们的师德和业务水平,其中有七八位中青年教师还出版了专著,有的成长为特级教师,有的担任了学校领导。这些著作包括施洪亮的《高中生数学创新素质培育的实践与思考》(上海教育出版社,2011年)、娄维义的《基于问题研究的创新教育》(华东师范大学出版社,2011年)、瞿平的《心花开放——班主任的困境与对策》(上海教育出版社,2014年)、孟祥萍的《追寻智慧——思想政治课智慧教学探索与实践》(复旦大学出版社,2014年)、洪燕芬的《基于高中化学实验的科学素养的实践与研究》(华东师范大学出版社,2016年)、王平的《卓越数学教育的理论与实践》(上海人民出版社,2017年)等。

三、辐射传播策略

卓越教师的研究成果和品牌效应还需经过辐射才能产生广泛而深刻的影响,

所以学校还应关注卓越教师的辐射平台,扩大他们的社会影响,同时进一步拓宽卓越教师的学术视野。

(一) 鼓励优秀教师承担市区的多种教育任务

这些任务包括教师出任各级名师培养基地的主持人,承担市区教学比赛、职称评审的评委,参与教育部或上海市的课程标准的制定、教材的编写与审查、考试命题与阅卷,还有担任兼职教研员和大学本科生、研究生教育实习指导教师等。

一般而言,学校领导对教师担任社会兼职会有顾虑,担心分散了教师的精力,影响本职工作。其实从长远视角来看,这些兼职任务不仅是对这些教师的信任,而且给这些教师提供了钻研业务的机会,也扩大了学校的影响力。所以,学校对教师承担这些任务应该予以支持,协调好校外与校内的工作关系。华东师大二附中对于本校教师担任这些任务,只要教师本身有能力、有余力,都给以大力支持,因为这是卓越教师大显身手的平台。而这些教师在任务压力下依旧游刃有余,表明自身具有进步的空间。二附中校园文化的大气从容,从不限制教师的向上之心,况且,成长起来的卓越教师形成群体,反推了学校的进步。

(二) 支持骨干教师参加各级学术研讨活动

随着基础教育改革的深入,国内各级各类教育学术研讨会不断涌现,还有短期教育培训,这些都是教师提升眼界、开阔视野、交流研究成果的最好平台。这类活动,往往有国内著名教育专家做学术报告,还会有国外教育专家做前沿科学的最新研究介绍,此外也有许多卓有成就的一线教师介绍教育经验。教师对这样的学习机会一般比较向往,但前提是需要获得学校的支持。

参加各级学术会议,不仅可以交流学术研究成果,而且也可以参与学术讨论、发表学术见解。学校可以对教师参加这样的活动提出一些要求,例如要提交论文、参与交流发言、回校后做传达,既促进教师通过学术会议得到锻炼,也辐射了学校的研究成果。

(三) 支持有经验的教师输出培训和传经送宝

近年来,上海等一些地区探索成立教育集团推进教育均衡化发展,一些优质的学校在集团化与学区化办学过程中,通过委托管理、创建分校、联合办学等方式,传播先进的办学理念和管理经验。在这一过程中,加强集团内或学区内的校际交流便成为各校互相学习的重要内容,而卓越教师的交流在其中发挥着极其重要的作用。

教育集团中领衔学校的优秀教师担当输出培训和传送经验的任务,这对优秀教师是一种鞭策和激励,也是为他们搭建辐射的平台。优秀教师对于自己的教育教学行为常常有一些经验,但缺少深入的总结与思考,面对培训任务,获得重新审视自己教育教学经验的机会,通过学习、思考和重新梳理,逐渐理清自己的教育教学风格,进而传播给成长中的教师群体。可见,辐射经验和输出培训不失为打造卓越教师的一种基本策略。

第二节 卓越教师群体性发展策略

卓越教师的发展多出于教师个体的自觉努力。但是,从卓越教师个体逐步发展成卓越教师团队就需要形成校本群体性发展策略。卓越教师团队发展的策略既需要"借力",即借他人之力、借前辈之力、借学界之力,凡可借之力皆可为其所用;也需要"协力",即目标一致地协同奋斗,以期获得卓越团队影响力的最大化;还需要"合力",即把卓越教师团体中的个人力量集中起来发挥到最佳状态。

一、借力发展策略

牛顿曾经说过:"我不过就像是一个在海滨玩耍的小孩,为不时发现比寻常更为光滑的一块卵石或比寻常更为美丽的一片贝壳而沾沾自喜,而对于展现在我面前的浩瀚的真理的海洋,却全然没有发现。如果说我比别人看得更远些,那是因为我站在了巨人的肩上。"所谓"借力",无非就是站在他人或前辈的肩上看得更远。

(一)共享教育学者的研究成果

教育研究的成果很丰富,特别是近年来的课程改革拓宽了我们的教育视野,广大教师的教育观念发生了很大的变化,素质教育的理念为教师们所认同,"以学生发展为本""从学习出发"的教学思想为越来越多的教师所接受,课堂教学发生了很大的变化,包括现代教育信息技术的应用,提高了教学效益。这些教育改革,离不开教师在改革中的教学行为的转变。

在课程教学改革中,国内外一批教育专家的研究成果起到了有力的引领作用,包括他们的专著和他们的报告,对教师发展都有很大的启迪作用。教师群体性的发展,必须创造良好的学习与研究的氛围,通过学习教育科研的前沿成果、学习教育专家的专著、学习教育行政部门的教育改革的文件,让我们教师团队站在"巨人"的肩膀上看得更远。

(二) 共享同行的丰富经验

教师群体性的发展离不开与同行的交流,特别是与本学科优秀教师的互动交流,这是推动教师群体性发展的有效措施。正因为本学科同行面临的任务有共同性,他们的有效经验具有迁移性。除了本校优秀教师以外,其他学校的名师也是重要的资源,要善于跨校学习甚至跨学科学习,善于从这些具有丰富的一线教学经验的名师中获得有益的帮助。尤其在集团化办学背景下,校际的紧密联系为教师群体性发展提供了很大的方便。还有一种"外借"力量就是建立同专业的校际教研团队(如学科中心组、骨干教师组织、学科名师培养基地),这些团队也是通过共同学习理论知识、开展教学设计、观摩评课、反思讨论、撰写论文等活动来互相"借力"、实现共同发展。

(三) 共享国际教育的成果

自我国改革开放以来,教育领域的中外交流与合作越来越频繁。与国外的教育交流,已经从过去的教育专家教授的层面,深入到中小学教师的层面。国际交流的形式呈现出多样化的趋势:例如,从学校接待外国教育团队来访到组团出访国外学校;从接待外国学生短期访学到派出本校学生赴国外友好学校访学;从学校领导互访到教师出国访问。近几年来,上海市教委和各区教育局,还不断派遣优秀中小学教师出国短期培训;派遣中小学校长赴国外进修(例如多批校长到美国做"影子校长");也派出了部分优秀教师作为中国基础教育的专家赴国外学校任教,例如多批上海的小学优秀数学教师赴英国任教、部分中学教师担任国外孔子学院的教师。在上海等城市,由于外籍学生随同其父母在中国工作与生活,孩子需要在中国就学,因此很多中小学接收国际学生并成立国际部。这大大加强了国际交流,使得教育者的视野有很大拓展。对世界各国教育的了解,也增强了我们对本国、本地甚至本校教育的优势与不足进行比较与认识。由于社会背景、历史传统的不同,中外教育呈现很大差异性,家庭教育观念不同,学校教育理念不同,教学方式也有所不同。这对于教师在保持中国教育优秀传统的同时,改变教育的不足之处具有很大的启迪作用。教师拥有不同的教育视野和体验,并对教育进行反思,兼容并蓄,最后形成全球视野的教育观念,这也是打造优秀教师群体的可借之力。

学校应该开拓国际交流途径,包括建立友好学校,让更多的教师了解国际教育发展趋势。这样的教师多了,也便形成了一个具有国际视野的教师群体,研究视角也会扩大,并更深刻地审视自己学校的教育教学,寻找到改革的方向与措施。

二、协力发展策略

所谓协力发展策略,即充分运用校外的力量来推动卓越教师团队培养的一种策略。

(一)建立学校的专家顾问委员会

华东师大二附中是一所诞生在大学校园中的附属中学,从它成立的第一天起,就受到大学文化的熏陶,得到大学领导和众多教育专家教授的关心指导,使得这所学校获得持续发展的动力之源。2000年前后,当二附中面临东迁浦东的重大决策时,华东师大的专家顾问团对这一重大举措进行了全面论证,为二附中的发展出谋划策。这个专家顾问委员会是由原华东师范大学校长袁运开教授领衔,包括了曾经担任华东师大党委副书记的吴铎教授、副校长江铭教授以及数学、语文、英语、物理、化学、地理等学科的著名专家和二附中首任校长毛仲磐等15位德高望重的专家教授。这个专家顾问团还对二附中的教师队伍建设、现代学校管理、学校课程建设等重大学校发展战略提出卓有远见的建议。因为二附中是华东师大的附属中学,所以享有得天独厚的专家资源。但是,能否利用好校外的专家力量,还取决于学校领导班子的战略眼光。

各类学校都可以利用自身优势和地域特点,吸纳本地对教育有影响力的社会人士,包括当地的教育专家、学科教学专家和资深教师组建成学校的顾问团;也可以利用校友资源,聘请对教育有研究或者在科技领域、人文社会科学领域有成就的校友组成学校的智囊团,听取他们有关学校发展的真知灼见,定期召开关于学校发展的研讨会,吸纳各种有价值的意见和建议。

学校拥有这样一些校外人士组成的专家顾问,对学校的教师团队群体性的发展也会产生积极的影响。尤其是这些校外人士能够从社会发展需求或个人成长经历的视角,提出有关教师专业成长的不同建议,或者直接指导帮助教师和教师团队的成长,这对卓越教师团队的专业成长具有较大的促进作用。

(二) 建立家长委员会

家长委员会由家长代表组成,是构建学校、社会、家庭三位一体的教育体系的重要组成部分,有助于营造良好互动的教育氛围,加强学校与家庭的联系,促进学生在校内、校外的健康成长。在一些学校,家长委员会既有学校一级,也有年级一级,甚至有的班级也通过家长的举荐产生家长委员会(或称为家长代表小组)。

年级和班级的家委会,与年级组长、班主任以及任课教师联系非常密切,能够提出较有针对性的建议,对教师团队(尤其是年级组)的影响非常直接与具体。家委会的意见大多是从家庭教育的视角提出,这对年级组或者班主任了解学生的校外情况有很大价值,也有家长是从不同的社会角色提出建议,这对教师的工作有很大参考意义。尤其是接触学生工作的教师团队,要特别重视与家长的沟通,关注家长的反映,使学校工作思路获得家长的理解和支持,并虚心听取家长的意见和建议。来自家长对学校教育的期望是促动教师树立教育使命的动力,也是推动教师团队成长的积极力量。

(三) 搭建校内校外的教研活动平台

一般而言,教研活动多限于校内范围,例如研讨、备课、评课、交流。但是,现在越来越多的学校加强了校际联系,利用集团化、区域化的联动机制,开展了校际的教研活动,甚至有的学校争办区级、市级、国家级的教学研讨与交流活动,还有学校承担了国际教育研讨活动。

就学校而言,把教学研讨与交流扩大到校外,吸纳外校教师参加,既扩大了学校的影响力,也为教师创造交流的平台,促进了教师群体性发展。对教师而言,向外校教师进行教学展示既是压力,又是动力。教师或者教师团队承担了校际教学交流活动的重任,如果校际交流活动成功,教师或教师团队的展示获得好评,则会极大地提升教师及其团队的自信心,使之成为推动教师专业发展的内驱动力。教师在经历了"付出"和"收获"的过程以后,会把"被动接受"任务转化为"主动争取"的心理状态。

华东师大二附中是一所开放度很大的学校,几乎每天都有校外教师来校参加学科教学的交流活动。学校经常配合上海市教委或浦东新区教育局的各级机构,承担各门学科的教学交流活动,组织各级公开课的展示活动,也举行了多次全国性或国际性的学术论坛,比如沪港语文研讨会、全国大学附中文化现象高峰论坛。学校利用一些国际交流活动,组织学生和教师与他们举行对话,或者邀请他们走进课堂听课,外国专家的指导对教师团队的发展起到了积极的推动作用,这也是"协力"助推教师群体性发展的策略之一。

三、合力发展策略

《商君书·画策》云:"天下胜,是故合力。"其意为赢得天下是共同努力的结果。卓越教师的团队建设,不能完全停留在个体教师单方面的努力上,需要学校集合多方力量,调动所有可以调动的资源,达成双赢或多赢的局面。

(一) 形成优秀教师的合力

任何学校都有一些优秀教师,他们一般在本学科的教学与教研活动中发挥着骨干作用。这些教师任教年限较长、教学经验较丰富、教学成果丰硕,在教师中有一定的威望,对学校的发展和中青年教师的特点有所了解。他们的学术影响力和专业引领作用应受到重视,把这些教师的力量形成"合力",发挥更大作用,值得探讨。

2015年,华东师大二附中为了进一步发挥本校卓越教师的整体合力,成立了"华东师大二附中教育教学指导委员会"。该指导委员会系由各学科的正高级教师、特级教师、首席教师组成的学校最高层次的学术性组织,是学校教育教学重大事项的咨询和审议机构。该机构根据学校的教育理念、战略目标与发展规划,为学校教育教学工作提供决策咨询、质量督查,审议相关的重大事项,保证学校重大决策的科学性、公正性和有效性。学校制定了《华东师大二附中教育教学指导委员会章程》,并规定了具体的工作职责和规则。这项制度实施以来,指导委员会对学校教师培养和中长期教育改革发展规划提供有益的建议,并且在教师中赢得很高的威望。

（二）形成跨学科教师的合力

几乎所有的学校都建有学科教研组,但长期以来,学科之间的联系与渗透比较少。随着课程改革的深入,跨学科项目式的学习方式得到了重视和提倡,也促进了不同学科教师的融合。卓越教师团队的建设需要倡导学科的融合,提倡不同学科教师的沟通与相互学习。这不仅是因为有很多的教育内容,本身具有跨学科的性质（如数学与物理、物理与化学、生物与地理、文史哲学科与中文和外语等学科之间都存在着一些有交叉与关联的内容）,而且不同学科的教师在教学理念、教学方式和教学技术方面也都会有共同进行交流研究的主题。尤其当学校构建学校课程、指导学生开展研究性学习、开展学生游学旅行和实践活动时,都需要不同学科教师互相沟通、形成合力,达成教育的目标。教育部在2014年印发的《关于全面深化课程改革落实立德树人根本任务的意见》中明确提出"统筹各学科,特别是德育、语文、历史、体育、艺术等学科。充分发挥人文学科的独特育人优势,进一步提升数学、科学、技术等课程的育人价值。同时加强学科间的相互配合,发挥综合育人功能,不断提高学生综合运用知识解决实际问题的能力",在强调跨学科育人重要性的同时,对卓越教师团队的合力建设提出了要求。

（三）形成青年教师的合力

卓越教师团队的建设必然离不开对青年教师队伍成长的关注。虽然青年教师在教育教学工作上的经验不足,但是他们年轻好学、可塑性强,对专业发展具有非常强烈的愿望。许多学校把青年教师组成团队,使他们能够在这个团队中共同成长,形成合力并且承担学校中具有开拓性的教育教学任务,例如教育新技术的应用、学生实践活动的设计、教育科研课题的研究,通过这些团队可以营造出一种良好的氛围,有利于青年教师的成长。针对青年教师的年龄特点,不少学校组织他们参观访问名校,组织相应的文艺体育活动,激发青年人的热情活力,发挥他们的特长和优势,成为学校中的重要的教师团队。青年教师团队不仅是学校的未来,也是学校卓越教师团队梯度发展不可或缺的有机组成部分。

第三节 卓越教师团队建设的校本策略

不同学校是否都有可能建设一支卓越教师团队？答案是可能的，而且是必须的，所有学校无一例外。因为卓越教师团队建设是我国社会主义新时代对基础教育的要求，也是现代化学校建设发展的核心要素。本节将针对不同的学校建设卓越教师队伍的必要性和可行性提出一些行之有效的策略，以检验中小学建设卓越教师队伍的探索具有普遍实践的意义。

一、不同学校存在差异的现实性

我国是一个教育大国。据教育部网站发布，迄止2016年我国共有各级各类学校51.2万所、学生2.6亿人。其中义务教育阶段（小学和初中）学校23.0万所，在校生1.4亿人。小学净入学率达99.9%，初中阶段毛入学率为104%，义务教育巩固率达到93.4%。高中阶段学校（普通高中、中等职业教育高中等）2.47万所，在校生3970.3万人，高中阶段毛入学率为87.5%，超过或相当于中高收入国家平均水平。由此引发一个重要的思考：我国在新时代如何从教育大国迈向教育强国？

教育强国必须有强大的高水平的教师队伍。但是，由于基础教育阶段各级各类学校在发展过程中处于不同水平，教师的专业成长和教师团队建设也有较大的差异，即使在同一地区、同类学校之间，差异也是非常明显的，同一学校在不同历史阶段也存在着发展不平衡的情况。学校的差异性无处不在、无时不在，也成为教师、家长乃至社会共同关心的问题。学校差异的存在是客观的和现实的，在一定意义上来说也是合理的。但是学校的发展要尽可能地缩小差异，实现基础教育的均衡化，让每个孩子都能享有公平而有质量的教育，才能最终实现教育强国的梦想。其中，教师队伍建设是一项重要的战略。

（一）学校差异的表征

一般来说，社会对学校的认知往往是从考试成绩来划分学校的差异。仅以分数作为学校分级的标准，是片面的和不尽科学的。其实，学校差异不仅取决于升学率指标,归根结底还是由学校文化、办学特色等因素所决定的。

1. 学校文化

学校文化是导致学校差异的内在因素。这里所说的学校文化是一种广义的范畴,主要体现在校风、学风、教风之中,也表现为师生关系、家校关系和教师关系,属于学校生态范畴,涉及学校的办学理念、目标追求、价值观念、情感态度、行为习惯等。每一个学校都具有不同的历史文化积淀,这是学校一代又一代的师生长期积淀的宝贵财富。任何学校的发展都是沿着前人的足迹不断前进的。所以,学校文化是不同学校差异性的内涵显现。学校文化以价值为核心,渗透于课堂教学、学生活动、师生互动和学校氛围之中,以及学校环境、校园风貌、庆典活动等具体行为或物象之中,是学校群体成员秉持的价值取向和行为动机的统一体,也是学生和教师成长与发展的沃土。

2. 办学特色

办学特色是学校差异的实践表达。办学特色涵盖面广,可以体现在多个方面,既包括学校内部的德育特色、课程特色、教学特色和管理特色等,也包括学校之间不同的特色,如美术特色、体育特色和人文特色等;既指学校某一局部的特色活动,也泛指学校整体的文化特色。因此,如何正确理解学校特色,明确学校特色定位,将直接影响学校的发展方向。特色发展是基于学校的发展历史和所面临的现实问题,对学校办成何种类型的一种选择,需要通过科学的课程领导和有效的管理与教学跟进,实现办学的特色化。特色建设需要学校不断进行自我调整和超越,注重每所学校独立的存在价值,侧重学校在原有基础上的发展与提升,重视教育的"增量"。

特色发展应该是一种办学的内在自觉和品质追求。对学校特色的追求只是一种办学的手段,其背后渗透的是一种文化和价值追求。通过大力弘扬学校特色发展,使学校教师队伍的建设更具个性特色和可持续化发展,这也是学校卓越教师团队建设的重要保障。不同学校存在的差异不仅不会限制卓越教师的培养,反而为卓越教师的培养提供了更好的可能性。每个学校不同的历史文化的积淀和办学特色,正是培养卓越教师及其团队的基石。

(二)学校差异的归因

党的十九大报告再次提出优先发展教育事业,对新时代教育事业的改革与发展做了全面的部署,并提出要让每个孩子都能享有公平而有质量的教育。也就是说,当前教育领域存在着发展"不平衡、不充分"的状况,而改变这种现状,逐步缩小区域、城乡、学校之间的发展差距是每一位教师的责任。从现实情况来看,学校存在差异的原因是复杂而多样的,它包括经济发展、地域文化、学校传统和教师团队等因素。

1. 经济发展

我国是一个地域差异很大的国家,沿海与内陆之间、平原与山区之间、城市和乡镇之间教育发展的不平衡是基本国情所在。有专家认为教育差异本身就是因为各地经济发展不均衡而产生的。长期以来我国各地区的经济发展水平存在较大差异,对当地的教育也产生比较大的影响,这是因为教育的发展需要经济支撑。经济欠发达地区的中小学教育由于受到经济发展水平、教育硬件条件不足和专业师资力量较弱等诸多因素的影响,同经济发达地区相比,往往存在比较明显的差距。但是,我国经济快速增长的现实以及区域间经济发展不均衡状况正在逐渐改善,为缩小这种差距提供了坚实的物质基础和制度基础。2013年国家启动了全国义务教育均衡发展督导评估工作,至2016年底累计占全国62.4%的县达到了均衡发展水平,各级政府正在继续大力扶植经济欠发达地区的学校教育。其实,除了经济发达地区与经济欠发达地区存在着学校之间的差异,即使同样在经济发达的城市中,也存在着学校之间的差距。

实际上,教育发展必然受制于政治、经济、文化等因素。教育发展水平的相对平衡性要求各地有大致相当的教育投资,而社会经济发展水平的不平衡性又使得经济相对落后地区的教育投资要求难以得到满足。这是教育外部的因素所起的作用。

2. 地域文化

学校文化是地域文化的有机组成部分。地域文化影响着学校的精神状态、制度形式和物质形态,制约着学校教师群体的活动方式、精神面貌与品行素养。然而,学校又是一个自组织系统,地域文化对学校系统的影响并不是直接的、简单的投射。地域文化一方面深刻地影响着学校文化,同时学校文化也影响、改变着地域文化。对地域性格的把握,就要通过对"器"(有形之物)的"索"(探索研究),达到悟出"道"(变化发展法则)的目的,从而指导实践活动。例如我国少数民族地区的教育具有明显的民族地域文化的特点,某些山区的地域环境比较闭塞,也容易造成教育思想和行为的封闭性。而如上海等沿海大城市,历来具有海纳百川的地域文化,在教育方面很早就有重视中西合璧、吸纳国外教育思想的传统。

3. 学校传统

学校传统是一种深层次的学校文化,"学校精神"并非像物质文化和制度文化一样具有直观、可视、有形的特点,却使人无时无刻不感受到其感染力、凝聚力和震撼力。学校的传统是在社会背景下的个性化产物。学校传统在很大程度上影响了学校未来的发展方向。走进一所学校,你就会感到完全不一样的教学氛围和精神面貌,这种内涵积淀既隐秘又强大。学校传统也是造成学校差异的决定性因素。学校的传统需要挖掘、弘扬和传承,而这种传统往往是非常个性化的,是一代又一代的师生共同创生的。遗憾的是有些学校的传统没有得到继承和发扬光大,既失去了宝贵的学校精神财富,也失去了学校发展的根基。

4. 教师团队

教师和学生是学校的主要成员,他们应成为学校制度文化的建设者和精神文化的享有者。教师是学校文化建设的主体,因为,学生处于不断流动之中,而相对稳定的是教师群体。

有学者认为,学校文化的形成来自两个方面:一是教育者根据社会的特定要求及社会主流文化的基本特征精心设计和有意安排的文化,即为了使学生顺利地完成社会化过程,学校和教师必须对进入学校领域的各种复杂的社会文化因素进行精心取舍、组织,建立适宜的文化环境。这是学校文化的一个重要来源。二是年轻一代的文化,主要是来自学生团体中的各种习惯、风俗、传统、时尚、规范、语汇、价值观念等。这种文化的内容则与成人文化有别,是区别于社会主流文化的一种亚文化。学校文化最终要表达的是:教育的理想和追求;对学校功能及其社会责任的理解;对人性的理解;对学习、工作的态度以及对集体的看法等。而教师正好是这两个方面交汇的节点,所以,学校文化的传承关键在于教师。学校文化的形成和发展过程是教师和学生之间的冲突与融合、对立与统一的过程。

教师团队是学校质量的第一生命线,正因为有不同的教师团队,才形成了各具特色的不同文化和品牌的学校。

(三) 学校差异性的价值

关注差异才能改变学校,才能更好地全面发展教育事业。如何关注差异,挖掘不同学校差异性的价值,这是需要深思并付诸实践的。

从学校的价值角度阐述,目前学校的价值主要体现在个体价值、社会价值和人类价值。学校的个体价值在于学校能促进、引导、规范学生个体的发展。学校的社会价值在于学校是社会生活的基础、社会团结的纽带、社会进步的有效工具。学校的人类价值在于学校是唤醒人类意识的场所、增进人类理解的工具、培育人类共同体的力量。

例如,特色学校的创建就是挖掘和利用学校差异性的最好例证。目前,特色学校建设是学校发展过程中的重要策略,也是学校重视文化传统、扬长避短的发展策略。创建学校特色重在学校师资队伍的建设,尤其是学校根据特色发展目标有重点地培养一部分骨干教师,在学习、进修、带教、外出考察、课题研究等方面给这些教师提供机会,在学校开展的各项活动中让这些教师唱"主角",在工作中把他们推到重要岗位上,使其承受压力、经受考验。

二、不同学校卓越教师团队建设的必要性

强教必先强师。教师是教育的第一资源,是学校发展的根基。学校教师群体走向团队化、走向卓越教师团队化是可能的,也是必要的,它是学校特色化的重要组成部分。新时代卓越教师队伍的建设具有更强的现实意义。

(一) 新时代优先发展教育的迫切性

党的十九大报告中明确指出"要优先发展教育事业","建设教育强国是中华民族伟大复兴的基础工程,必须把教育事业放在优先位置,加快教育现代化,办好人民满意的教育"。国家的未来在教育,教育的关键在教师,卓越教师培养为教育发展提供了动力源泉。卓越教师的培养,是推动教育事业科学发展、全面实施素质教育、构建高素质专业化教师队伍的迫切需要。基础教育决定着未来人才发展水平的高低,为培养具有国际竞争力的人才奠定可持续发展的基础,这顺应我国未来发展的需要和国际竞争的挑战。在我国教育改革进入"深水区"的形势下,推进基础教育教师队伍建设是我国教育改革必然面对的问题。

2014年,教育部启动了"卓越教师培养计划",要求各高校和各级教育行政部门以实施卓越教师培养计划为契机,整体推动教师教育改革,充分发挥示范引领作用,全面提高教师培养质量。华东师大二附中的卓越教师团队建设正是基于上述背景逐渐发展成熟的,目前已打造形成一支在全市乃至全国有影响力的名师队伍,也建设了一批卓有成就的教师团队。

卓越教师团队建设在新形势下的现实性尤为凸显。进入21世纪以来,信息技术高速发展,全球一体化进程日益加快,知识经济日见端倪,社会对教师质量的要求不断提高,培养卓越教师成为各国教师教育改革和发展的新趋势。就我国而言,在当前大力实施科教兴国战略,全面推进素质教育,中小学教师数量已初步满足基础教育事业发展的基本需求,广大学生和家长由关心"能上学"转变为"上好学"的现状下,大力培养卓越教师、解决优质师资匮乏问题,成为推动教育又好又快发展,促进教育公平,实现科教兴国、人才强国的关键。

综上所述,基于教育全球化背景,卓越教师团队的建设顺应时代发展趋势。换而言之,国家教育水平反映国家竞争实力,教育水平的提升离不开广大教师共同努力,因此,如何建设一支卓越教师团队应该成为各个学校急需解决的问题。

(二)教师专业发展的必然选择

学校教育最终目的之一是为了学生的发展,但学生的发展需要教师引导。因此,教师发展不仅是一种目的,更是实现学生发展和学校发展的主要途径和手段,教师发展的真正的价值和意义就在于它是促进学生发展的真实和必要的条件。在教师的成长过程中,只有追求卓越,教师专业发展才有持久性。

现实教学中,教师专业发展常常面临教师个人发展动力不足的挑战,形成学校"剃头挑子一头热"的窘境。如何构建教师专业发展的动力机制,持续推动教师专业发展,是目前基础教育面临的现实问题。整合卓越教师培养多元主体,形成多维协同推进机制,推进卓越教师培养的综合系统改革,积极探索卓越教师培养实践的改革路径,这是基于当代国际教师教育改革普遍趋势、我国教师教育改革内容要求以及目前基础教育整体教师专业发展现状的必然选择。

(三)学校文化建设发展的需求

党的十九大报告中明确提出:"深入落实优先发展教育事业,必须全面贯彻党的教育方针,落实立德树人根本任务,发展素质教育。"学校教育必须德育为先,以"立德树人"为总的育人目标,努力营造全员德育的校园文化氛围,让每一位教师成为卓越的德育创新教育引领者。因此,学校文化建设发展与卓越教师团队的建设两者之间应该相辅相成、兼容并包,即卓越教师促进学校发展,学校发展为卓越教师搭建平台,提供基础和土壤。其主要体现在以下两个方面。

1. "育人为本"视域下的共同价值追求

学校是学生成长的摇篮,也是教师成长的沃土。可以说,学校文化即意味着学校成员共享着与之相应的理想信念;同时,学校文化的传统、学校成员的做事方式也表征着教师信念的性质和内容。如教师长期生活在应试教育文化中,"考试成功至上"便成了想当然正确的假设。学校文化影响着教师信念的内容,同时也成了教师信念的外在表征。学校文化是学校群体信念共享生长的"土壤",决定着学校成员"相信什么,做什么,如何做"。学校文化凝聚着学校所有的资源,驱动着学校改革,是学校整体变革的关键。而正确理解和塑造学校文化是教师专业发展、学生成就提高以及学校走向成功的关键。

"育人为本"是学校价值的最重要体现,也是每一位教师的价值追求。学校承担着育人的责任,而育人目标的完成则需要学校的课程来承载。学校课程文化的特色决定了学校中各群体的文化特色,最终决定学校的文化特色。学校文化既可能促进,也可能阻碍专业学习。当教师相信专业发展是重要的、值得珍惜的,相信这是"我们的做事方式",特别是当学校的历史和故事中包括了有意义的专业学习和提升责任意识的榜样时,学校文化便能促进教师专业的学习。

2. 学校文化服务于教师团队建设的个性化诉求

学校文化是教师专业发展的重要文化环境,也是教师专业发展的文化建构。学校文化直接决定了教师专业发展的文化路径。文化社会学、文化人类学都认为,人在一定程度上是文化塑造的,这是人区别于动物的一个根本标志,但人在社会化过程中由于发展的环境、学习的路径、专业选择的路径等的不同,其受影响的文化环境也不同,形成了人的发展的文化路径。教师的专业发展显然自从选择了专业路径后就受到学校文化的塑造,尽管因为流动的因素可能会受到不同学校文化的塑造,但学校文化的同质性和异质性构成了教师专业发展的学校文化环境。教师作为学校的重要因子,在一定的学校文化生态环境中实现动态发展与转变,与此同时,在这个互动过程中,探索出一条基于学校自身发展特点的教师专业发展的途径和方法,进而形成良好运行的具有特色的教师专业化发展的、相对完善的合作机制,提升教师专业化水平,促进学校生态文化的全面提升和发展,可以说两者的发展相辅相成。

目前在教师培训过程中,最流行的也是最有效的方法是教研联合体,不同文化背景下的学校教师相互学习、交流和讨论,形成"学习共同体",分享教学经验,发挥优质辐射作用,促进教育资源均衡发展。

三、不同学校卓越教师团队建设的策略

学校发展是一个永恒的命题,但谁来发展、怎么发展、如何评价却是一个现实的话题。近二三十年来,政策层面、学术界和基层学校围绕学校发展均有不少探索,在自主发展、内涵发展、特色发展、创新发展等方面已获诸多成果。从教师团队建设来看也取得了丰硕的成果,这些成果增强了卓越教师培养的信心,更重要的是为卓越教师的培养提供了借鉴和经验。

(一)深入理解卓越教师内涵

"卓越教师"这一名词是一个发展的概念,会随着时代的发展而不断完善,不同的时代对教师具有不同的要求。教师的卓越是指一种在教育生涯中对事业理想的追求、在教育工作中的一种自我超越的精神风格,并在现实中产生教育实效与教育影响力的精神特质与能力。

正是凭借这种理想追求并且践行事业的风格与特质,卓越教师才会超越普通教师。卓越教师做到了其他教师试图去做、应该去做、可能去做,但是没去做的事情。不同学校面临的教育教学问题是各不相同的,不同学校中的学生群体也是有很大差异的,所以,对于卓越教师来说,只有身处自己的学校才能找准自己的定位,用自己卓越的精神面貌和教育能力获得成功,并为其他教师提供榜样。卓越教师是一个不断自我学习、不断完善与创新的与时俱进的具有独特人格魅力的人。

在不同的学校中,教师面临的生源和学校的教育条件不一样。在某些生源优秀的城市学校,可能以培养出一批学习成绩优异、品学兼优的学生作为衡量卓越教师的教育成果的标准,但是,在农村或山区学校,教师以仁爱之心关怀那些学习困

难、生活艰苦的学生,帮助他们树立人生奋斗的目标与自信自强的信念,尽管学生学业成绩虽不能达到非常优秀的水平,但是教师为他们今后立足社会成为一名合格的公民奠定了扎实基础,这同样也是卓越教师的教育成就。

因此,我们只有在承认学生差异和学校差异的客观事实基础上,才会对不同学校卓越教师的实质内涵有更丰富的认知。卓越教师可以"无校不在",卓越教师团队建设是一个具有普适价值的实践课题。

(二) 完善卓越教师培养体系

随着时代的发展,国家对培养卓越教师予以高度重视,并给予大量的政策支持和制度保障。但从不同学校管理层面来看,也要不断完善适合本校的卓越教师培养体系,使其趋向科学和合理。

纵观各国的教育,美国采用专业发展学校培养卓越教师,改变传统培养模式而重视教师实践能力的培养;英国全面启动"卓越教师培养计划"的教育实践模式;德国也采用"两段式模式"。不管哪一种模式都有相同之处,即通过教学实践提高教师的素养,并提供相应的制度和政策保障。我们国家的卓越教师培养体系还处在实践探索中,但也取得了一定的成效。

1. 高校课程化合作培养模式

2014年12月教育部印发了《关于公布卓越教师培养计划改革项目的通知》,确定了62所高校承担80个卓越教师培养计划改革项目。这些项目加强了正在高校特别是师范院校学习的未来教师的教育能力和素质,积极探索教师培养模式改革,并且对各省市中小学培养卓越教师提供支持。例如,很多高校构建相关课程体系,建立"U-S"合作模式,即大学(university)和中小学(school)之间建立紧密的合作关系,也有"U-G-S"协同培养模式,即大学(university)、政府(government)和中小学(school)三方协同建设教育资源,提升教师可持续发展能力。师范院校还通过一系列师范课程的改进,加强师范生的职前培训,为他们成为卓越教师打好基础。

2. 新入职教师的规范化培训

2012年上海市教委制定新规,建立中小幼新入职的见习教师规范化培训制度。这项规定要求所有新入职教师必须参加为期一年的见习培训,合格者颁发见习培训考核证书,不合格者将无法获得教师资格的首次注册。见习教师规范化培训聚焦课堂教学实践能力的四大类任务、十八个要点,而且必须在被命名的"教师专业发展学校"进行规范化培训,从高起点、高标准引领新教师入"行",规范化、科学化实现新教师懂"行",专业化、多层面服务新教师专"行",帮助新教师迈好爱岗、敬业、善教的第一步。

见习教师的适应阶段是其教书育人的初始阶段,也是专业成长的起步阶段。见习教师规范化培训制度,不仅是上海教师资格制度改革的一项重要举措,也是推进上海基础教育优质均衡发展的重要内容。自制度实施以来,对于夯实新教师队伍的专业基础发挥了积极作用,不但立足于职业基础规范养成,更注重实践浸润式的培训深入人心。

3. 各校特色化的培养体系

中青年教师的培养始终是每所学校教师专业发展工作的重点,每所学校必须因地制宜地针对本校特点、本校资源制定独特的培养方式。培育优秀教师是学校的一项长期任务,所以学校领导要对校情、师资、生源做出详尽分析,才能制定出培养目标和任务,并且有措施、有评估、有调整地持续开展下去。任何学校都要重视本校优秀教师的资源,对于长期在教学实践中积累丰富经验、对教书育人长期倾注心血的老教师,要提升他们的专业追求,鼓励他们发挥辐射作用,在学校中起到引领作用。同时,任何学校都需要加强对外合作与联系,利用"教研联合体""名师工作室"的教育资源推动本校的教师发展,利用"专家顾问团""家长委员会""校友联谊会"与教师加强互动,使得教师增加新的信息、了解教育改革的动态以及社会对教育的期望。学校还需要建立教师专业成长的展示平台,让教师的研究成果和教学效益能够获得认可和提高。

各所学校都要充分利用来自政府、高校和社会各种教师培训体系的各种资源,同时更注重建立适合本校的教师培养计划,把教师培养作为学校发展的长期战略持续开展下去。

(三) 卓越教师培养与教育国际化

培养卓越教师和卓越教师团队,必须拓宽国际视野,必须与教育国际化相融合。教育国际化把国际上普遍关注的全球性的、跨文化的教育内容融于教育的目的、功能以及实施之中,是以经济、技术和信息全球化为背景,以多元化的国际沟通与合作为重要载体,为实现人才培养的国际化而展开的不同教育制度与理念、教育模式和方法的学习与交流活动。教育国际化涉及外部社会经济与文化环境、教育政策、内容与方法、技术与资源等因素,是一个具有多元内涵的过程,有效地推动了教育理念的创新、课程教学的改革以及管理评价等方面的改进。教育国际化是基础教育改革发展的内在要求,而基础教育国际化则是教育国际化的有机组成部分。教育国际化不仅提升了我们对学生培养的标准,也给卓越教师的培养提出了新的目标。

例如,最近我国修订的高中课程标准中,引进了国际教育界普遍关注的"核心素养"的重要概念,研制了"中国学生发展核心素养框架"和高中各门课程的"核心素养"。"核心素养"是我国基础教育课程改革发展的必然取向。同时,欧美一些国家通过STEM(科学、技术、工程、数学)课程推进了跨学科的项目学习,也对我国中小学的创新科技教育以很大的启发。此外,国外一些信息技术在教育中的运用也对我们有很大的启示作用。所以,关注教育国际化,使得卓越教师的培养能有更开阔的视野、更深层次的考虑。卓越教师应当能够引领教师队伍发展,具有超出一般教师的特殊品质——高尚的人格魅力、完整的知识结构、娴熟的教学技能、强烈的创新意识、广阔的国际视野,等等。因此,卓越教师和卓越教师团队的建设需要突出国际视野的深远影响。

(四) 建立开放多元的合作机制

不少学校缺乏丰富的教育资源,本校师资队伍的建设受到一定的限制,那么就更需要建立开放多元的合作机制,运用开放多元的师资共同体的策略来加强师资队伍建设。开放的师资共同体不仅是指校内教师具有国际化视野,以博采众长的心态来促进校内教师队伍的专业成长,而且也与当地教育研究部门和其他学校建立战略合作关系,构建卓越教师的协同培养机制。特别要发挥师范院校的优势、聚合多种师资力量进行协同培养,合力培养一批熟悉教育实际、具有前沿教育理念、教学原创能力强、学养功底深、能深刻领会国家课程改革意图的新型优秀教师人才。

教师团队要加强建立校际的合作关系和交流平台,形成稳定的专业交流与人才培养的合作机制,推动开放多元的师资共同体成长、教育教学资源开发和研究型教育教学等策略的实现。有些学校在卓越教师团队建设中推出"校内校外结合"的顶层设计,以项目合作、联合教研、名师培训、实践研究等多平台、多层次的培训机制,构筑一个立体化的合作培训模式;在此基础上,通过大量实践,总结形成独特的符合学校实际的教师培训的可复制的管理化制度。

(五) 营造追求卓越的校园文化氛围

学校是否有一个追求卓越的校园文化氛围,是直接关系到能否培养出卓越教师和卓越教师团队的前提条件。努力营造追求卓越的校园文化氛围,关键在于学校领导的卓越的教育意境和高尚的教育情操。每一所学校的校长以及领导班子是学校文化的主导者,校长和领导班子的教育追求决定了学校发展的动力与目标。我国学校之间的差距较大,更多的是处在发展状态之中,这就为不同的学校如何打造一支卓越教师队伍提出了严峻的挑战。

其一,校长和学校领导班子要具有强烈的使命感,要让学校中每一个孩子享受到公平而有质量的教育,为他们今后在社会中成才奠定基础,就必须把教师队伍建设好。对于校长来说,要树立"教师第一"的观念,只有教师发展,才会有学生的发展;只有教师和学生的发展,最终才会有学校的发展。校长的首要职责就是带好教师队伍,培养好优秀教师,打造出卓越教师团队。因此,校长和学校领导班子要高瞻远瞩地规划好教师发展的目标与任务,切实运用好各种校内外的教育资源,千方百计地为教师的专业成长提供有利条件。

其二,学校要努力挖掘与培育本校的优秀教师,发挥优秀教师的影响力和辐射作用。因为本校教师能直接影响团队建设,尤其是那些工作经历丰富的资深教师,积聚了学校良好的文化传统。校园文化虽然是无形的,但是它会通过一些优秀教师的工作作风、生活态度、言谈举止、情感表达体现出来。而且,不同的教师各有特点,各有优势,校长要融合学校中宝贵的精神财富,不断提炼和弘扬学校的先进文化,激励广大教师。

其三,学校需要通过规章制度规范教师行为,但是也要给教师发展的自由空间。对教师的尊重,就是对教师的信任。有卓越追求的教师往往对自己专业成长的方向有独特的见解,对团队的建设也会有自己的想法。只有在一个充满民主氛围的学校中,教师的个性才会得以张扬。学校领导要尽可能提供条件,支持教师发展自己专业的设想。只有让每一位教师都能自我设计成长路径,才会有学校整体的追求卓越的文化氛围。

其四,学校是一个"育人"的场所,它既担负着培育学生成为合格的具有基本素养的公民的责任,也有责任培育每一位教师成为一名能担当教育重任的优秀教师,让每一位教师享受事业成功的喜悦,享受应该得到的社会尊重。所以,学校要尊重教师,并教育学生、引导家长尊重教师,保护教师应有的权益,落实教师应得的报酬,尽心尽责为教师专业成长提供服务。这样的教育生态也是学校涌现出卓越教师的必备条件。

从教师层面而言,卓越教师的成长更离不开学术的滋养和文化的浸润,而学校中浓厚的文化氛围依靠每一位教师的共同润泽。充满思想启迪、研究引领、价值导向、实践探究和包容兼蓄的职业环境,必然会促进卓越教师的成长。卓越教师不是打造出来的,更不是贴标签包装出来的,而是长期行走于教育实践中磨炼成长起来的。卓越教师团队是在共同理想信念、共同情趣意向、共同目标追求、共同教育理念中相互结合组成的团队,谋求专业成长的动力深深扎根于每个团队教师的心中,内化为每一位教师的自觉行为。校园文化对卓越教师成长而言,是一种"环境结构",该环境是教师专业成长的条件。教师专业发展需要一个整合性专业发展环境的支持,从而经过长期努力实现专业发展,这是任何学校的卓越教师成长的必由之路。

不同的学校采取的策略必须有所不同,有所侧重,要根据学校本身的特点确定适合的发展策略,推动本校卓越教师队伍的建设。

【案例十四】 华二黄中 行进在追求卓越的征途上

> 在椰树摇曳、海风拂面、四季如夏的海南岛的西南海岸,有一个乐东黎族自治县的黄流镇。在这一片面海背山的乡间田野中,一座2016年8月刚刚落成的中学,校门口赫然镌刻着"华东师范大学第二附属中学乐东黄流中学"的校名。这里距离东海之滨的上海足有2000公里之遥,然而,追求卓越的共同理念把这所学校与华东师大二附中联结在一起了。

2015年海南省教育厅与华东师范大学签约成立"华东师范大学第二附属中学乐东黄流中学",决定由华东师大二附中派出团队管理这所已有80余年历史的学校。一所是地处东海之滨上海浦东的国内名校,一所是地处天涯海角的海南岛西南边陲的农村中学,两者如同东海与南海的潮起潮落,虽然距离遥远,但是教育的情怀如同海水一样是相连的。华东师范大学派出二附中副校长瞿平担当"华二黄中"的校长,她肩负着重任,从就职那天开始,就把追求卓越的办学思想贯穿始终,把建设一支卓越教师队伍作为首要任务。如今,"华二黄中"新建成的校园已经在南海的涛声中矗立两年了,这所学校是如何走在"追求卓越"的路上呢?二附中积累的办学理念能否在海南岛上迁移和辐射呢?让我们走进这所学校,在金色的沙滩上追寻其留下的印迹吧。

(一) 乐东和上海的时空距离

华东师范大学第二附属中学乐东黄流中学的正式校名共有18个汉字(以下简称"华二黄中"),它地处海南省乐东黎族自治县黄流镇乡村田野之上,校后围墙之外那一片广阔农田的尽头便是绵延起伏的尖峰岭,而学校正门的南侧尽头就是广阔的海面。学校的西面紧邻著名的莺歌海盐场,而学校以东近百公里才是闻名于世的天涯海角——三亚市。乐东黎族自治县曾经是国家级贫困县,黄流镇现在看来基本上还是一片乡镇的面貌。2016年初,我接受华东师大和二附中的委派,来到这所陌生学校就任校长。虽然两地都地处我国沿海,但是所见所闻都与上海有着巨大的落差。

新建的华二黄中是一所完中,生源基本是乐东本县。全县近几年每届有3000余名初中生源,有近千名的孩子需要到华二黄中来读书,而上海华东师大二附中的学生是从上海数万学生中层层选拔而来,每届录取人数仅400左右。这里的学生大多来自乡村,父母多数是当地的农民或渔民,他们对于关心孩子教育仅仅体现在为孩子支付基本的学费和生活费,而上海的学生都是在父母精心呵护下成长,从小有机会学外语、学器乐、学绘画。乐东县所有的村小都没有英语教师,只有镇中心小学可以勉强开设英语课。最近五年以来,乐东县两所最优质的农村高中,在全省

90余所高中排名中位于48—50名前后。所以,海南省乐东县与上海华东师大二附中携手联姻,是希望引进优质教育资源和先进教育理念,尽快地改变这里教育落后的局面。

我的小学至高中在北京读书,大学和就业在上海,都在大都市里成长。现在想来,我在二附中20多年的教育工作,大多是在做锦上添花的事情——让一个个条件优越且愿意读书的孩子读得更好;而在乐东这片乡村,需要我做的是雪中送炭的教育。在海南工作的两年期间,我比任何时候都更鲜明地体会到教育的重要性和紧迫性,体会到教育之于民族整体素质提升的深刻意义。落后地区之所以落后,不仅仅在于经济,更在于教育。

上海到海南的飞机也就三个小时,尽管2000多公里是个不短的空间距离,但是,两地之间的时间距离似乎更长。我在这个学校先后听过百余节课,曾经很郁闷地不理解:在今天何以仍在用如此落后的教学方式?就好比20年前的课堂。这里的多数教师也曾是这里土生土长的孩子,他们曾经接受的教育就是他们今天给自己学生的教育。尽管海南也有不少理念先进、内容"高大上"的师资培训,但教师们总感觉距离自己很遥远;也有不少是关于"方法论"的培训,但是教师们还是不知道"该怎么做"。海南的一位校长朋友曾经对我说,二附中来海南办教育是在做移风易俗的事业;我也曾告诉我自己和教师们,教育的光荣使命在于借由改变孩子来改变世界,而改变孩子则要从改变教育者,也就是改变教师做起。

十分幸运的是:华二黄中是一个从零起步的学校,所有教职工都是华二黄中的新生力量。教师队伍中有近五成是教龄三年以下的年轻人,他们充满朝气、生机勃勃;有近四成是来自省外的教师,他们把全国各地的教育理念带到学校,让学校有多元思想碰撞的可能;还有逾两成的乐东本土教师,他们能为学校延续本地的文化传统添砖加瓦。他们中的大多数人对新的学校,特别是校名中的"华东师范大学第二附属中学"的字样有一种难以言表的崇高感,也有一种深藏心头的期望。然而,我们见到这样的校名,更多的是有一种强烈的归属感。随我同来的几位上海的老师,我们不孤单,我们相信来自上海的教育理念是能在这里扎根的。教育是一个宏大的事业,想要办好一所学校,想要完成教育的使命,就需要让每一个教职工都行动起来,拧成一股绳,劲儿往一处使。而一校之长要做的就是帮助大家找到使"劲儿"的方向、方法以及这个"劲儿"的具体内容。而这些东西,正是我在二附中工作

20多年中所积累下来的。

（二）"异质同构"视野下的教师团队建设

我们经常用"同课异构"来研究怎样上好课，但是到海南乐东来办学，我们的使命是"异质同构"，是在两所不同性质的学校构建类同的教育模式。"异质同构"也正好是格式塔心理学派的一种理论，它认为同一种理念和文化在不同性质的时空中传播是可以实现的。当然，先进的教育理念和教育模式的迁移也就成为可能。

华东师大二附中以"卓越教育"品牌和建设卓越的教师团队的经验而闻名，海南省教育厅和乐东县政府也正是看中这个品牌的价值所在才有了这次合作。而华东师大二附中从学生来源、师资力量到社会资源等诸多方面的优势，都是海南乐东县无法企及的。如果想把华东师大二附中的卓越教育的经验全盘复制过来，简直就是一种空想。

然而，深究卓越教育的内核会发现"卓然独立"提倡的是一种精神和人格上的独立与自信；"越而胜己"追求的更是不断完成自我超越的精神自觉。我认为，无论学生基础如何、身处何地，同样可以养成自主发展的自觉，同样应当鼓励他们形成独立、自信的精神品格。

但是刚来到乐东，我就发现这里的孩子(也包括教师)一方面自我认识上相对自谦、缺少自强与自信；另一方面在生活习惯上却相对懒散，容易满足现状、不思进取。也正是这样的心态使得原本聪慧、敏捷的孩子难成大器。于是，基于卓越教育核心思想，结合本地师生的特征，我们给学校校训赋予了新的含义：

卓然独立：有自信、自强、自主的思想，既不妄自菲薄，也不盲目自大的自我心态。

越而胜己：有目标、有信念、有行动地发现自我、发展自我、超越自我的精神自觉。

基于同样的思考，我们也沿用了华东师大二附中的办学宗旨"追求卓越，培养创造未来的人"，让华二黄中学子以创造未来——自己的、家庭的、家乡的未来——为目标，可以说是再合适不过的选择。围绕这样的办学宗旨，我们从三个角度制定了长远发展目标：发现每一个学生的生命潜能，让每一个学生掌握获得自身生命幸福的学养和能力；发现每一位教师的教育潜能，让每一位教师发现并享受作为教育者的幸福与成功；发现每一份学校的教育资源，让学校成为全省或全国有影响的有特色的教育品牌。

而在教师队伍建设方面,我把主要精力放在了以下几个方面:

1. 目标先行——厘清"为什么"

做任何事情,目标永远是最根本的问题。学生要知道"为什么要读书";教师要回答"为什么要做教师";学校干部要明白"为什么要办好这所学校"……这些关于"为什么"、关于"意义与价值"的追问永远是一切行动的要义。

教师的职业倦怠感是近几年常常提到的话题,领导们常把此类现象归结为态度问题或责任问题,但是我以为这也是目标缺失导致的问题。我发现许多教师似乎都是"莫名其妙"地进入这个行业的。虽然满怀教育梦想入行的教师也有,但随着年复一年的教书匠式的低头劳作,热情已不复存在,整体目标感的缺失带来的是对自身未来发展的迷茫与倦怠。

来到海南办学,我们的主要任务就是"统一思想",围绕华东师大二附中的办学宗旨——"追求卓越,培养创造未来的人",向教师们阐述卓越教育的办学宗旨和理念,解释教育与未来的关系;围绕我们制定的教师成长目标——"发现每一位教师的教育潜能,让每一位教师发现并享受作为教育者的幸福与成功",为教师们描绘个人成长的蓝图。学校专门设立人力资源部负责师资培训工作,从新教师职前培训开始,包括各层次教师进行交流互动,帮助不同来源、不同学科、不同需求的教师都明确自己的成长方向,也让教师们认识到每一个个体发展目标与学校的整体发展目标的关系,从而形成学校整体发展的向心力。

在不到两年的时间里,学校人力资源部已经建立起四大常规培训的机制。一是为期十天的暑期新教师入职培训——两天学校文化理念培训、三天团队"破冰"活动、五天学科教学培训;二是学期中至少两次为期一周的各学科教学培训;三是针对三年教龄以内的青年教师制订个人成长规划,每学期根据教学实际针对青年教师进行三到五次教育教学及个人成长方向的专题培训;四是每月一次的中层管理干部培训,统一办学理念,提升管理技能。我充分利用华东师大二附中和北京教育学会的教育资源,邀请众多有知名度和影响力的中学特级教师和高校教授组成了华二黄中教育教学顾问导师团。这些高水准、高密度的培训活动,不仅促进了学校教师队伍的专业发展,增强了我校管理干部的领导力和团队协作精神,也影响了乐东县及海南省的教育界。

一位工作了十年的王老师告诉我："在华二黄中的两年中,我找到了人生使命和生命坐标,开始有了幸福感,第一次发现自己的工作有了方向,也有了悉心研究教学的乐趣,人生也有了获得感。"有老师说:"过去我只是按部就班地完成工作,也不知道自己的潜力,同时完成几项任务是过去不敢想象的,现在知道挑战自己才能使自己不断成长。"也有老师说:"过去我只知道要重视学生的成绩,无暇顾及学生素质的培养,现在要特别重视自己的大局意识,培养各种能力去指导学生全面发展。"还有老师说:"这两年来,我是重新定位、里外兼修,目标明确、挖掘潜能。"这些话语都说出了教师们的心声。

2. 行动指南——解决"怎么做"

目标给人动力,但是没有行动是不会前进的。而行动是需要我们明确标准,明确做好每项工作的标准是什么。华东师大二附中的校训给出了一个高屋建瓴的答案:"卓然独立、越而胜己。"简单地说,卓越教育一切行动的标准就是不断地超越自我,这也成为华二黄中全体师生的核心追求。

两年来,学校所有教师培训的核心内容就是帮助教师们达成心态的转变,以开放式活动和民主管理模式帮助教师们建立自信,鼓励独立思考、培养主动意识、消除被动懈怠。在具体的工作中,学校要求大家思考的都是同一个问题:你自己对自己的工作任务完成情况满意吗?你认为自己的工作足够优秀了吗?如果答案是否定的,请首先自我修正。如果教师们关于优秀的标准和校长不同,这并不重要。前进的过程需要一步一个脚印,无法一步登顶,我们需要等待的耐心。

师德养成教育是教师成长的重要抓手。我们主要从制度建设和有效监督两个方面来完成此项工作。"校园行为规范""教师行为守则"是华二黄中最早诞生的两份制度性文件,也是教师入职的基础培训课程。在教育部有关加强师德的一系列文件的基础上,华二黄中也逐渐完善了本校师德建设方案。此外,我们还建立了学校、教师、学生、家长和社会多方参与的师德监督体系——每学期组织全体学生对教师进行评教评学活动,成立家长委员会,设立校长信箱等,保证了师德师风投诉途径畅通,有效监督和促进师德师风建设。

3. 自主选择——"做什么"

有了个人发展目标,也明确了做人做事的标准之后,就是"做什么"的问题了。而这个问题则是极为个性化的。不同学科、不同学段、不同年龄、不同性格甚至不同性别的教师会有不同的兴趣,具体选择哪一条路径与教师个人职业规划相关,应当是教师自主选择的结果,而学校管理者的任务就应当是给教师充分的成长空间,为教师搭建更多的表现舞台,也建设更多的发展桥梁。

(1) 把"师傅"请到教师面前。在各类培训过程中,我们把各个学科的专家和优秀教师带到教师们面前,充分提供教师们与专家交流的机会。我跟教师们特别是年轻教师们说:"你们究竟能从专家身上学习到多少,就看各位的悟性和学习的积极性了。"两年来,仅华东师大二附中和北京特级教师团队前来华二黄中指导的专家和优秀教师逾100人次。我在上海有一个市级班主任工作室,参与者都是上海市的优秀班主任,我也邀请他们来海南进行培训和交流。这些专家的到来,给学校的教师特别是青年教师打开眼界,明白了自己应该"做什么"。

(2) 提供展示平台。为了让老教师站好课堂,让青年教师站稳课堂,学校课程教研部针对高效课堂开展教学科研活动,积极组织优秀教师示范课和入职教师赛课活动,今年已启动第三届活动。学校教师全员参与,各教研室积极准备并完成课后评课研讨,学校形成了良性的课堂研究氛围。前两届有150多名教师参加教学比赛,开设示范课30多节。最后评选出的一等奖教师面向全校开设观摩课。第二届活动增加新入职教师的说课活动,同时针对说课的步骤、方法、技巧对全校青年教师进行了相关培训。今年的赛课则围绕2018年高效课堂建设的主题展开。这些活动对于统一学校的教学基本规范、促进青年教师的专业化成长有着极大的推动作用。

在学校大赛的基础上,学校鼓励教师积极参与各项县级以上教学、科研活动。2017学年,语文组钟永苗老师通过校、县、省级比赛层层选拔参加全国初中语文教学比赛获全国二等奖,张东旺老师在华二联合校说课比赛中获一等奖;英语组罗日婷老师荣获2017年全县高中英语优质课比赛二等奖;生物组冯朝丽老师参加了乐东县讲课比赛获二等奖,杨柳老师参加海南省生物教学评比获二等奖;化学组王春秋老师参加乐东县讲课比赛获三等奖;政治组陶燚老师在海南省高中政治课堂教学评比中获县一等奖和省级二等奖;历史组陈金老师的论文获得县三等奖;地理组黎仕盈老师参加省级海洋知识微课大赛获二等奖。

为提高班主任的专业能力,校学生中心每月开展两次班主任培训活动,有外请讲座、专题讨论、经验交流等多种形式。2017年11月还成功举办了华二黄中首届德育论坛,全校教师参与,讨论气氛热烈,取得了极好的教育效果。目前学校已经形成了一支整体素质优良、工作责任心强的班主任队伍,在学生(家长)问卷调查中,对班主任工作满意度高达95%以上。

（3）打通专业学习和学历提升渠道。由于学校规模庞大,师资需求量大,我们招聘过程中不得不降低标准。因此与上海大多数重点中学不同,华二黄中的教师学历普遍不高,目前200多名教师中研究生学历仅12人,多数年轻教师以普通一本为主,老教师学历更低。为提高教师的专业基础能力,学校鼓励教师继续深造和学习,由学校承担基础学费。目前在职硕士学位深造1人,专业技术证书培训11人。其中,为配合学校"学涯与生涯辅导"特色项目,组建了华二黄中生涯辅导专业指导团队,学校全额出资先后选派7名德育骨干教师参加"生涯规划师"培训。赴华东师大二附中本部学习3人,赴内地其他区域和海南省内短期专业培训数十人次。随着学校基础工作逐步进入正轨,相关培训项目还会继续推进。

（三）民主和谐氛围促进师生发展

在弘扬"追求卓越"的办学理念的同时,我们还把"民主和谐"的管理模式也潜移默化地渗透到这里的校园中。在华二黄中的大小会议上之外,我鼓励不同的声音出现,还充分利用教代会平台,尽可能让全体教职工参与到学校重要事项的讨论中,充分发表自己的意见。

多次教代会之后,教师们开始习惯了表达,也理解了民主议事的意义。同样,在各种声音中,教师们也学会了倾听,学会了接纳不同于自己的声音。学校领导班子内部团结合作,对外平等交流。校内设有校务公开栏、校长接待日、校园开放日等家校沟通机制;每年度管理干部要向全体教师完成履职报告、接受全体教师的评估。校级领导隔周召开党政联席会,共同研究审定学校教育教学和管理的重要事务,不断完善科学民主决策机制。

华二黄中的教师来自全国各地,学校又坐落于乡村,业余生活相对单调,如何让教师们能够安心工作,提高他们的生活质量和快乐指数也是学校特别关注的问题。

与上海的学校不同,这里的教师大多住在校园里,不仅在学校工作,也在学校生活。因此,教师们的业余生活也是不得不考虑的大事。从日常管理上说,学校公共事务部和人力资源部,不仅要关心教育教学相关的工作事项,也要为教师们的家庭生活、柴米油盐、水电煤等做好服务。

　　学校教学工作正常之后,我们很快就按相关政策成立了工会。工会除了研究学校工作以外,还积极开展各类教工活动,模仿华东师大二附中的做法,积极支持相同兴趣的教师成立沙龙俱乐部,专门为年轻教师组成"青椒"协会,建立"教工俱乐部",采购健身设备供教师们业余时间锻炼身体。按月集中组织举办教师生日聚餐,每年都在教师中征集开展"我爱学校"摄影征集活动。学校年轻教师很多,加之二孩政策开始实施,教师子女看护及入园问题成为教师们的烦心事,目前正策划在校内设置一个教师子女托儿所,为教师们解决后顾之忧。相信不久的将来,华二黄中会成为一个"老有所依、幼有所养"的教师家园。

　　两年时间不长,但是华二黄中这所学校发生着令人惊喜的变化,学生整体的精神面貌和学习氛围有显著进步。每日清晨的升旗仪式有整齐划一的早操,"国旗下的讲话"有学生真情感人的演讲;在校运动会上,学生们生龙活虎、你追我赶、一显身手,在校园迎新文艺晚会上,师生们欢聚一堂表演才艺、一片欢声笑语;学校的大厅里展示着许多学生的书法和绘画作品,展现出学生的多才多艺。礼貌、文明、谦让的行为逐渐成为习惯。学校教育最终成果体现为学生的成长,许多学生都为自己母校那长达18个字的校名而倍感自豪。

　　尤为可贵的是,这所地处偏僻的学校形成了热爱科学、崇尚创新的氛围。在华东师大二附中的一些科技教师的辅导带领下,华二黄中以科普教育作为抓手,组织学生进行科技课题的研究,并且参加海南省的青少年科技创新大赛。2017年有三个课题获得省青少年创新大赛的三等奖,可以说在省级大赛中崭露头角。到了2018年,有两个课题荣获省一等奖、两个课题为二等奖、三个课题为省三等奖。其中,邢维维同学的"海南黎族船形屋中的数学美"项目还获得省科协主席奖。颜礼智同学"关于莺歌海盐场旅游资源开发的构想"、李传晋同学"关于万冲镇乐中农场荔枝产业发展现状及对策的调查研究"等课题密切联系当地的特色,对经济和旅游的发展进行研究,表现出渔民和农家孩子的宽阔视野和远大理想。

　　在2017年举行的海南省青少年科普知识大赛上,来自华二黄中的学生代表队,面对着海南省海口市、三亚市一些名校选手毫不示弱,最终在海南电视直播下,取得了总分第一的好成绩!这些孩子已经告别自卑自谦的心理,满怀自信地走在追求卓越的路上。为了给海南的农家和渔民的孩子以更大的视野,学校选拔部分学生来到上海的华东师大二附中本部，让他们亲身体验上海优秀学生的活动能力和学习能力。2018年5月，学校派遣了十位同学组团参加联合国教科文组织在希腊举办的世界文化遗产研讨会。这十名学生出国访问引起了当地政府、社会和广大师生的广泛关注。在国际会议上，他们不仅用英语介绍了中国的文化遗产，还以话剧形式表演了"黎村的一天"，还现场展示了书法、剪纸和国画艺术。他们第一次站在国际交流的舞台上，极大地开阔了他们视野与胸襟，这对他们未来的成长有着重要的影响。

  一所地处我国海南岛最南端的学校，一群每天听得到南海波涛的孩子，一批立志献身教育事业的教师，是因为"追求卓越"的目标，使得他们改变了自己，改变了学校，最终也必将改变这些在海边长大的孩子们的命运！"追求卓越"的目标、"打造卓越的教师队伍"的任务、"建设一流的基础教育"的使命，绝不是哪一所学校的"专利"，而是所有学校和教师能够实现的共同愿景。

（瞿　平）

主要参考文献

[1] 中共中央,国务院.关于全面深化新时代教师队伍建设改革的意见[EB/OL].(2018-01-31)[2018-04-23].http://www.gov.cn/zhengce/2018-01/31/content_5262659.htm.

[2] 教育部.关于全面深化课程改革落实立德树人根本任务的意见[EB/OL].(2014-04-08)[2018-04-20].http://old.moe.gov.cn//publicfiles/business/htmlfiles/moe/s7054/201404/xxgk_167226.html.

[3] 教育部.关于实施卓越教师培养计划的意见[EB/OL].(2014-08-19)[2018-04-20].http://www.moe.gov.cn/srcsite/A10/s7011/201408/t20140819_174307.html.

[4] 教育部等五部门.教师教育振兴行动计划(2018—2022年)[EB/OL].(2018-03-28)[2018-04-25].http://www.gov.cn/xinwen/2018-03/28/content_5278034.htm.

[5] 联合国教科文组织.为了21世纪的教育——问题与展望[M].王晓辉,赵中建,等,译.北京:教育科学出版社,2002.

[6] 教育部师范教育司.教师专业化的理论与实践[M].北京:人民教育出版社,2003.

[7] 叶澜,等.教师角色与教师发展新探[M].北京:教育科学出版社,2001.

[8] 陈玉琨.素质教育——名校的追求与实践[M].上海:文汇出版社,2003.

[9] 丁刚.中国中小学教师专业发展状况调查与政策分析报告[M].上海:华东师范大学出版社,2010.

[10] 顾朝晶.探索集——华东师大二附中教育科研论苑[M].上海:华东师范

大学出版社,1998.

[11] 顾朝晶.成长集——华东师大二附中优秀学生写真[M].上海:华东师范大学出版社,1998.

[12] 何晓文.华东师大二附中学校课程[M].上海:华东师范大学出版社,2003.

[13] 何晓文.华东师大二附中学生小课题研究论文选[M].上海:华东师范大学出版社,2001.

[14] 何晓文.华东师大二附中首席教师风采录[M].上海:华东师范大学出版社,2001.

[15] 魏国良.现代语文教育论[M].上海:华东师范大学出版社,2002.

[16] 魏国良.现代语文学[M].上海:上海教育出版社,2005.

[17] 何晓文.学科德育的探索与实践[M].上海:华东师范大学出版社,2004.

[18] 魏国良.高中语文教材主要文本类型教学设计[M].上海:上海教育出版社,2007.

[19] 何晓文.学校德育与德育课程化研究[M].上海:华东师范大学出版社,2007.

[20] 邹淑君.高中生命科学实验与探究[M].上海:上海百家出版社,2007.

[21] 何晓文.华东师大二附中学生必做100个实验:拓展实验[M].上海:华东师范大学出版社,2007.

[22] 何晓文.有一种智慧叫创造[M].上海:上海教育出版社,2008.

[23] 刘砚.华东师范大学第二附属中学高中英语拓展读本[M].上海:上海教育出版社,2008.

[24] 邹淑君.高中生命科学能力提升[M].上海:华东理工大学出版社,2008.

[25] 何晓文.华东师范大学第二附属中学50位杰出校友访谈录[M].上海:华东师范大学出版社,2008.

[26] 何晓文,蒋建国,魏国良.学校教师育德行为机制研究[M].上海:华东师范大学出版社,2008.

[27] 何晓文.德育引领创新[M].上海:华东师范大学出版社,2009.

[28] 周靖.百年中国德育经典集萃[M].上海:学林出版社,2011.

[29] 何晓文.华东师大二附中首席教师风采录(二)[M].上海:华东师范大学

出版社,2011.

[30] 何晓文,施洪亮,周敬山.为了卓越人才的终身发展:华东师大二附中"六个百分百"育人模式[M].上海:华东师范大学出版社,2011.

[31] 何晓文.卓越,从这里起步[M].上海:华东师范大学出版社,2011.

[32] 陈胜庆.高中地理教学设计优化研究[M].上海:中华地图学社,2011.

[33] 娄维义.基于问题研究的创新教育[M].上海:华东师范大学出版社,2011.

[34] 陈胜庆,李功爱.中学地理名师大课堂[M].上海:上海三联书店,2011.

[35] 康士凯,陈双双.在教育攻坚中提升学术见识[M].上海:上海三联书店,2011.

[36] 施洪亮.高中生数学创新素质培育的实践与思考[M].上海:上海教育出版社,2011.

[37] 李志聪.党旗映"晨晖"[M].上海:华东师范大学出版社,2013.

[38] 陈胜庆.追求理论与实践的完美结合[M].上海:华东师范大学出版社,2013.

[39] 陈胜庆.青春的足迹——华东师大二附中青年教师成长录[M].上海:华东师范大学出版社,2013.

[40] 何晓文.卓越教育的理论与实践研究[M].上海:华东师范大学出版社,2014.

[41] 瞿平.心花开放——班主任的困境与对策[M].上海:上海教育出版社,2014.

[42] 孟祥萍.追寻智慧——思想政治课智慧教学探索与实践[M].上海:复旦大学出版社,2014.

[43] 洪燕芬.基于高中化学实验的科学素养的实践与研究[M].上海:华东师范大学出版社,2016.

[44] 骆蔚.语文深度阅读(上册)[M].上海:上海教育出版社,2016.

[45] 陈强.语文深度阅读(中册)[M].上海:上海教育出版社,2016.

[46] 俞文静.语文深度阅读(下册)[M].上海:上海教育出版社,2016.

[47] 唐功亚.语文深度阅读(练习册)[M].上海:上海教育出版社,2017.

[48] 王平.卓越数学教育的理论与实践[M].上海:上海人民出版社,2017.

后　　记

　　本书是上海市师资培训中心组织开发的"上海教师教育丛书"中的一册,也是上海市基础教育优秀教师培训成果孵化与推介计划系列之一。华东师大二附中在2018年迎来校庆60周年,也正在总结建校以来教师专业成长和教师团队建设的宝贵经验,所以,学校申报了"丛书"的选题计划,并且在上海市师资培训中心的主持下进行了多次专家评估。专家们对学校的选题既充分肯定,同时也提出了非常宝贵的意见。

　　学校领导高度重视这项工作,校长李志聪主持了编写组的每一次会议,并且对编写好书稿提出了明确的要求。编写组的各位老师在工作繁忙之际,投入了大量精力到编写工作之中。正如教育部中学校长培训中心原主任陈玉琨教授所说,华东师大二附中是一座"金矿",建校60年来,几代二附中人承前启后,创建了这样一所追求卓越、崇尚创新的名校。60年来,二附中不仅培养了一大批品学兼优的优秀学生,而且也造就了一支堪称一流的卓越教师队伍,并且60年如一日,始终走在教育教学改革的前沿。编写组的老师们担当书稿的写作任务,实际上是在传承学校文化、弘扬前辈们坚持创业、创新、创造的精神。几位退休的老教师也参与了该项工作:魏国良老师编写了全书提纲并对各章编写内容提出了重要建议,陈胜庆老师在全书成稿以后进行了统稿工作。一些教师提供的案例也编入了书中。上海师范大学吴国平教授对书稿进行了认真的修订。全书由李志聪校长负责定稿。

　　尽管编写组每一位老师都很敬业,都想把华东师大二附中教师团队的丰富经验总结出来,把教师队伍建设的基本内涵与基本规律提炼出来,但是限于水平有限,书中还存在不少问题与不足,期待各位读者的批评指正。在本书的撰写过程中,每一位作者也都阅读研究了大量的文献,深入思考了教师团队建设的理论与实践问题,重新认识了在具有中国特色社会主义新时代的背景下优先发展教育的重大战略意义,也更加提升了作为一名教师的使命感与责任心。如果该书能使读者对教师的专业发展、对学校的教师队伍建设有所启迪,那是我们撰写本书的最大期待。

本书的第一章由李环宇老师撰写,第二章由王平老师撰写,第三章由王骁老师撰写,第四章第一、二节由周敬山老师撰写,第四章第三节由王骁老师撰写,第五章由周敬山老师撰写,第六章第一、二节由薛菁菁老师撰写,第六章第三节由李环宇老师撰写,第七章由李环宇老师撰写(其中第三节的"三、新境托举"由薛菁菁老师撰写),第八章第一、二节由骆蔚老师撰写,第八章第三节由洪燕芬老师撰写。书中有十多个案例,案例撰写者已在文后注明。

衷心感谢关心本书编写的上海市师资培训中心的领导和专家!衷心感谢上海教育出版社的大力支持!衷心感谢所有曾经在华东师大二附中工作过的老教师们,是你们留下的宝贵的精神财富为本书奠定了重要基础。谨以此书向华东师大二附中60周年校庆致敬!

本书编写组

2018 年 5 月 31 日

图书在版编目(CIP)数据

追求卓越：团队中的教师专业成长 / 李志聪主编. -- 上海：上海教育出版社，2018.8
ISBN 978-7-5444-8750-4

Ⅰ.①追… Ⅱ.①李… Ⅲ.①中学教师—师资培养Ⅳ.①G635.12

中国版本图书馆CIP数据核字(2018)第202063号

总 策 划　刘　芳
责任编辑　宁彦锋　汪海清
封面设计　陆　弦

追求卓越——团队中的教师专业成长
　李志聪　主编

出版发行　上海教育出版社有限公司
官　　网　www.seph.com.cn
地　　址　上海市永福路123号
邮　　编　200031
印　　刷　上海展强印刷有限公司
开　　本　700×1000　1/16　印张 15　插页 1
字　　数　240千字
版　　次　2018年8月第1版
印　　次　2018年8月第1次印刷
书　　号　ISBN 978-7-5444-8750-4/G·7243
定　　价　49.00元

如发现质量问题，读者可向本社调换　电话：021-64377165